로크의 지성과 윤리

Understanding and Ethic
in the Philosophy of John Locke

로크의 지성과 윤리

Understanding and Ethic
in the Philosophy of John Locke

김 성 우 著

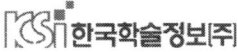한국학술정보㈜

목 차

로크의 지성과 윤리

서 문

이 글의 단초는 로크 해석들이 너무 다양하고 심지어 서로 모순을 일으킨다는 점이었다. 과연 로크는 체계적 사유 능력이 부족한 철학자인가?

로크는 말년에 발간한 『인간지성론』과 『정부론』으로 인해서 유명해진다. 통상적인 견해에 의하면 『인간지성론』은 베이컨이 제기하고 흄이 완성한 경험주의 인식론을 최초로 체계적으로 다룬 책이고 『정부론』은 영국의 명예혁명과 관련해서 휘그적 자유주의 정치철학을 주창하고 정당화한 책이다. 그런데 그의 자유주의 정치철학과 경험주의 인식론이 대개는 별도로 연구된다. 왜냐하면 정치철학 저작에 나타난 자연법사상과 인식론적 저술에 나타난 본유관념 비판 및 관념 기원의 경험적 기초론이 서로 잘 들어맞지 않은 듯 보이기 때문이다. 이런 점이 로크라는 저자의 통일적 기능은 존재하지 않고 각각의 저서를 각기 다른 저자가 쓴 것이라는 해석을 낳게 한 이유 가운데 하나이다.

로크 철학에 대한 지도 그리기, 특히 『인간지성론』과 『정부론』의 관계에 대한 그림 그리기를 수행하는 데 핵심적인 열쇠로 작용하는 작품이 바로 『인간지성론』의 예비적 초고 중의 일부인 「지식 B」라고 불리는 글이다. 이 단편에 의하면 지식은 확실성의 지식과 개연성의 지식으로 구분된다. 확실성에 속하는 것은 (참된 관념에 기초한) 수학과 윤리학이고, 개연성에 속하는 것은 (역사와 사실의 영역에 있는) 자연학과 정치술이다.

　로크에 있어서 정치학은 "사회의 기원과 정치권력의 발생과 범위"에 관한 기하학적인 정초라는 규범적 정치철학과 "사회 속에서 인간을 통치하는 기술"로서의 정치술로 나누어진다. 로크는 자신의 저작인 『정부론』을 전자인 **규범 정치철학**에 배속시킨다. 다시 말하면 『정부론』은 역사와 사실의 영역에 속하는 정치술이 아니라 『인간지성론』의 증명 윤리학적 기획에 바탕을 둔 정치 윤리학이다. 이렇게 되면 『인간지성론』 속의 증명적 도덕 지식의 가능성에 대한 로크의 인식론적 옹호가 『정부론』에서 논의된 자연법론과 명백한 갈등을 일으키지 않을 수 있다. 더 나아가서 『인간지성론』 자체에서 정치학에 대한 명확한 논의는 없지만 정치적 차원이 존재한다고 보는 해석도 가능하다. 실제로 『인간지성론』에는 확실성의 인식론뿐만 아니라 개연성의 인식론도 존재하므로 전자에 기초한 규범 정치 철학의 차원뿐만 아니라 후자에 기초를 둔 신념의 정치학적 차원도 존재한다.

　이 개연성의 인식론과 신념의 정치학(윤리학)이 (광신주의와 더불어) 그 당시 풍미하던 회의론에 대한 치료약이다. 회의론과 이것으로 대표되는 문화적 위기를 극복하는 것이 본래 로크가 『인간지성론』을 지은 이유 중의 하나이다. 로크는 『인간지성론』 속에서 개연성의 인식론을 통해 (이미 그 시대의 위기에 대처하지 못하고 무력한 상태에 빠져 있던) 강단 철학의 독단론과 그 당시 유행하던 회의론을 넘어서고자 했다. 이 개연성의 인식론을 바탕으로 '신념의 윤리학'이 등장한다. 이 신념의 윤리학은 근대의 여명기에 유럽 문명의 특징이었던 종교적이고 윤리적인 전통이 무너지면서 여러 견해로 나뉘어 서로 싸우는 위기의 시대를 치료하는 처방으로 기획된 것이다.

지금까지 고찰한 바에 의하면 『정부론』과 연관되는 것은 『인간지성론』의 증명 윤리학에 기초한 규범 정치 철학적 차원이다. 『인간지성론』은 보통 자연법사상을 기각한 것으로 알려져 있지만, 실제로는 증명 윤리학적 기획에 기초한 자연법의 기하학적 구상을 수행한다. 행복으로 이끄는 행위 규칙(자연법 또는 최고의 도덕규범)을 수학의 공리–연역적 체계처럼 필연적인 연관성에 의해 체계화하려는 시도는 근대 합리적 자연법론자의 공통적인 특징이다. 그런데 『정부론』의 기초적 전제가 바로 자연법이다. 그러므로 자연법(최고의 도덕규범)에 관한 저작은 규범 정치학의 토대가 된다. 이렇게 본다면 『정부론』의 자연법론과 『인간지성론』의 인식론이 갈등을 일으킨다고 보는 해석은 로크에 대한 부정확한 독해로부터 기인한다는 것을 알 수 있다. 로크의 초기 작품인 『자연법론』은 규범 정치 철학의 기초인 자연법의 인식 문제를 체계적으로 다루고 있다. 이점에서 이 책의 정치적 성격이 드러난다. 도덕규범 인식(『자연법론』)과 이 인식에 대한 인식론적 정초(『인간지성론』)와 이 규범의 제도화(『정부론』)는 서로 분리하여 고려할 수 없다.

　　『인간지성론』의 증명 윤리학적 기획을 염두에 둘 때 『정부론』의 기초가 되는 자연법론이 『인간지성론』과 모순되지 않음을 알 수 있다. 물론 『정부론』의 자연법 논의는 『인간지성론』에서 논의된 개연성의 인식론과 일치하는 것은 아니지만 확실성의 인식론과 부합하는 면이 있다. 따라서 증명 윤리학적 기획이 『인간지성론』과 『정부론』을 연결하는 매개 항이 될 수 있다. 하지만 이 기획이 실패했기 때문에 피상적으로 보면 두 책이 서로 불일치하는 것처럼 보인다. 문제는 『인간지성론』의 윤리학적 기획이 실패했다는 점이다. 그러나 증명 윤리학이 성공했는가, 다시 말하면 자연법의 인식론적 정당화 작업을 제대로 수행했는가의 문제는 두 책을 정합적으로 이해해보려는 시도와는 다른 차원의 문제이다. 또『인간지성론』과『관용 편지』의 관계는 개연성의 인식론과 그에 기반을 둔 정치술로서의 종교적 관용의 연관성 속에서 고려해 볼 수 있다. 즉,『인간지성론』의 본유관념 비판과 개연성에 관한 논의가『관용 편지』의 인식론적인 기초를 제공한다. 이렇게 되면『인간지성론』을 중심으로 해서『정부론』과『관용 편지』가 각각 그의 철학의 전체 구조 속에 자리를 갖는다. 게다가 그의 마지막 주저인『기독교의 합당성』도『인간지성론』의 인식론에 담긴 종교적 관점을 상술하고 있다. 그러므로 유일하게 그의 실명으로 출판된『인간지성론』이 그가 익명으로 출판한, 세 편의 걸작인『정부론』,『관용 편지』,『기독교의 합당성』에 대한 인식론적 지도 그리기를 수행한 것으로 볼 수 있다. 로크는 비일관적인 사상가가 아니라 자신의 체계를 완성하지 못한 철학자일 뿐이다. 체계의 불완전성이 비일관성을 의미하는 것은 아니다.

그리고 앞으로 연구에서 더 밝혀져야겠지만 로크 철학, 특히 윤리학의 불완전성은 그의 자유주의에 기원을 두고 있다. 더구나 실제로 자유주의 자체가 윤리적으로 정당화되기에 어려운 측면을 가지고 있다. 이에 관해서는 이미 필자가 단행본으로 출간할 준비를 하고 있다.

이 글은 필자가 건국대학교에 제출한 박사학위논문(2000년도)에 바탕을 두고 있다. 알려진 바와 달리 영국의 경험론과 그 대표적인 철학자인 존 로크에 대해 깊이 있고 체계적인 연구가 그 당시에 국내에는 거의 없었다. 필자가 학위논문을 준비할 때에도 인용할 수 있는 국내문헌이 거의 없었다. 지금도 마찬가지이지만 당시에도 로크에 대한 이해는 통상 백지설로 알려진 인식론과 사회계약론으로 유명한 정치철학에 기반을 둔 매우 단편적인 이미지들이다. 이 글은 로크에 대해 포괄적으로 연구한 최초의 국내문헌이라고 할 수 있다. 그 당시까지 서구에서 일어난 로크의 논의는 거의 다 포괄하고 싶었다.

이 책의 출판과 관련해서 필자를 10년 동안 한결같이 토요일 오후에 원서강독을 통해 지도해주신 강영계 선생님과 변증법적 사유로 이끌어주신 헤겔 철학의 대가인 임석진 선생님, 그리고 과학으로 삶을 고민하게 하신 최종덕 선생님과 실천의 모범을 보이신 김성민 선생님을 비롯한 한국철학사상연구회의 여러 선생님들께 감사드립니다. 동학인 김시천 선생, 곽노규 선생, 이봉용 선생, 류지원 선생과 그리고 언제나 묵묵히 자리를 지켜준 아내에게도 고마운 마음을 표합니다. 또한 이 책을 내기 위해 수고를 아끼지 아니한 출판사 관계자분들께도 감사들 드립니다.

2005년 12월
김성우

『인간지성론』에 대한 간단한 소개 글

로크의 일생

존 로크(1632-1704)

경험론과 자유주의의 아버지로서 평생 독신으로 생활하였다.

"지성의 기능은 순전히 사변만을 위해서가 아니라 인간의 삶을 인도하기 위해서 인간에 주어진 것이다." "인간이 자신을 인도함에 있어서 기댈 수 있는 마지막 의지처는 그의 지성이다."

세속의 철학자

로크는 영국의 철학자로서 홉스, 데카르트, 라이프니츠 등의 철학자들, 그리고 갈릴레오, 하비, 보일, 뉴턴 등의 과학자들과 거의 동시대의 삶을 살았다. 그는 경건주의적 자영업을 하는 농촌의 중산층 집안 출신이다. 그 아버지는 서머셋 지방의 법률가로서 그 지방 치안판사의 비서이자 완고한 의회주의자였고, 어머니는 경건하고 인정이 많으신 분이었다. 그는 찰스 1세가 통치하던 1632년에 서머셋에서 태어났다. 1649년 왕권주의를 지나치게 추구하던 찰스 1세가 크롬웰이 이끄는 의회군에 의해 처형되어 영국이 공화국으로 되기 직전인 1647년에 그는 청교도혁명 전에 아버지의 상사였다가 국회의원이 된 파펨 의원의 지원을 받아 런던의 웨스트민스터 학교(당시 교장은 특이하게도 왕당파인 버스비였다)에 입학하였다. 이 학교에서 받은 교육으로 말미암아서 로크는 훗날 뛰어난 철학자가 될 수 있는 학문적 기초를 닦았고, 당대의 정치계에 발을 내디딜 수 있는 계기를 마련하였다. 로크는 1652년에 옥스퍼드 대학에서 가장 비중 있는 칼리지인 크라이스트 처치 칼리지에 입학하였다. 그는 여기에서 어린 시절의 편협한 경건주의와 웨스트민스터 시절의 왕권주의의 분위기에서 벗어나서 종교적 관용을 강렬하게 외치는 분위기를 만나게 되었다. 나중에 그는 옥스퍼드에서 행해진 교육방식인 스콜라 학풍을 맹렬하게 비난하였지만, 이곳에서 논리학, 문법, 수사학, 그리스어와 도덕 철학, 더 나아가 역사와 히브리어까지 폭넓게 공부했을 뿐만 아니라 티렐과 같이 평생을 함께할 좋은 친구들도 사귀었고 많은 여인들에게 열렬한 관심을 쏟아 붓기도 했다. 1658년 그는 석사 학위를 수여받고 선임연구원으로 선출되었다. 이 때 그는 훗날 관용과 저항권과 같은 자유주의 사상으로 이름을 남기게 되는 것과는 달리, 국가의 권위를 우선하는 권위주의자였다. 실제로 그는 명예혁명 이후에는 가난한 사람들의 도덕성을 비난하는 보수주의자의 기질을 보이기도 했다. 그는 재산 관리를 꼼꼼히 하는 편이었고 그의 임대인들에게는 결코 관대한 편이 아니었다는 점을 고려해 볼 때 그는 기본적으로 보수주의의 기질을 지닌 듯했다. 그런 그가 자유주의 사상가로 알려지게 되었을 뿐만 아니라, 강단에 서지 않고 그 당시 영국의 정치가 소용돌이치는 한 가운데 서서 나름대로의 역할을 하게 된 것은 아주 특별한 만남들이 찾아왔기에 가능하였다.

첫 번째 만남은 새로운 철학과 과학 이론을 통해서 이루어진다. 이 새로운 이론들은 지나치게 혁신적이어서, 기존의 강단에서는 이를 교과목으로 가르치지 않았다. 데카르트의 방법적 회의주의가 그를 사로잡았지만, 이보다 더 영향력을 발휘한 철학은 가상디의 에피쿠로스적인 원자론과 쾌락주의였다. 이러한 철학들의 영향을 받아서 로크는 실험적 자연과학에 관심을 갖게 되었고, 이 당시에 대학에서 유일하게 허락된 자연과학인 의학에 몰두하였다. 1650년대에 옥스퍼드에서 자연 일반의 경험 연구와 인간 육체의 경험 연구를 옹호하면서 실험적 자연과학을 연구하던 모임이 왕권주의가 회복된 후 찰스 2세의 인준을 받아서 왕립학회를 창립하였다. 이 학회의 지도적인 창설자였던 로버트 보일과의 만남으로 인해서 로크는 자신의 인식론의 기초적 가설이 되는 미립자 이론을 알게 된다. 또한 로크는 유행병과 천연두 연구의 권위자인 토마스 시든햄과 의학을 공동으로 연구하여 많은 성과를 올렸다. 이러한 공적을 인정받아 그는 1668년에 왕립협회 회원이 된다. 그리고 1675년에 가서 그는 의학사 학위를 수여받아 개업의가 되었다. 운명은 역설적으로 그가 자연에 대한 관심으로 시작한 의학을 통해서 그에게 세속 정치의 세계로 나가는 길을 열어주었다.

1666년 여름 옥스퍼드에서 로크는 근처의 온천으로 놀러온 앤소니 애슐리 쿠퍼 경(샤프츠베리 백작 1세)과 아주 운명적으로 만났다. 로크의 학술과 화술에 매료된 쿠퍼 경은 그를 개인 가정의로 초빙하였다. 서로 관계를 발전시켜 나가던 중에 로크는 1668년 쿠퍼 경의 간종양 수술을 성공적으로 해내어 그의 목숨을 구했다. 그 결과 로크는 대단한 신뢰를 얻기에 이른다. 1672년 샤프츠베리 백작이 된 쿠퍼 경이 빠르게 정치적으로 승진하게 됨에 따라, 그의 조언자이자 비서인 로크도 현실 정치에 많이 관여하게 되었다. 샤프츠베리 백작은 종교적 관용을 허용하는 정치가 외국과의 무역 증진을 통한 경제 번영의 조건이라고 생각하는 정치가였기 때문에 로크는 초창기의 권위주의 시각에서 벗어나 비로소 자유주의적 시각을 갖게 되었다. 게다가 철학에도 관심이 많았던 백작을 포함한 여러 지우들과의 토론 모임을 통해서 종교와 도덕의 인식론적인 문제와 맞닥트리게 되어 그는 이 문제를 해결하기 위해서 『인간지성론』의 1차 초고로 알려진 「초고 A」를 1671년에 작성하였다.

찰스 2세가 왕권적 절대주의를 표방하던 프랑스와 비밀리에 손잡고 카톨릭 신자인 제임스에게 왕위를 물려주려고 하자, 샤프츠베리는 이를 반대하는 '초록리본회'를 결성하였다. 이 모임이 나중에 '휘그당'으로 발전하였다. 반면에 왕당파는 '토리당'으로 불렸다. 토리당이 권력을 쥐고 있었으므로 휘그당원들은 감시받거나 쫓겨다녀야 했다. 휘그당의 지도자인 샤프츠베리의 혁명 계획이 실패하고 휘그당의 제임스 암살계획이 발각되어 당원들이 체포되고 처형당하는 처지에 몰리게 되자, 휘그당을 지지하던 로크도 1683년에 네덜란드로 피난하지 않으면 안 되었다. 그는 유럽 출판의 중심지인 네덜란드에서 『인간지성론』을 다듬었고, 그곳의 관용주의적 분위기 속에서 『관용 편지』를 작성하였다. 한편 영국에서 제임스 왕이 지나친 카톨릭 위주의 정책과 친프랑스적인 정책을 폄으로써 강력한 절대왕권의 대두를 두려워하는 휘그당과 토리당 모두를 적으로 만들었다. 이들이 1688년 프랑스 절대왕정의 강력한 맞수이자 찰스 1세의 손자이면서, 게다가 (제임스 왕의 맏딸이자 여전히 개신교 신자인) 메리의 남편이기도 한 오렌지 공 윌리엄을 맞아들여 행한 개혁이 바로 '명예혁명'이었다. 다음 해 로크는 다시 영국으로 돌아왔다. 57세가 될 때까지 출간한 저서가 하나도 없던 로크는 1689년에 익명으로 『관용 편지』와, 『정부론』을, 그리고 실명으로 『인간지성론』을 연달아 발간했다. 1704년에 죽음을 맞이할 때까지 로크는 계속 좋은 글들(1693년의 『교육론』, 1695년에 익명으로 발간한 『기독교의 합당성』이 그 대표적인 작품들이다)을 썼다.

짧은 내용 소개

　근대 과학은 수학을 강조한 학자적 전통과 관찰과 실험을 중시하는 장인 전통이 결합하여 생겨났다. 근대 과학의 정초와 관련해서 데카르트가 전자를 대표하는 철학적 작업을 한 것이라면, 로크는 후자와 관련한 철학적 작업을 했던 것이다. 데카르트가 수학에 정통한 반면, 영국의 왕립 과학 협회원들과 친분을 맺고 그 자신이 의사이기도 한 로크는 실험 과학에 정통하였다. 로크의 『인간지성론』은 윤리학과 계시 종교의 문제를 해결하기 위한 시도일 뿐만 아니라 그 당시 부상하고 있던 실험 과학을 인식론적으로 (겸손한 의미에서) 근거 설정하는 기획이기도 하다. 『인간지성론』은 위에서 언급한 점들을 충족시키기 위해서 두 가지 인식론적 기획으로 이루어져 있다. 그 두 가지 기획은 개연성의 인식론과 확실성의 인식론이다. 자연을 인식의 영역으로 보고 도덕을 요청의 영역으로 보는 칸트 이후의 철학적 전통과는 달리, 로크는 자연 과학은 개연성의 인식론과 연결시키고 윤리학은 확실성의 인식론과 연결시킨다.

내용의 주제별 분석

학문의 분류

　로크는 『인간지성론』의 4권 맨 마지막 장인 21장의 제목을 '학문[근대 과학]의 구분에 관하여'(Of the Division of the Sciences)라고 단다. 그는 인간 지성의 범위에 들어오는 것을 세 가지로 분류한다. 첫째는 있는 그대로의 사물들의 본성과 그것들의 관계 그리고 그것들의 작용 방식이며, 둘째는 합리적이고 자발적인 행위자로서 인간 스스로 마땅히 해야만 하는 것이며, 그리고 셋째는 이들 양자에 대한 지식을 획득하고 전달하는 방식과 방법들이다. 학문도 이 인식 대상의 종류에 따라서 3가지로 구분된다. **자연 철학, 실천 철학, 기호학**이 그것이다. 로크는 이러한 학문의 구분을 인간 지성이 할 수 있는, 가장 자연스러울 뿐만 아니라 가장 일반적인 구분이라고 생각한다. 이에 대해 그는 다음과 같은 이유를 들고 있다. 인간은 아무 것도 아닌 것에 대해서 생각하는 것이 아니라, 1. 진리의 발견을 위해서 사물 자체를 성찰하고, 2. 자신의 목적을 달성하기 위해서 인간 자신의 힘 아래에 놓여 있는 인간 자신의 행동을 성찰하고, 3. 위의 어떤 경우이든 더 분명한 정보를 얻기 위해서 이것과 연관하여 마음이 사용하는 기호와 기호들의 올바른 질서를 성찰한다는 것이다. **사물, 행위, 기호**는 지적 세계의 삼대영역으로 간주된다.

1. 자연학(physica) 또는 자연 철학(natural philosophy)은 있는 그대로의 사물과 그것들의 구성, 속성, 작용들에 대한 지식이다. 이때 사물은 물질과 몸뿐만 아니라 정신도 가리킨다. 이런 분야에 속하는 것은, 그것이 신이든 천사이든 간에, 정신이든 몸이든 간에, 더 나아가 수나 도형 같은 것의 어떤 성질(affection)이든 간에, 인간 마음에 들어오는 것이다. 이 학문의 목적은 있는 그대로의(bare) 사변적인 진리이다. 하지만 자연은 신의 지혜의 작업으로 이루어진 것으로 우리 인간의 능력을 초월하는 것이기 때문에 자연 철학은 (경험)과학으로 환원될 수 없다. 하지만 이것은 '자연의 형이상학'으로서 '자연의 과학'을 설명하기 위한 맥락을 제공'한다. 이러한 로크의 자연 철학관은 자연 실체에 대한 과학(scientia)의 가능성을 의심하는 회의론을 전제하고 있다. 그러면서도 자연에 관한 모든 지식의 가능성을 부정하는 회의론을 극복하려는 의도를 지니고 당시 형성 중이던 실험 과학에 기초를 부여하기 위해 『인간지성론』에서 개연성의 인식론을 기획한다.

2. 실천철학(practica)은 좋고 유용한 것을 획득하기 위하여 인간 자신의 능력과 행동을 바르게 적용하는 기술이다. 이런 명칭에 속하는 것 중 가장 비중 있는 것을 로크는 윤리학(ethics)이라고 생각한다. 윤리학이란 행복(로크에게는 최고 목적)으로 인도하는 인간 행위의 규칙 및 척도와 이것들을 실천하기 위한 수단을 찾는

학문이다. 따라서 이 학문의 목표는 진리에 대한 단순한 사변이나 지식이 아니라, 올바름과 이것에 도달하기 위한 행동이다. 이런 점에 비추어 본다면 로크의 윤리학은 두 부분으로 이루어져 있다. 하나는 사람들이 참다운 원칙으로부터 연역해 낸 것은 아니지만 일반적으로 올바르게 처신하는 규칙이고, 다른 하나는 이 원칙을 실천하려는 참다운 동기와 이것을 준수하게 하는 방법이다. 이러한 윤리학을 로크는 도덕성(행복을 얻기 위한 인간 행동의 규칙)이라고 부르기도 한다. 이 도덕성 또는 도덕 과학은 수학과 마찬가지로 증명 과학에 속한다. 로크는 『인간지성론』에서 확실성의 인식론을 통해서 이 증명 윤리학을 자신의 윤리학적 기획으로 설정한다.

3. 기호학(semeiotike, the doctrine of signs)은 통상 논리학(logike. logic)이라고 불린다. 이 학문의 일은 사물을 이해하고 다른 이들에게 지식을 전달하기 위해서 마음이 사용하는 기호(관념과 낱말, 즉 사물의 기호〔표상〕가 관념이라면 관념의 기호〔표상〕가 낱말)의 본성을 고려하는 것이다. 이러한 학문에는 기호의 오용에 대한 진단과 처방이 이루어지는 '비판'도 포함된다.

이러한 로크의 학문 분류에 따른다면 『인간지성론』은 세 가지 차원으로 구성되어 있다고 볼 수 있다. 첫째 차원은 근대 과학적 인식론이다. 로크는 뉴턴이나 보일 그리고 호이겐스 같은 과학자들이 더 효과적으로 새로이 실험 과학을 건설하는데 도움을 주기 위해 땅에서 쓰레기를 치우는 청소부(underlabourer)의 역할을 자청한다. 로크는 데카르트보다 훨씬 겸손한 건축적 은유를 사용한다. 여기에는 철학과 과학의 관계에 대한 상이한 견해가 깔려 있다. 데카르트는 형이상학이 개별 과학에 대한 선험적 기초를 제공하고 인식론이 올바른 과학적 방법을 규정한다고 보았다. 이와는 대조적으로 로크는 과학을 행하는 당사자 자신들에게 더 많은 자율과 권위를 부여한다. 그리고 철학이 과학에 영향을 끼치는 한에서 철학의 과제는 충분하게 과학적 연구를 행하지 않은 채 지식을 참칭하는 사람들의 과장되고 무의미한 주장을 발가벗기는 것이라고 본다. 이러한 겸손한 로크의 생각이 근대정신과 과학의 주류가 된다. 이런 생각을 구체화 한 것이 바로 『인간지성론』이라고 규정하는 시각이 지금까지 이 책을 해석해온 주류를 이루고 있다.

둘째 차원은 윤리(증명 윤리학의 기획)와 종교(이성과 신앙의 관계에 대한 탐구를 통한 광신주의 비판)의 차원이다. 이 차원은 『인간지성론』 2권보다 4권을 중심으로 읽으면 분명히 드러난다. 『인간지성론』의 탐구를 하도록 그에게 동기를 부여한 관심사는 이성과 경험이 어디까지 도덕적이고 종교적인 진리를 규정할 수 있는가를 파악하려는 것이었다. 그럼에도 불구하고 **인식론적 해석이 오랫동안 로크의 윤리적 관심과 이 관심의 중심적 위치를 망각하게 했다.** 도덕 철학이 『인간지성론』의 해석사에서 중심적인 위치를 차지하게 된 현상은 최근에서야 비로소 출현한다.

셋째 차원은 비록 『인간지성론』의 중심부분을 이루지는 못하지만 『인간지성론』 3권에서 다루어진 언어철학 또는 기호학이다. 3권 전체가 언어와 기호 문제를 다루고 있지만 별로 주목을 받지는 못했다. 하지만 이 차원도 분명히 존재하고 있다.

본유관념 비판

로크의 이성적 신앙의 출발점과 기초가 되는 것이 본유관념 비판이다. 본유관념 비판은 『인간지성론』 1권에서 3개의 장으로 구분되어 다루어진다. 이 논의가 책의 서두에서 다루어진다는 점이 그 책의 성격(특히 도덕적이고 종교적인 차원)을 이해하는 데 매우 중요하다. 그 책의 2, 3, 4권의 논의는 바로 이 1권의 논의를 기초로 해서 이루어진다. 본유관념 비판을 하기 위해서 단순 관념의 기원에 관한 경험주의 분석이 필요했다. 또한 본유관념이 존재하지 않기 때문에 신 존재가 증명지의 차원에서 다루어지고, 영원하고 보편적인 도덕 척도로서의 자연법에 대한 자연적 인식이 요구되었던 것이다. 이와 연관해서 알아두어야 할 것은 이미 언급했듯이 『인간지성론』은 로크와 그 친구들이 도덕성과 계시 종교의 문제를 논의할 때 생긴 난점을 해소하기 위한 인식 비판으로 의도된 저작이었다는 사실이다.

『인간지성론』의 최초의 초고인 「초고 A」(1671년)는 이러한 논의가 행해진 직후에 씌어진 작품이다. 그러나 이 「초고 A」에 대해 불만을 느낀 로크는 그 해에 다시 더 산뜻하고 질서 있게 그의 생각을 정리한다. 이 글이 바로 「초고 B」이다. 그러나 이 글도 완성하지는 못한다. 그런데 「초고 A」와 「초고 B」 그리고 『인간지성론』을 비교해 본다면 흥미로운 결과가 나타난다. 「초고 A」는 로크의 최초의 거친 생각을 담고 있다. 이 저작이 인간 지식의 범위라는 중심 문제를 건드리는 반면에, 「초고 B」는 이 지식 문제를 다루기 위한 선행 문제들에 초점을 맞추고 있다. 따라서 「초고 A」는 『인간지성론』의 4권에 해당하는 문제를 다루고 있고, 「초고 B」는 주로 『인간지성론』의 2권의 문제들을 소박하게 다룰 뿐 1권의 중심 문제인 본유관념 문제에 대해서는 아주 약간만 건드린다. 그런데 흥미로운 것은 「초고 B」의 본유관념 비판에서는 『인간지성론』과는 달리 로크가 실천적 본유 원리를 먼저 다룬다는 점과 그리고 사변적 본유관념에 대해서는 충분하게 논의하지 않는다는 점이다. 1685년이라고 날짜가 박혀 있는 글은 『인간지성론』의 1권과 2권의 초고이다. 이것이 「초고 C」라고 불린다. 그런데 1671년의 「초고 B」나 1685년의 「초고 C」나 1690년의 『인간지성론』 초판이나, 이 세 글에서 다루어진 본유관념에 대한 세 장은 그 재료(내용)라는 측면에서 주목할 만한 변화를 거의 보여주지 않는다. 이 문제와 관련해서 로크가 1671년이나 1690년이나 거의 같은 생각을 했음이 드러난다. 달라진 것이라곤 단지 실천적인 원리에서 이론적인 원리로 이행해 간 「초고 B」의 순서가 「초고 C」에서 뒤바뀐 점이다.

이런 논의에서 우리가 알 수 있는 것은 첫째로 로크의 인식비판의 중심문제가 계시 종교와 도덕성 등 실천적인 차원과 관련한 인간의 지식의 범위(4권)이고, 둘째로 이 문제를 다루는 선행 문제로서 본유관념 비판(1권)과 이에 대한 인식론적 근거로서 단순 관념 기원에 관한 경험주의 분석(2권)이 출현했다는 것이다. 그리고 본유관념 비판에서도 처음에는 이론적 원리보다는 실천적 원리들이 먼저 고려되었다는 것은 그 비판이 실천적인 문제들과 깊은 연관이 있음을 잘 보여준다. 나중에 『인간지성론』의 초판에 추가된 인격의 동일성이나 광신주의에 대한 논의는 이미 밝힌 대로 로크 시대의 종교적인 논쟁과 연관이 있다. 이러한 논의들도 본유관념 비판이 야기한 종교적이고 도덕적인 문제를 해결하고 로크 자신의 입장을 강화하기 위한 것이었다. 따라서 본유관념 비판은 이론적인 문제이기에 앞서 종교적이고 도덕적인 차원을 분명히 지니고 있다.

개연성의 인식론

로크의 인식론은 전통적인 스콜라철학의 삼단논법을 비판하면서 데카르트의 '근대인의 철학'에 자극 받고 베이컨 우파인 왕실과학협회의 직접적인 영향을 받아서 "역사적이고 평이한 방법"에 따라 진행된다. 그리고 가상디의 경험주의의 영향을 받아서 『인간지성론』 2권은 관념 기원에 관한 경험주의적 분석을 시도한다. 하지만

4권은 데카르트의 직관지를 인식의 최고 모델로 삼고 감각지를 제일 낮은 단계에 배속시킨다는 점에서 가상디의 경험주의와 구별된다. 가상디의 경험주의는 지식 경험주의이고 로크의 경험주의는 개념 경험주의이다.

지식 경험주의는 모든 명제적 지식이 경험적이기 때문에 이것은 궁극적으로 감각지에 근거를 둔다고 주장하고, 개념 경험주의는 지식이 아니라 이 지식의 재료가 되는 관념이 경험으로부터 파생한다고 주장한다. 따라서 개념 경험주의는 지식 경험주의보다 훨씬 약한 경험주의이다. 그래서 귀납적 일반화 외에도 보편이나 추상 관념들의 형성을 인정한다. 로크도 『자연법론』을 쓴 초기 시절만 해도 수학적 지식과 공통 관념이나 공리도 감각에 의해서 이성에 주어진 것이라고 주장하는 강한 의미의 경험주의자였지만, 1671년의 『초고 A』에서는 이러한 주장 대신에 보편적 지식의 개념을 가설적이라고 보는 주장(결과적으로 선험적이라고 보는 주장)을 편다. 로크는 지식 재료의 기원과 관련해서는 가상디적인 신(新)에피쿠로스주의자이고, 그 재료로 만들어진 지식의 모델과 관련해서는 데카르트주의자이다. 로크 인식론의 이중성(경험주의와 합리주의)은 여기에서 비롯한다.

로크는 도덕성의 인식에 대해서는 결코 회의하지 않는다. 그러나 특이하게도 자연과학적 인식에 대해서는 회의한다. 이는 그가 스콜라철학의 실체관에 기반을 둔 국교회의 독단론과 비관용 정책을 비판하고 동시에 양심과 직접적 계시를 지나치게 주관적으로 확신하는 청교도적인 광신주의를 비판하고자 하면서도, 이들이 일으키는 대립과 갈등이라는 문화적 위기를 확고한 도덕적 규범의 기초 위에서 극복하고자 의도하였기 때문이다. 확실성의 인식론은 다음 장에서 해명하기로 하자. 우선 자연과학의 기반이 되며 아울러 독사(doxa; 의견이나 속견에 해당하는 희랍어 단어)적 실천의 한 예인 관용론의 기반이 되는 개연성의 인식론을 살펴보자.

로크는 가상디 회의론의 영향을 받아서 외부 대상에 대한 직접적 인식에 대해서는 회의한다. 「초고 A」에서 지식은 실재하는 대상에 관한 것이 아니라 관념 사이의 관계에 관한 것이라는 새로운 지식관의 씨앗이 출현하기 시작한다. 그러나 아직은 분명히 정식화되지 못한다. 1690년에 출판된 『인간지성론』 4권에서야 비로소 지식은 관념들 사이의 일치와 불일치의 관계에 대한 지각이라는 새로운 지식관이 공식적으로 등장한다. 이로써 인간 지식의 한계는 분명해진다. 왜냐하면 선명하고 분명한 관념이 없는 경우에 지식은 존재하지 않기 때문이다.

"우리가 관념을 가지는 범위를 벗어나서 지식을 가질 수는 없다." 전지한 신과 비교해볼 때 인간은 불완전하다. 그 조건에 의해서 인간이 가질 수 있는 지식의 범위는 매우 협소하고, 반면에 무지의 폭은 훨씬 광대하다. 예컨대, "어떤 사물은 너무나 멀기 때문에 그리고 다른 사물은 너무나 미세하기 때문에" 우주 사물의 대부분이 작용하는 몇몇의 방식과 효능이 우리 인간에게는 감추어져 있다. 물체들의 이러한 '멀거나 미세한 특성'이 인간의 지식에 제약을 가하기 때문에 "거대한 무지의 심연"이 드러난다. 인간은 자신의 지식이 미치지 못하는 것들에 대해서는 추측할 수밖에 없다. 왜냐하면 인간은 그것들에 대해서 선명하고 분명한 관념들을 가질 수 없기 때문이다.

이 지점에서 로크는 보일의 미립자 이론을 도입한다. 미립자 이론에 따르면 물체는 자신을 구성하고 있으나 감각할 수 없는 미립자 또는 원자로 되어 있다. 로크는 보일의 이러한 미립자 이론을 받아들이면서 지각의 인과 작용에 대한 해석과 물질의 본성에 관한 해석에 이 이론을 적용한다. 보일은 모든 물체에 공통적이고 보편적인 물질과 부분들로 나누어지는 물질을 언급한다. 그런데 그 부분들로 나누어지는 물질은 각각의 부분들이 그 자신의 크기와 모양을 가지고 있지만 이들 부분들은 너무 작아서 단독으로는 감각될 수는 없다. 그는 크기와 모양을 물체의 제일 촉발이라고 말한다. 그리고 이러한 성질들(크기, 모양)과 덜 단순한 성질들(색깔, 맛, 냄새)을 구별한다.

이러한 제일 성질과 제이 성질의 구분이 보일에게는 중요하다. 왜냐하면 그가 자연적 현상에 대한 역학적 설명을 허용하는 가설을 제기하고 이 역학적 설명을 모양과 크기 및 운동/정지의 관점에서 하기 때문이다. 보일은 스콜라철학자와 연금술사처럼 실재적이고 신비스런 성질들과 실체적 형상의 관점에서 자연 현상을 설명하는 것을 거부한다. 그는 다양한 현상을 가능한 소수의 기본 개념들로써 설명하고 이 개념들을 감각경험으로부터 직접 도출하려고 한 것이다. 이러한 제일 성질과 제이 성질의 구분과 미립자 가설에 기반을 둔 보일의 자연 과학적 경험주의를 로크는 그대로 수용한다. 로크는『자연 철학의 요소들』에서 보일에게서 영향 받은 (물론 가상디의 원자론의 영향을 받은) 주장을 한다. "이런 작고 감각할 수 없는 미립자의 모양과 부피 및 운동에 의해서 모든 물체의 현상이 설명될 수 있을 것이다." 이러한 생각이 기계론(mechanism)이라고 명명된다.

인간은 물체들의 이러한 미세한 입자들의 기계론적 촉발을 발견할 수 있을 정도의 예민한 감각기관을 결여하고 있으므로 그 물체들의 속성이나 작동방식에 대해 무지하다고 할지라도 이것에 만족해야 한다. 언젠가는 실험들을 통해서 이것들을 알게 되리라는 것을 인간이라면 어느 누구도 확신할 수 없다. 그래서 로크는 물체에 대한 지식의 문제와 관련해서 다음과 같은 결론을 내린다. 인간의 인식 기능의 유한성과 물체에 관한 미립자 가설이 "자연 물체에 관한 보편적인 진리에 대한 우리의 확실한 지식을 방해한다. 그리고 우리의 이성이 이 점과 관련해서 특정한 사실의 문제를 넘어서 우리를 더 멀리 데려가지 못한다." 이런 의미에서 자연학은 수학이나 윤리학과 같은 (증명) 과학이 될 수 없다. 따라서 "자연적인 사물에서 인간의 노력이 실험 철학을 진전시킬지라도 과학적인 것은 여전히 우리의 손 밖에 있다." 자연 물체와 관련해서 특히 그 미립자들의 제일 성질에 대하여서 완전하고 충분한 관념을 인간이 결여하고 있기 때문에 과학적 지식이나 확실성 또는 증명이 불가능하다. 따라서 개연성만이 가능하다.

확실성의 인식론

로크는 『인간지성론』의 2권에서 경험주의 원칙을 주장한다. 그는 마음이 어떤 글자, 즉 관념도 쓰여 있지 않은 백지라고 가정한다. 로크의 이러한 경험주의 원칙은 지식이 아니라 지식의 재료인 관념의 기원과 관련해서 주장된 것이다. 당연히 기원의 문제와 정당성의 문제는 (칸트가 사실의 문제와 권리의 문제를 구분했던 것처럼) 구분되어야 한다. 로크는 지식 재료의 발생을 경험으로부터 기술하고자 한 것이다. 그런데 그가 지식의 재료인 관념(『인간지성론』 2권의 중심 주제)에 대해서는 경험론적인 태도(관념의 기원에 관한 경험론적 분석)를 보여주고 이와는 달리 관념이라는 재료로 만들어진 지식(『인간지성론』 4권의 중심 주제)에 대해서는 합리론적인 태도(지식의 수학적 모델)를 지니고 있다는 점 때문에 이러한 해석의 어려움이 생긴다.

우선 로크가 지식을 어떻게 정의하고 그 단계들을 구분하는지를 살펴본다. 지식은 오직 "관념들의 연관과 일치 또는 불일치와 모순에 대한 지각"일 뿐이다. 이러한 일치를 더 분명하게 이해하도록 로크는 이 일치를 네 가지 종류로 환원한다. 1. 동일성 또는 상이성, 2. 관계, 3. 공존 또는 필연적 연관, 4. 실재적 존재 (real existence). 이 네 가지로써 인간이 가질 수 있는 지식의 전부를 포괄한다. 한편, 그는 동일성과 공존을 "긍정과 부정의 근거"라고 언급하기도 한다. 이는 이 두 가지가 동일성과 필연성을 강조하는 논리적 차원에 속하는 것들이기 때문이다. 로크가 이것들과 관련하여 드는 예는 다음과 같다. "있는 것은 무엇이든 있다." "인간은 인간이다." "흰 것은 무엇이든 희다." 지금 열거한 명제들은 동일성(A=A, A≠-A)에 기반을 둔 자명한 명제(tautology, 동어반복적인 명제)들이다. 공존("두 관념 중 하나의 관념이 있다고 가정되는 주체 속에 또한 다른 관념도 반드시 있어야만 한다는 그 관념들 사이의 필연적인 연관")에 관한 예로 로크는 "두 물체는 같은 장소에 있을 수 없다"를 들고 있다.

이러한 동일성과 필연적 공존을 포함하는 관계 일반은 경험적 기원으로부터 타당성을 확보하는 것이 아니다. 이런 논의를 로크가 하는 이유는 혼합 양태와 관계가 경험적인 서술(감성의 수동성)로는 설명되지 않기 때문이다. 그래서 그는 다음과 같이 말하게 된다. 혼합 양태와 관계는 관념들의 조합이기 때문에 그러한 것들이 생겨날 때 인간 지성의 능동적인 작업이 들어가는 경우가 있다. 또한 로크는 관계에 대한 예로 수학적 명제(전체와 부분의 관계, 전체는 동일한 단위들의 일정한 합)를 든다. "같은 것에서 같은 것을 취하면 남아 있는 것도 같을 것이다." "하나 더하기 하나는 둘과 같다." "한 손의 다섯 손가락에서 두 개를 취하고 다른 손의 다섯 손가락에서도 두 개를 취한다면 양손에 남아 있는 손가락의 수는 같을 것이다." 지금까지 동일성과 공존 및 관계에 대한 논의를 통해서 우리는 로크가 지식의 모델을 논리학이나 수학 같은 명제(선험적 명제나 분석 명제)에 두고 있음을 알게 되었다. 게다가 로크는 지식을 정의할 때 '연관'이나 '모순' 같은 논리적인 용어를 사용한다. 그러므로 로크의 지식에 대한 논의는 합리론적인 색채가 강한 편이라고 말할 수 있다.

로크의 인식론에 있어서 **관념 발생에 대한 심리학적 기술(경험론적 설명)**과 지식에 대한 **합리론적 모델**은 서로 긴장관계에 놓여 있다. 이러한 어려움에 로크가 직면한 이유는 그가 본유관념을 비판하기 위해서 경험주의 원칙을 내세웠지만 수학과 논리학의 확실성에 기반을 둔 지식관을 상당히 존중했기 때문일 것이다. 다시 말하면 로크가 수학적이고 논리적인 필연성을 경험주의 원칙(심리학적 기술)으로는 정당화할 수 없었기 때문이다. 게다가 또 한 가지 이유는 로크가 이 수학적이고 논리적 필연성을 새로운 윤리 규범을 정초하고 이 규범의 구속력(obligation)을 입증하기 위한 모델로 생각했다는 것이다. 그래서 로크는 지식의 재료인 관념은 경험주의의 관점에서 다루고 그 재료로 만들어진 지식은 합리주의적 관점의 대표 모델인 증명의 관점에서 다룬다.

지식은 개연적인 지식(로크의 생각에 의하면 신념)과 엄밀한 의미에서의 확실한 지식으로 나누어진다. 자연과학과 정치술과 의학은 개연성의 영역에 속하고, 수학과 윤리학(그리고 규범적 정치철학)은 확실성의 영역에 속한다. 여기서 로크의 윤리학의 특색이 잘 드러난다. 윤리학이 수학(특히 기하학)과 같은 영역에 속한다는 생각은 근대 초기의 합리론자들의 전형적인 이상이다. 로크는 윤리학과 관련해서는 스피노자의 『에티카』와 다를 바가 없는 방법적 이상에 고착되어 있다. 이러한 방법적 이상(윤리학의 수학화)이 『인간지성론』에서 증명 윤리학의 기획으로 등장한다.

이성과 신앙

로크의 철학에서 신앙과 이성의 관계를 탐구하기에 앞서, 이성이라는 말이 복잡하기 때문에 먼저 이성의 여러 용법을 살펴본다. 로크가 이성을 체계적으로 다룬 부분은 『인간지성론』의 4권 17장인 '이성에 관하여'이다. 우선 1절에서 로크는 이성이라는 말이 영어에서 여러 가지의 의미를 가지고 있음을 지적한다. 첫 번째로 이성은 참되고 선명한 원리를 가리킨다. 두 번째로 이성은 이러한 원리들로부터의 선명하고 공정한 연역(적 추론작용)을 의미한다. 세 번째로 이성은 목적인을 뜻한다. 그런데 로크는 이 세 가지의 통상적인 용법들 외에도 이성의 또 다른 의미를 언급한다. 네 번째로 이성은 인간의 한 기능을 나타낸다. 이 기능을 통해서 인간은 동물로부터 구별되고 동물을 능가하게 된다. 로크가 기능으로 간주하는 이성의 큰 용도는 두 가지이다. 하나는 사변적인 용도이고 다른 하나는 실천적인 용도이다. "지성적 기능은 순전히 사변만을 위해서가 아니라 인간의 삶을 인도하기 위해서 인간에 주어진 것"이다. 사변적인 용도는 **인간의 지식을 확장하기 위한 것**이고, 실천적인 용도는 **인간의 동의를 규제하기 위한 것**이다. 다시 말해서 이성은 지식(에피스테메 episteme)과 의견(독사doxa)의 양 분야에서 다 소용되는 것이다.

17세기 영국에서는 우리와 반대로 기독교의 신이 이성의 근거이자 척도였다. 그 당시에 문제가 된 것은 이 기독교적 신앙과 이성과의 관계였다. 그런데 광신주의로 인한 이성의 포기는 분열과 싸움만을 낳았다. 이를 치료하기 위해서는 우선 이 두 영역을 가르는 척도를 마련하지 않으면 안 되었다. 이는 기독교에 대한 새로운 해석을 필연적으로 동반한다. 그가 준비한 길은 이성적 신앙의 길이다.

로크가 이성적 신앙으로 가는 길을 가기 위해서는 신앙의 영역과 이성의 영역을 가르는 것이 중요하다. 로크는 그 당시의 문화적 위기를 극복하기 위해 먼저 그 대표적 현상인 종교적 광신주의의 문제점을 지적한다. 그래서 로크는 『인간지성론』 4판(1700년)에서 새로이 '광신주의에 관하여'(4권 19장)라는 장을 추가한다. 이 장은 『인간지성론』을 전체적으로 해석하고 로크의 관용의 정치 및 신념의 윤리 그리고 본유관념론 비판을 이해하는 데 중요한 역할을 담당할 수 있다. 로크는 그 글에서 우선 동의의 척도를 세운다. 그 척도란 "증거들(proofs)이 줄 수 있는 것보다 더 큰 확신을 가지고서는 결코 어떤 명제도 받아들이지 않겠다는 것"이다. 이 척도를 넘어서는 자는 진리를 사랑하여 진리를 추구하는 자가 될 수 없다. 그는 사심이 있는 자에 불과하다. 그는 진리에 대한 사랑이 아닌 어떤 다른 감정으로부터 촉발되었던 것이다. 이로부터 판단력의 편견과 타락이 발생한다. 로크는 이 편견에 수반되는 현상의 예로 "타인에게 명령하는 권위와 타인의 의견을 규정하는 월권이 있는 것처럼 가정하는 것"을 들고 있다. 이러한 권위와 월권은 이성의 기능에 폭력을 가하고 정신에게 독재를 행하고 진리로부터 특권을 찬탈하는 것과 같다. 이러한 행태를 로크는 광신주의라고 명명한다. 광신주의는 "이성과 계시 양자 모두를 앗아가면서 그 자리를 인간의 뇌에서 생겨난 근거 없는 환상으로 대체하는 동시에 그 환상들이 의견과 행동 모두의 기초라고 간주한다."

그는 이러한 광신주의를 비판하기 위해서 이성과 계시를 변증법적으로 규정한다. 이성은 자연 계시이고 계시는 확장된 자연 이성이다. 이성과 계시의 변증법적인 통일에서 이성이 계시의 진리를 확증하므로 이성이 중심 역할을 한다. 이처럼 주님의 촛불(이성에 대한 그 당시의 비유)과 계시를 이성 중심으로 연관시킴으로써 로크는 이성적 신앙을 주장할 근거를 마련한다. 계시는 이성과 연관되어 있으므로 계시의 길을 준비하기 위해서 이성을 멀리하면 이성과 계시라는 두 개의 불을 다 끄는 셈이 된다.

그런데도 사람들에게 광신주의가 발생하는 까닭은 계시는 쉬운 길이고 이성은 어려운 길이라는 편견 때문이다. 단순한 확신의 굳건함이 믿음의 원인이 되고 게다가 이것이 옳은 것이라는 신념이 진리의 논증이 되는 것을 막기 위해서는 어렵고 험난한 길로 간주되는 이성의 테스트가 필요하다. 그래서 로크는 기만과 오류를 벗어나기 위해서는 광신주의자가 주장하는 내적 빛을 테스트해야 한다고 주장한다. 이는 광신주의자가 이성을 포기하지 않고 적극적으로 사용해야 한다는 것을 의미한다.

그러나 로크가 계시 대신에 이성을 의견과 행위의 새로운 척도로 삼았다고 해서 그가 계시를 완전히 폐기한 것은 아니다. 이성화된 계시는 여전히 계시이다. 이러한 계시는 오직 이성의 원칙과 신의 말씀(성경)에 일치하는지의 여부를 가리는 테스트를 거친 계시이다. 이런 점을 봐도 알 수 있듯이 로크의 사상 속에 여전히 이성 외에도 성경(원래적 계시)이 여전히 규범의 척도로 자리 잡고 있다.

로크에게 있어서 이성과 성경, 이 두 가지는 기독교인을 포함한 모든 사람의 공통된 표준이기 때문이다. 신앙의 문제는 이성을 초월하지만 이성과 모순되어서는 안 된다. 이성이 자신에게 불합리하게 보이는 것에 동의하기란 불가능하기 때문이다. 이성의 분명하고 선명한 명령(완전한 관념과 지식으로부터 나오는 확실한 증거)에 반대하는 권위가 신앙의 문제라는 이름으로 사칭되어서는 결코 안 된다. 문제가 되는 것은 이성이 불완전한 관념을 가지고 있을 뿐 어떠한 지식도 가질 수 없는 영역이다. 이 영역은 인간의 자연적 기능이 발견할 수 없으므로 이성을 넘어서 있는 것으로 '신앙의 고유한 문제'가 된다. 이 신앙의 문제는 이성과는 아무 관련이 없다. 이성은 이런 영역에 관해서는 확실성을 갖지 못하고 단지 개연성에 만족해야 한다. 따라서 오류불가능성을 확신하는 주장에 대해서 동의를 할 수 없다. 이로써 두 개의 영역이 구분된다.

"첫째로 우리의 정신이 자신의 자연적인 기능과 개념을 사용해서 그 진리를 판단할 수 없는 명제가 계시된다면 그것은 순전히 신앙의 문제이고 이성을 초월한다. 둘째로 그 정신이 자신의 자연적인 기능에 의해서 자연적으로 획득된 관념으로부터 규정하고 판단할 수 있는 모든 명제는 이성의 문제이다." 이런 식으로 이성의 문제와 신앙의 문제가 구분된다. 이성은 신앙의 문제와 관련하여 어떤 명제에 대하여 개연적인 근거만을 주장하게 되므로 확실한 계시가 이 개연성에 반대하도록 인간에게 명할 수 있다. 이성이 못 미치는 경우에는 신앙이 결정을 내린다. 이때 신앙의 지배는 이성에 폭력이나 방해를 가해서는 안 된다. 모든 지식의 영원한 원천으로부터 오는 새로운 진리의 발견에 의해서 이성이 손상을 입거나 훼방을 받지 않고 도리어 도움을 받아 개선되는 한에서 그 신앙의 지배는 지속될 수 있다. 즉 신적 계시에 이성은 복종해야 한다. 이러한 복종이 지식의 이정표를 모두 빼앗는 것도 아니고 이성의 기초를 허무는 것도 아니다. 이런 식의 영역 구분은 종교의 문제와 관련해서 이성에게 여지를 만들어 주기 위한 것이다. 이는 앞서 지적한 계시의 쉬운 길이 인간의 열정 및 어리석음과 결합해서 광신주의를 낳는 것을 막기 위함이다.

로크의 연보

1632 8월 9일. 존 로크는 변호사 존 로크 1세와 그의 부인 애그
   니스의 맏아들로 영국 백작령 서머싯의 링턴 마을에서
   태어남.

1646(47)-52 런던의 웨스트민스터 학교에서 수학.

1649 영국 왕 찰스 1세가 처형됨. 이를 계기로 영국은 공화국이 됨.

1652 옥스퍼드 대학교(크라이스트처치 칼리지)에서 수학.

1658 석사학위 취득. 대학 강사 활동 시작.

1660 로크는 영국 왕정복고를 환영함. 화학자 로버트 보일과 교
   제 시작.

1660-61 보수적이고 권위적인 정치관을 담은 『정부에 관한 두
   소논문』을 저술. 그러나 출판은 단념함.

1664 『자연법론』을 완성(1954년 첫 출간).

1665 10월에서 그 다음해 2월까지 최초의 해외 거주, 로크는 월
   터 베인 경의 공사 서기관으로 브란덴부르크 궁을 경유
   하여 클레베로 가다.

1667 샤프츠베리 백작의 주치의 및 정치 자문이 되어 런던으로
   이사함. 로크는 정치적 보수주의로부터 벗어나 그의 사
   후에 출간된 『관용론』을 저술함.

1671 『인간지성론』의 초고 완성. 1675년까지 캘롤라이나 식민
   지 소유주의 서기로 활동함.

1672 10-11월까지 파리 여행.

1675-79 프랑스 체류. 철학자들 및 자연 과학자들과 교류.

1679 런던의 샤프츠베리 백작에게 돌아감. 왕위 계승을 놓고 정치적 논쟁이 벌어짐.

1680-82 1689년에 출판되는『정부론』의 핵심적인 부분을 저술.

1683 프랑스어 요약판인『인간지성론』을 발표하다. 영국의 명예혁명 발생.

1689 2월, 영국으로 귀국.

4월,『관용 편지』가 익명으로 출판됨.

5월, 세금항소위원회 위원직을 맡음.

10월,『정부론』이 런던에서 익명으로 출판됨.

12월,『인간지성론』이 런던에서 실명으로 출판됨.

1690 『두 번째 관용 편지』출판.

12월, 에식스의 오츠로 이사. 이곳의 매섬 부인의 집에서 그녀의 가족들과 함께 로크는 생애의 마지막 시기를 보냄.

1692 『세 번째 관용 편지』,『이자율 하락의 결과와 화폐가치의 상승에 관한 고찰』.

1693 『교육론』제2판 출판.

1694 피터 킹과 교류. '칼리지' 모임을 통하여 현실정치에 영향력을 행사.『정부론』제2판과『인간지성론』제2판이 나옴.

1695 『교육론』제3판 출간,『기독교의 합당성』의 익명 출간,『

인간지성론』의 제3판 출간, 『화폐가치의 상승에 대한 고찰』 출간, 『기독교의 합당성의 옹호』 출간.

1696 새로이 설립된 무역위원회의 위원직을 수락.

『기독교의 합당성』 제2판.

1697 에드워드 스틸링플리트 및 우스터 대주교와 『인간지성론』을 놓고 논쟁 시작.

『두 번째 기독교의 합당성의 옹호』 출판.

1698 『정부론』 제3판.

1699 『교육론』 제4판.

1700 『인간지성론』 제4판 및 프랑스어 번역본 출판.

6월, 건강상의 이유로 무역위원회 위원직과 세금항소위원회 위원직에서 물러남.

1701 『인간지성론』 라틴어 번역판.

1703 앤소니 콜린스와 교제. 『이솝우화』 편집.

1704 10월 28일 로크 사망.

1705-07 『사도 바울의 편지에 관한 주석과 해설』.

1706 『인간지성론』 제5판.

로크의 사후 전집 출간(이 중에는 『지성의 행동』과 『신은 모든 사물을 어떻게 파악하는가에 대한 말브랑슈의 견해에 대한 연구』가 들어 있음).

일러두기

* 로크의 저술에 대한 표기법

『로크 전집』의 판본은 *The Works of John Locke, new ed.,
corrected.* 10 vols. (London, 1823); repr. (Aalen: Scientia, 1963)
이다. 앞으로 『로크 전집』이라고 표기한다.

『인간지성론』의 판본은 *An Essay Concerning Human
Understanding*, ed. P. Nidditch (Oxford University Press, 1975)
와 *An Essay Concerning Human Understanding*, ed. R.
Woolhouse (Penguin Books, 199 7)이다. 이 글에서는 가장 최근판인
울하우스의 판본을 기저본으로 삼고 최초의 비판본인 니디치의 판본은
참고본으로 삼았다. 인용 시에는 권수와 장수와 절수만 밝힌다. 예컨대 E
4.1.2는 『인간지성론』 4권 1장 2절을 가리킨다.

『정부에 관한 두 논문』(앞으로 줄여서 『정부론』이라고 함)의 판본은 비
판본인 *Two Treatise of Government*, ed. P. Laslett, 2nd edn.
(Cambridge University Press, 1967)이다. 인용 시에는 권수와 장수만
을 밝힌다. 예컨대 T 1. 5는 『정부론』 1권 5장을 가리킨다.

『자연법론』의 판본은 *Essays on the Law of Nature*, ed. W. von
Leyden (Oxford University Press , 1936)이다. 앞으로 이 책은 『자연
법론』이라고 표기한다.

『교육론』의 판본은 *Some Thoughts Concerning Education*, ed. J.
W. and J. S. Yolton (Oxford,1975, corrected reprint 1979)이다.
앞으로 『교육론』이라고 표기한다.

『정치논문집』의 판본은 *Locke: Political Essays*, ed. M. Goldie
(Cambridge University Press, 1997), p.319. 앞으로 이 책은 『정치
논문집』이라고 표기한다.

『자연철학의 요소들』의 판본은 "Elements of Natural Philosophy" (『

로크 전집』 3권)이다. 이 책은 『자연철학의 요소들』이라고 표기한다.

『기독교의 합당성』의 판본은 *The Reasonableness of Christianity, As Delivered in the Scriptures* (『로크 전집』 7권)이다. 이 책은 『기독교의 합당성』이라고 표기한다.

『관용 편지』의 판본은 *A Letter Concerning Toleration, in John Locke: A Letter Concerning Toleration in Focus*, ed. S. Mendus, and J. Horton(Routledge, 1991)이다. 이 책은 『관용 편지』라고 표기한다.

『지성의 행동에 관하여』의 판본은 *Conduct of the Understanding* (『로크 전집』 3권)이다.

** 로크에 대한 논문집의 표기법

LC는 Ashcraft, R. ed., *John Locke Critical Assessments*, 4vols. (Routledge, London and New York, 1991)라는 전체 4권으로 이루어진 로크에 대한 방대한 논문집에 대한 약기이다. 인용 시에는 권수와 쪽수만 밝힌다. 예컨대 LC Ⅱ. 14는 이 논문집의 2권 14쪽을 가리킨다.

CCL은 V. Chappell, ed., *The Cambridge Companion to Locke* (Cambridge Universities Press, 1994)의 약기이다.

제1장 로크에 대한 다양한 해석의 기원

로크는 말년에 발간한 『인간지성론』[1]과 『정부론』으로 인해서

---

1) 영어의 언더스탠딩(understanding)은 라틴어의 인텔렉투스(intellectus)의 번역어이다. 로크는 언더스탠딩을 지각하는 능력이라고 부르면서 지각을 세 가지로 구분한다. 1. 우리 마음속에서 일어나는 관념에 대한 지각, 2. 기호들의 의미작용에 대한 지각, 3. 관념들 사이에 존재하는 연관과 모순 또는 일치와 불일치에 대한 지각. 로크는 이 세 가지를 모두 언더스탠딩에 귀속시킨다. 그러나 마지막 두 용법이 언더스탠딩의 고유한 의미라고 로크는 생각한다(E 2.21.5). 이 언더스탠딩의 우리말의 번역어가 오성이다. 오성의 오(悟)자는 불교나 도가 식의 깨달음을 가리키는 말이다. 여기서 깨달음이란 분별지의 차원을 넘어선 물아일체의 상태 즉, 자타가 존재하지 않는 무분별의 상태를 말하는 것이다. 반면에 로크의 언더스탠딩은 관념을 명석 판명하게 인식하고 관념들의 관계를 파악하는 분별지의 차원에 존재한다. 앎 또는 지(知)는 기본적으로 이것과 저것을 나누는 작용이다. 또한 라틴어 인텔렉투수(intellectus)가 그대로 영어 단어가 된 말이 인텔렉트(intellect)이다. 이를 우리말로 지성이라고 번역한다. 어원을 따지고 본다면 언더스탠딩이나 인텔렉트는 같은 말인 셈이다. 따라서 로크의 언더스탠딩을 지성으로 번역하는 것이 더 나을 것이다. 비록 우리말에서 오성이라는 말로 굳어진 관성이 존재하지

유명해진다. 일반적인 상식에 의하면 앞의 책은 베이컨이 제기하고 흄이 완성한 경험주의 인식론을 최초로 체계적으로 다룬 책이고, 뒤의 책은 영국의 명예혁명과 관련하여 휘그적 자유주의 정치철학을 주창하고 정당화한 책이다. 그런데 그의 자유주의 정치철학과 경험주의 인식론이 대개는 별도로 연구된다. 예를 들어, 『인간지성론』의 인식론은 『정부론』의 정치철학과 아무런 연관 없이 연구되고 별개로 연구된다. 그 이유는 대부분의 로크 연구자들이 두 저작의 연관성을 보지 못한 데에 있다.[2] 왜냐하면 한편으로는 정치철학 저작에 나타난 자연법사상과 다른 한편으로는 인식론적 저술에 나타난 본유관념 비판 및 관념 기원의 경험적 기초론이 잘 들어맞지 않은 듯이 보이기 때문이다.[3] 이런 점이 로크라는 저자의 통일적 기능은 존재하지 않고 각각의 저서를 각기 다른 저자가 쓴 것이라는 해석[4]을 낳은 이유 중의 하나이다. 더 나아가서 로크 정치 철학까지도 비일관적이고 심지어 모순투성이라고 보는 경

만 더 나은 번역어가 있을 때는 바꾸는 것이 현명하다. 이러한 이유로 기존의 『인간오성론』 대신에 『인간지성론』이라고 사용하는 편이 더 나을 것이다.

2) W. von Lyden, "John Locke and Natural Law" (LC Ⅱ. 1 4).

3) 이러한 주장은 대표적으로 Two Treatises of Government, ed. P. Laslett, 2nd edn. (Cambridge University Press, 1967)의 편집자 서문에서 제기된다.

4) 로크에 대해 '저자' 개념의 적용이 가능하지 않다는 주장을 설명하고 비판한 글로는 다음을 참조. D. Wootton, "Introduction" in Political Writings of John Locke, ed. D. Wootton (Mentor, 1993), pp.110~119.

우도 있다.[5] 하물며 그의 전체 철학이 정합적인 체계를 이룬다고 보는 것은 더욱 어려워진다. 이런 상황은 로크가 윤리학에 대한 완결된 저서를 남기지 않아서 더욱 악화된다. 그러므로 로크 철학을 전적으로 모순된 부분들로 이루어진 비일관적인 것이라고 규정하는 해석자까지 생겨난다.[6] 과연 로크는 체계적 사유 능력이 부족한 철학자인가?

이처럼 로크의 철학을 갈라지고 깨어진 파편들을 모아놓은 것이라고 보는 그림 대신에 이 파편들 중에서 하나만을 강조하기 위해 다른 것들을 버리는 가능성을 생각해볼 수 있다. 그 대표적인 경우가 슈투라우스의 해석이다. 그는 홉스주의자로서의 로크를 부각시키기 위해 자연법론자로서의 로크를 희생시킨다.[7] 또는 하나의 조각은 잘 보여줬으면서도 이것이 다른 조각들과 맺는 관계를 소홀히 한 경우도 있을 수 있다. 맥퍼슨 같은 사람은 로크의 정치철

---

5) John Gough, *John Locke's Political philosophy: Eight Studies* (Oxford: Clarendon Press, 1973), p.123.

6) 이러한 해석을 한 학자로는 렘프레히트가 대표적인 사람이다. "불행히도 로크는 결코 자신의 성숙한 윤리적 견해를 쓰지 못했다. 그가 그렇지 못했기 때문에 (그의 윤리학적 견해에 관하여) 부정확성이 예상될 수 있다. 그러나 나는 로크에 대한 '공감적인 조화'(sympathetic harmonization)를 시도하는 것을 거부하고 그가 무의식적으로 그의 의미를 바꾸고 비일관성의 잘못을 범했다고 주장하는 것을 선호한다." Sterling P. Lamprecht, *The Moral and Political Philosophy of John Locke* (Columbia University Press, 1918); 2nd ed. (1962), p.81, note 22.

7) L. Strauss, *Naturrecht und Geschichte* (Suhrkamp, 1977), ss.210~262.

학의 모습을 잘 드러냈지만 이 정치철학을 로크의 인식론과 연결하지는 않았다.[8] 이처럼 로크의 전체 철학의 연관성이 소홀히 되어온 문제 상황을 이해하려면 로크에 대한 해석의 역사를 우선 파악하여야 한다.[9] 물론 로크의 철학이 독일 관념론 철학처럼 철저히 체계 구축을 의도한 것은 아니다. 하지만 로크의 철학이 겉보기에 모순되고 비일관적으로 보이는 이유는 로크 윤리학의 기본적이고 중심적인 전제들이 로크에 의해서 분명하게 표명되지 않은 데에 있다. 따라서 로크 철학 전반의 성격, 특히 인식론과 정치철학의 연관성을 파악하려면 먼저 그의 윤리 사상에 대하여 탐구를 하는 것이 필요하다.

　로크 윤리학의 전제들을 구성하는 것은 로크의 윤리 사상의 근간을 이루는 자연법사상이다. 로크 윤리학은 주로 그의 정치적 관심사에서 발전된 것이기 때문에 법의 차원에서 전개된다. 게다가 로크는 자연법사상을 정치 철학의 토대로 간주한다.[10] 이런 이유

---

8) C. B. Macpherson, *The Political Theory of Possessive Individualism: Hobbes to Locke* (Oxford University Press, 1962), V장 참조.

9) 로크에 대한 해석의 역사를 이해하려면 Jerme Huyler, *Locke in America: the moral philosophy of the founding era* (The University Press of Kansans, 1995)의 1장과 J. Tully, *An Approach to Political Philosophy: Locke in Contexts* (Cambridge University Press, 1993)의 3장과 H. Monson, Jr. "Locke and Interpreters", in *John Locke Critical Assessments*, Ed. by R. Ashcraft (Routledge, London and New York, 1991)와 W. Euchner, *Naturrecht und Politik bei John Locke* (Suhrkamp, 1979)의 서론 1절을 참조.

로 로크는 옥스퍼드 대학 크라이스트처치 칼리지에서 그리스어, 수사학, 도덕 철학을 강의하던 시절인 1663~1664년 사이에『자연법론』의 원고를 작성한다. 이 때 주로 문제가 된 것은 자연법에 대한 인식이다. 그러나 이 원고는 그의 장서 보관소인 러브레이스 컬렉션의 한 구석에 파묻히고 만다. 훨씬 뒤에 로크는 자연법 즉, 도덕과 종교의 토대에 관한 인식의 문제를 해결하기 위해『인간지성론』(1689)을 작성한다.11) 그래서 그의 공식적 주저인『인간지성론』은 **근대 과학의 인식을 다룬 과학 인식론**일 뿐만 아니라 **도덕규범의 인식을 다룬 도덕 인식론**이기도 하다. 다시 말해서 그 책에는 윤리적이고 종교적인 차원이 분명히 존재한다. 또한 로크의 유명한 정치철학서인『정부론』의 토대가 바로 자연법이기도 하다. 이처럼 로크의 윤리학적 사유(자연법 사상)는 자신의 정치 철학의 규범적 토대를 제공한다는 점과 더불어 자신의 인식론의 출

---

10) W. Euchner, *Naturrecht und Politik bei John Locke* (Frankfurt am Main: Suhrkamp, 1970), s. 7.

11) 로크는 이 책의 '독자에 대한 편지'에서 이 책의 역사에 관해 이야기하면서 이 책이 다루는 것과는 아주 동떨어진 주제에 대해 친구 5, 6명과 토론했을 때 생겨난 어려움을 풀겠다는 동기에서 이 책을 저술했음을 밝히고 있다(E p.8). 존 티렐(John Tyrrell)에 의하면 자신과 로크를 포함한 토론 그룹이 논의했던, 그런 어려움을 일으킨 주제는 도덕성의 원칙이 발견되고 그것이 참이라고 입증되는 방식과 도덕성의 원천과 토대로서의 종교적 계시의 역할과 권위에 관한 물음들이다. 이러한 물음들을 해명하려면 인간 지성이 획득할 수 있는 지식의 기원, 확실성 그리고 범위에 관한 탐구가 필요하다(R. Woolhouse, "Introduction", E p.   ).

발점이자 목표가 바로 도덕과 종교의 문제라는 점에서 인식론과 정치 철학을 연결하기 위한 핵심 고리임이 드러난다. 그런데 문제는 앞에서 언급한대로 로크가 자신의 윤리 이론에 관해서 체계적으로 논한 저술을 남기지 않았다는 것이다.

『인간지성론』이 출간(1690년)된 뒤에 이 책에서 로크가 도덕성을 취급한 방식은 많은 오해와 비판을 일으켰다. 이런 점 때문에 로크가 젊은 시절에 『자연법론』을 썼다는 것을 알고 있던 로크의 친구인 티렐(Tyrrell)은 로크가 자기 자신의 윤리학에 관한 입장을 분명히 하고 그 자신에게서 홉스주의자라는 의혹을 떨쳐 버리도록 이 책을 발간할 것을 그에게 요구했다.12) 이렇게 로크의 친구들뿐만 아니라, 더 나아가 논적들도 그에게 도덕 이론에 관하여 분명히 설명해줄 것을 요구하기까지 했다. 그는 이러한 요구들을 묵살하고 만다. 포괄적이고 체계적인 윤리학에 관한 책을 결코 쓰지 않았다. 심지어 청년 시절의 작품인 『자연법론』도 발간하지 않았다. 대신에 그는 "수많은 편지와 흩어져 있고 때로는 혼란스런 단락"만을 남겨 놓았다. 이것으로부터 그 당시의 독자들은 그의 윤리 이론을 추론할 수밖에 없게 된다.13) 이와 같이 로크가 자신의 윤리 이론에 대하여 저술도 하지 않고 이와 관련된 초기 작품도 발간하지 않은 이유에 관해서는 수많은 추측만 난무할 뿐이다. 이점이 로크 해석의 난점이 된다. 그래서 로크 철학에 관한 무수한 해석자들의 서로 모순되는 해석들이 나오게 된다.

---

12) W. von Leyden, "Introduction"(『자연법론』, p.76).
13) J. B. Schneewind, "Locke's moral philosophy"(CCL. pp.199~200).

지금까지 논의한 이런 점들을 고려한다면 로크의 철학은 그의 인식론과 정치철학이 윤리학을 매개로 하여 서로 연관을 이루는 느슨한 의미의 체계를 이루고 있다고도 말할 수 있다. 왜냐하면 로크같이 한 시대의 패러다임을 형성하는 데에 기여한 사상가라면 그 철학이 외견상의 불일치에도 불구하고 '약한 의미의 정합성'(여러 커트로 이루어진 한 장의 만화 그림)을 가지고 있다고 생각하는 것이 자연스럽기 때문이다. 로크 철학의 갈라지고 깨어진 그림을 윤리학이라는 접착제를 사용하여 다시 짜 맞추어 그의 철학 전반에 관한 온전한 그림을 그려볼 수는 있을 것이다. 이제 우리가 로크 철학 전반, 특히 인식론과 정치철학의 연관성, 다시 말해서 『인간지성론』과 『정부론』의 연관성을 파악하기 위해서는 먼저 로크의 윤리학에 대한 체계적인 그림을 그려야 한다는 것을 알게 되었다. 그가 단행본으로 내놓지 않고 그의 저서들 여기저기에 단편적으로 기록한 윤리학에 관한 토막글들을 통해서 우리는 로크의 윤리학을 재구성해볼 수 있다. 이러한 재구성을 통해서 우리는 로크의 전체 철학에 대한 포괄적인 그림(像)을 그리는 단초를 마련할 수 있다. 이 글은 이러한 재구성을 시도하기보다는 이 재구성에서 핵심적인 역할을 담당하는 동시에 성숙한 로크의 윤리학적 견해가 잘 드러나는 윤리학적 기획이 (우리가 통상적으로는 '인식론' 저서로 알고 있는) 『인간지성론』에서 분명히 제시되었다는 것을 밝히고자 한다. 이와 동시에 이 기획이 실패할 수밖에 없는 이유를 고찰하고자 한다. 이를 통해서 우리는 로크가 기획한 윤리학적 비전이 지니는 근대성의 성격과 한계를 파악하게 될 것이다.

이 글은 로크의 윤리학14)을 통해서 간접적으로 근대성에 대한 독해를 시도하려고 한다. 로크는 근대성이라는 한 거시적 패러다임이 완성된 상태에서 퍼즐놀이(문제풀이)를 한 것이 아니다. 도리어 그는 이 근대성의 패러다임을 형성하는 근대정신을 만드는 데에 기여한 구성적 철학자이다.15) 이 근대정신을 이해하기 위해서 이것의 형식적 합리성16)(자연의 수학화와 사유의 수학화로 대변되는 과학적 합리성)뿐만 아니라 실천적(윤리적이고 정치적) 합리성도 파악하지 않으면 안 된다. 실천적 합리성은 근대성의 인간상과 사회상의 밑바탕에 놓여 있으면서 그러한 그림을 구체화하고 제도화하기 위한 핵심적 요소가 된다. 따라서 로크의 철학에 대한 포괄적인 그림은 로크가 꿈꾸고 그려보려고 한 세계상 즉, 그가 바란 인간의 그림과 사회의 그림을 포착하는 데에 기여할 것이다. 이를 통해서 근대성의 핵심을 이루는 합리성의 한 양상(윤리-정

---

14) 로크 윤리학 전반을 논의한 저서로는 John Colman, *John Locke's Moral Philosophy* (Edinburgh University press, 1 983)를 참조.
15) 이러한 논의의 대표적 견해를 위해서는 Nicholas Wolterstorff, John Locke and the Ethics of Belief (Cambridge university Press, 1996), 4장 참조.
16) 로크는 데카르트와 라이프니츠와는 달리 수학을 과학적 합리성의 핵심으로 간주하지 않았다. 그는 근대 실험 과학의 실험성과 개연성을 중시한다. 이러한 로크의 과학관에는 그가 의사였다는 점과 영국의 왕실과학협회의 회원이라는 점이 크게 작용하였을 것이다.

치적 합리성)을 포착하게 될 것이다. 왜냐하면 로크의 철학은 근대 정신을 형성한 근대성에 대한 포괄적 기획[17]이고, 로크의 윤리학은 그 기획의 실천적-규범적 토대를 제시하기 때문이다. 이러한 (로크 철학과 근대성에 대한) 그림 그리기를 통해서 우리는 아시아적 가치의 문제가 제기되고 더구나 문명 간에 충돌하는 상황이 빚어지는 정세 속에서 유럽인 자신들의 반성적 태도인 포스트모던 논쟁들을 제대로 이해하게 될 것이다. 근대성에 관한 우리의 관점을 확보하기 위해서는 우선 근대성의 실체를 해명하지 않으면 안 된다. 이 해명에 로크의 윤리 사상에 대한 고찰이 하나의 작은 기여가 될 것이다.

---

17) 이러한 주장에 관해서는 Nicholas, Wolterstorff, *John Locke and the Ethics of Belief* (Cambridge university Press, 1996)의 4장인 「로크와 근대 철학의 형성」을 참조.

제2장 학문의 분류

　　로크의 철학 전반을 체계적으로 고찰하고 이 체계 내에서 윤리학이 지니는 위상을 파악하는 실마리로 로크의 학문(과학, scientia)의 구분을 들 수 있다.18) 이러한 로크의 학문구분론의 특색을 이해하기 위해 우선 학문구분론의 역사를 살펴본다. 스토아학파의 제논은 아카데미아에서 철학(학문) 구분 즉, 논리학, 자연학, 윤리학의 삼분법을 빌려온다. 스토아학파가 열거했던 학문의 삼분법이라는 틀 안에서 클레안테스가 논리학에 수사학을, 윤리학에 정치학

---

18) E 4.21.1～5. 이 학문 구분을 로크의 저작 전반에 대한 그림을 위한 좋은 재료로 보는 해석이 있다. "로크가 비록 그 각각의 학문에 서로 다른 책을 배당할 만큼 그렇게 체계적이지는 않았어도 그의 저술 전반이 이 구분 속에서 각각의 위치를 지닐 수 있다. 로크 전집을 이런 식으로 분류함으로써 얻는 것이 많지는 아닐지라도 로크가 이 삼분법에 관해서 또는 그것 하에서 말했던 것에 대한 검토로부터 그의 작품에 대한 이해를 위해 많은 이익을 얻을 수 있다." [John W. Yolton, *Locke and the Compass of Human Understanding* (The Cambridge University Press, 1970), p.2].

을, 자연학에 **신학**을 추가한다.[19] 이처럼 스토아학파 이래로 통상
화된 전통적인 강단철학의 3분법(논리학, 자연학, 윤리학)[20] 대신
에 베이컨은 우선 지식을 자연의 빛(이성)에 의해 알게 되는 **철학**
과 신적 계시에 의한 **신학**(divinity)으로 크게 양분한다. 그리고
철학을 대상에 따라 신적 철학(divine philosophy) 즉, 자연 신
학 그리고 **자연 철학** 그리고 **인간 철학**으로 삼분한다. 또 이론적인
자연 철학을 자연학(physic)과 형이상학으로 구분하고 인간 철학
도 개별 인간을 다루는 부분(윤리학)과 사회를 다루는 시민 부분
(정치학)으로 구분한다.[21] 한편 홉스는 철학으로부터 신학과 역사
그리고 초자연적인 계시와 또한 점성술과 같은 거짓이거나 의심스
러운 학설 그리고 교회의 권위에 의거한 신의 숭배에 대한 학설을
배제한다. 이러한 배제는 그의 철학에 대한 정의로부터 귀결된 것
이다. 홉스는 철학을 "원인과 기원에 관한 처음의 지식으로부터 참
다운 계산(ratiocination)에 의해 획득한 결과와 현상에 관한 지
식이자, 또한 처음에 알고 있는 결과로부터 얻은 원인과 기원에 관
한 지식"이라고 정의한다. 이처럼 철학의 주제를 한정한 뒤에 그는

---

19) Eduar Zeller, *Grundriss der Geschichte der Griechischen Philosophie*
    (Scientia Verlag Aalen, 1971), 이창대 역, 『희랍철학사』(이론과 실
    천, 1993), 294~5쪽. 젤러는 철학을 삼분한 최초의 사람으로 크세노
    크라테스(Xenokrates)를 꼽고 있다. 그는 철학 즉, 학문을 변증법(이
    후의 논리학), 자연학, 윤리학으로 삼분한다(같은 책, 218쪽).
20) M. Heidegger, *Kant und Das Problem der Metaphysik* (Frankfurt,
    제4판, 1973), 7쪽.
21) Bacon, *Advancement of Learning*, ed. William Benton, *The Great
    Books* vol. 30 (Britannica, 1952), 2권 5장을 참조.

철학을 자연 물체를 다루는 **자연 철학**과 국가(commonwealth)를 다루는 **시민 철학**으로 이분한다. 다시 그는 시민 철학을 인간의 성향과 예절을 다루는 **윤리학**과 신민의 시민적 덕을 다루는 **정치학**(본래적 의미의 시민 철학)으로 구분한다.22)

I. 로크의 세 학문

로크는 『인간지성론』의 4권 맨 마지막 장인 21장의 제목을 '학문[근대 과학]의 구분에 관하여'(Of the Division of the Sciences)라고 단다. 그는 인간 지성의 범위 안에 들어오는 것을 세 가지로 본다. 첫째로 있는 그대로의 사물들의 본성과 그것들의 관계 그리고 그것들의 작용 방식이다. 둘째로 합리적이고 자발적인 행위자로서 인간 스스로 마땅히 해야만 하는 것이다. 셋째로 이들 양자에 대한 지식을 획득하고 전달하는 방식과 방법들이다. 학문도 이 인식 대상의 종류에 따라서 3가지로 구분된다. **자연 철학, 실천 철학, 기호학**23)이 그것이다. 로크는 이러한 학문의

---

22) T. Hobbes, *The collected Works of Thomas Hobbes* vol. I, Ed. Sir William Molesworth(Routledge/Thoemmes Press, 1992), pp. 3~12. 앞으로는 WB로 표기한다.

23) 로크는 언어 문제를 중심적인 것으로 파악하기 때문에 전통적인 논리학 대신에 기호학이라는 명칭을 사용한다. 이는 로크가 스콜

구분을 인간 지성이 할 수 있는, 자연스러울 뿐만 아니라 가장 일반적인 구분이라고 주장한다. 그가 드는 이유는 다음과 같다. 인간이 아무 것도 아닌 것에 대해서 생각하는 것이 아니라, 첫째로 사물 자체를 진리의 발견을 위해서 성찰하고, 둘째로 자신의 목적을 획득하기 위해서 인간 자신의 힘 아래에 놓여 있는 인간 자신의 행동을 성찰하고, 셋째로 더 분명한 정보를 얻기 위해서 위의 어떤 경우이든 거기에서 마음이 사용하는 기호와 기호들의 올바른 질서를 성찰한다는 것이다. **사물, 행위, 기호**는 지적 세계의 삼대 영역으로 간주된다.

1. 자연학(physica) 또는 자연 철학(natural philosophy)은 있는 그대로의 사물과 그것들의 구성, 속성, 작용들에 대한 지식이다. 이때 사물은 물질과 몸뿐만 아니라 정신도 가리킨다. 이런 분야에 속하는 것은, 그것이 신이든 천사이든, 정신이든 몸이든, 수나 도형 같은 그것의 어떤 성질(affection)이든 간에, 인간 마음에 들어오는 것이다. 이 학문의 목적은 있는 그대로의(bare) 사변적인 진리이다.[24] 『교육론』의 '자연 철학'이라는 항목[25]에서 로크는 자연 철학에 대해 더 상세히 설명한다. 자연 철학은 있는 그대로의 사물의 원리와 속성 그리고 작용에 관한 지식으로서 두 부분으로 구성되어 있다. 정신을 파악하는 부분과 물체를 파악하는 부분이 그 두 가지이다. 이 중에서

라 학파의 논리학(변증술)을 불신한 데서 기인한다.
24) E 4.21.2.
25) 『교육론』 190~194절.

첫 번째 부분이 보통 형이상학이라고 불린다. 이 정신의 형이상학은 물질과 몸에 관한 연구에 선행한다. 하지만 이 형이상학은 지식의 원리 위에서 방법에 따라 체계화하고 취급할 수 있는 과학이 아니다. 이성과 계시의 인도를 받으면서 지적 세계에 대한 더욱 참답고 충분한 파악을 향하여 인간의 마음을 확장한 것, 즉 예비학이다. 그 이후에 본래적 의미의 자연학 즉, 물체에 관한 연구가 진행된다. 하지만 자연은 신의 지혜의 작업으로 이루어진 것으로 우리 인간의 능력을 초월하는 것이기 때문에 자연 철학은 (경험)과학으로 환원될 수 없다. 하지만 이것은 '자연의 형이상학'으로서 '자연의 과학을 설명하기 위한 맥락을 제공한다.'26) 이러한 로크의 자연 철학관은 자연 실체에 대한 과학(scientia)의 가능성을 의심하는 회의론을 전제하고 있다.27) 그러면서도 자연에 관한 모든 지식의 가능성을 부정하는 회의론을 극복하려는 의도를 가지고 당시 형성 중이던 실험 과학에 기초를 부여하기 위해 『인간지성론』에서 개연성의 인식론을 기획한다.

2. 실천철학(practica)은 좋고 유용한 것을 획득하기 위하여 인간 자신의 능력과 행동을 바르게 적용하는 기술이다. 이런 명칭에 속하는 것 중에서 가장 비중 있는 것을 로크는 윤리학(ethics)이라고 생각한다. 윤리학이란 행복(로크에게는 최고 목적)으로 인도하는

---

26) John W. Yolton, *Locke and the Compass of Human Understanding* (The Cambridge University Press, 1970), p.43.
27) Nicholas Wolterstorff, *John Locke and the Ethics of Belief* (Cambridge university Press, 1996), p.29.

인간 행위의 규칙 및 척도 그리고 이것들을 실천하기 위한 수단을 찾는 학문이다. 따라서 이 학문의 목표는 진리에 대한 단순한 사변이나 지식이 아니라 올바름과 이것에 도달하기 위한 행동이다.[28] 이런 점에 비추어 본다면 로크의 윤리학은 두 부분으로 이루어져 있다. 하나는 사람들이 참다운 원칙으로부터 연역해 낸 것은 아니지만 일반적으로 올바르게 처신하는 규칙이고, 다른 하나는 이 원칙을 실천하려는 참다운 동기와 이것을 준수하게 하는 방법이다.[29] 이러한 윤리학을 로크는 도덕성(행복을 얻기 위한 인간 행동의 규칙[30])이라고 부르기도 한다. 이 도덕성 또는 도덕 과학은 수학과 마찬가지로 증명 과학에 속한다.[31] 로크는 『인간지성론』에서 확실성의 인식론을 통해 이 증명 윤리학을 자신의 윤리학적 기획으로 설정한다.

3. 기호학(semeiotike, the doctrine of signs)은 통상 논리학(logike, logic)이라고 불린다. 이 학문의 일은 사물을 이해하고 다른 이들에게 지식을 전달하기 위해서 마음이 사용하는 기호(관념과 낱말, 즉 사물의 기호[표상]가 관념이라면 관념의 기호[표상]가 낱말)의 본성을 고찰하는 것이다. 이러한 학문에는 기호의 오용에 대한 진단과 처방이 이루어지는 '비판'도 포함된다.[32]

---

28) E 4.21.3.
29) "Ethica B" (『정치논문집』).
30) "Morality" (『정치논문집』, p.267).
31) E 4.3.18.
32) E 4.21.4.

이러한 로크의 학문 구분론에 따른다면 『인간지성론』은 세 가지 차원으로 구성되어 있다고 볼 수 있다. 첫째 차원은 근대 과학적 인식론이다. 이런 해석을 대표하는 것으로 다음의 말을 취해본다. "로크는 새로운 과학(근대 과학)에 대한 철학적 기초를 제공한다."[33) 하지만 철학이 과학에 기초를 제공한다는 견해와 관련해서 데카르트와 로크는 서로 다른 길을 추구한다. 데카르트가 제시한 기획은 철학이 과학적 지식의 새 건축물을 설계하고 건설하는 역할을 담당하는 **건축적 은유**(강한 의미의 토대주의)를 사용한다. 반면에 로크는 뉴턴이나 보일 그리고 호이겐스 같은 과학자들이 더 효과적으로 새로이 실험 과학을 건설하는데 도움을 주기 위해 땅에서 쓰레기를 치우는 **청소부**(underlabourer)의 역할을 자청한다. 로크는 데카르트보다 훨씬 겸손한 건축적 은유를 사용한다. 여기에는 철학과 과학의 관계에 대한 상이한 견해가 깔려 있다. 데카르트는 형이상학이 개별 과학에 대한 선험적 기초를 제공하고 인식론이 올바른 과학적 방법을 규정한다고 보았다. 이와는 대조적으로 로크는 과학을 행하는 당사자 자신들에게 더 많은 자율과 권위를 부여한다. 그리고 철학이 과학에 영향을 끼치는 한에서 철학의 과제는 충분한 과학적 연구를 행하지 않은 채 지식을 참칭하는 사람들의 과장되고 무의미한 주장을 발가벗기는 것이라고 본다. 이러한 겸손한 로크의 생각이 근대정신과 과학의 주류가 된다.[34) 이런 생각을 구체화한 저술이 바로 『인간지성론』이라고 간

---

33) John W. *Yolton, Locke and the Compass of Human Understanding* (The Cambridge University Press, 1970), p.75.

주하는 시각이 지금까지 『인간지성론』을 해석해온 주류를 이루고
있다. 둘째 차원은 윤리(증명 윤리학의 기획)와 종교(이성과 신앙
의 관계에 대한 탐구를 통한 광신주의 비판)의 차원이다. 이 차원
은 『인간지성론』의 2권보다는 4권을 중심으로 읽으면 분명히 드
러난다. 『인간지성론』의 탐구를 하도록 로크에게 동기를 부여한
관심사는 이성과 경험이 어디까지 도덕적 그리고 종교적 진리를
규정할 수 있는가를 해결하려는 것이었다.35) 그럼에도 불구하고
인식론적 해석이 오랫동안 로크의 윤리적 관심과 이 관심의 중심적
위치를 망각하게 했다. 도덕 철학이 『인간지성론』의 해석사에서
중심적인 위치를 차지하게 된 현상은 최근에서야 비로소 출현한
다.36) 셋째 차원은 비록 『인간지성론』의 중심부분을 이루지는 못
하지만 『인간지성론』 3권에서 다루어진 언어철학 또는 기호학이
다. 3권 전체가 언어와 기호 문제를 다루고 있지만 별로 주목을
받지는 못했다. 그러나 이 차원도 분명히 존재하고 있다.37)

---

34) E. J. Lowe, *Locke on Human Understanding* (Routledge, 1995), p.11.
35) 같은 책, p.5.
36) Ian Harris, *The Mind of John Locke: A Study of Politi cal
Theory in Its Intellectual Setting* (The Cambridge University
Press, 1994). p.3.
37) 로크의 언어 철학에 대해서는 N. Kretzmann, "The Main Thesis
of Locke's Semantic Theory", in ed. I. C. Tipton, *Locke on
Human Understanding* (Oxford University press, 1977)과 Hans
Aarsleff, *From Locke to Saussure* (University of Minnesota
Press, 1982)를 참조.

2. 『인간지성론』과 다른 저작들의 관계

학문의 구분 외에도 로크 철학에 대한 지도 그리기, 특히 『인간지성론』과 『정부론』의 관계에 대한 그림 그리기를 수행하는 데에 핵심적인 열쇠로 작용하는 작품이 바로 『인간지성론』의 예비적 초고 중의 일부인 「지식 B」라고 불리는 글이다. 이 글은 로크가 1681년 6월 24일이라고 날짜를 적어 놓은 짧은 단편이다. "세상에는 두 가지의 지식이 있다. 그 두 가지 지식은 두 개의 상이한 원리인 참된 관념 그리고 사실이나 역사에 (각각) 바탕을 둔 일반적인 지식과 개별적인 지식이다. …… 지식에 이르는 최초이자 최대의 단계는 마음에 참다운 관념을 제공하는 것이다. 마음이 이러한 관념을 도형은 물론 도덕과 관련해서도 가질 수 있다. 그래서 사람들이 그것에 관하여 더 깊이 생각하기 위해 그들의 지성을 사용한다면 그리고 순서대로 이야기하는 전통적인 게으른 방식에 자신들을 맡기지 않는다면, 나는 수학 외에도 도덕성을 증명할 수 있다고 생각하지 않을 수 없다. 자연 물체들과 그 작용들이 산출되는 방법과 방식에 대하여 그리고 이것들이 의존하고 있는 공통 원인들에 대하여 완전한 관념도 갖지 못한 채, 이것들의 작동에 관한 지식만으로는 있는 그대로의 사실에서 거의 벗어나지 못한다. 그리고 또한 공적인 일이나 개인적인 일과 관련하여 관리를 잘 하는 것은 우리가 세상에서 관계를 맺고 있는 사람들이 지니고 있는 미지의 다양한 기질과 이해관심 그리고 능력에 의존하는 것이지 자연물의 어떤 고정된 관념들에 의존하는 것은 아니다. 그래서 정치술(polity)과 현명함(prudence)은 증명할 수 없는 것들이다. 그러나 인간이 이런 세상사를 다룸에 있어 원칙적으로 도움을 얻게 되는 것은 사실의 역사와 그리고 개연적인 원인들을 탐구하고 이것들의 작용과 효과 속에서 하나의 유비(analogy)를 발견하는 명민함이다. 그렇다면 지식은 옳고 참된 관념에 의존하고 의견은 역사와 사실 문제에 의존한다. 따라서 일반적인 것에 대한 우리의 지식은 참된 진리(eternae veritates)이기 때문에 사물들의 존재나 우연성에 의존하지 않는다. 왜냐하면 인간이 수학적 도형을 입증하든지 하지 않든지 간에, 그리고 자신의 행위를 도덕성의 규칙에 맞추든지 안 맞추든지 간에, 수학이나 도덕성의 진리는 확실하기 때문이다. …… 그러나 공적이거나 사적인 일의 진행이 성공적으로 잘 될 것인지 또는 혼란(rhubarb)이 가라앉을 것인지 또는 키니네(quinine)가 학질을 치료할 것인지는 오로지 경험에 의해서만 알려진다. 그리고 (이런 문제와 관련해서는) 경험이나 유비 추론에 의존하는 개연성만 존재할 뿐 확실한 지식이나 증명이 존재하지 않는다."[38] 지식은 확실성의 지식과 개연성의 지식으로 구분된다. **확실성에 속하는 것은 참된 관념에 기초한 수학과 도덕성(윤리학)이고, 개연성에 속하는 것은 역사와 사실의 영역에 있는 자연과학과 정치술이다.**

로크가 작성한 이러한 학문 분류의 지도에서 『정부론』의 위치가 어디인가에 대해 해석자들 사이에 논란이 있었다. 어떤 해석자는

---

38) "Knowledge B"(『정치논문집』, pp.279~280).

『정부론』을 정치술에 속한다고 보았다.39) 이렇게 되면 『인간지성론』 속의 윤리학에 대한 기획인 증명 윤리학과 『정부론』은 무관하게 되어 윤리학과 정치학, 다시 말해서 『인간지성론』과 『정부론』 사이에는 어떤 연결 고리도 존재하지 않게 된다. 이 해석의 문제점은 로크의 정치학에 대한 생각을 고려하지 않은 것이다. 로크에 있어서 정치학은 "사회의 기원과 정치권력의 발생과 범위"에 관한 기하학적인 정초라는 규범적 정치철학과 "사회 속에서 인간을 통치하는 기술"로서의 정치술로 나누어진다.40) 로크는 자신의 저작인 『정부론』을 전자인 규범 정치철학에 배속시킨다. 다시 말하면 『정부론』은 역사와 사실의 영역에 속하는 정치술이 아니라 『인간지성론』의 증명 윤리학적 기획에 바탕을 정치 윤리학이다. 이렇게 되면 "『인간지성론』 속의 증명적 도덕 지식의 가능성에 대한 로크의 인식론적 옹호가 『정부론』에서 자연법에 대한 그의 의존과 명백한 갈등 속에 놓이지 않게 된다."41) 더 나아가 『인간지성론』 자체에서 정치학에 대한 명확한 논의는 없지만 정치적 차원이 존재한다고 보는 해석도 가능하게 된다.42) 실제로 『인간지성론』에는 확실성의 인식론뿐만 아니라 개연성의 인식론도 존재하므로 전자

---

39) Peter Laslett, "Introduction", in T, pp.81~91.

40) "Some Thoughts Concerning Reading and Study for a Gentleman", in *The Works of John Locke* vol. 3, p.296.

41) Ruth W. Grant, *John Locke's Liberalism* (The University of Chicago Press, 1984), p.26.

42) Neal Wood, *The Politics of Locke's Philosophy* (University of California Press, 1983), p.3.

에 기초한 규범 정치 철학의 차원뿐만 아니라 후자에 기초를 둔 신념의 정치학적 차원도 존재한다.

이 개연성의 인식론과 신념의 정치학(윤리학)이 (광신주의와 더불어) 그 당시 풍미하던 회의론에 대한 치료약이다. 이것이 로크가 『인간지성론』을 지은 이유 중의 하나이다. 로크는 『인간지성론』 속에서 개연성의 인식론을 통해 강단 철학의 독단론과 그 당시 유행하던 회의론을 넘어서고자 했다. 이 개연성의 인식론을 바탕으로 '신념의 윤리학'이 등장한다. 이 신념의 윤리학은 근대의 여명 무렵에 유럽 문명이 그 종교적이고 윤리적인 전통이 무너지고 여러 견해로 나뉘어 서로 싸우는 위기의 시대를 해결하기 처방이다. 이 '신념의 윤리학'은 독사적 실천(doxastic practice, 독사는 의견이나 속견을 뜻하는 희랍어 낱말)[43]으로 불릴 수 있다. 독사적 실천은 신념 형성의 방식을 의미한다. 또한 독사적 실천은 이 신념 형성의 습관을 활용하는 것을 의미한다. 문화적 위기가 닥쳐오면 새로운 독사적 실천이 필요하다. 로크가 제시한 새로운 실천을 실행하려면 전통적인 것과 다른 신념 패러다임을 요구해야 한다. 중세와는 다른 새로운 문명의 패러다임의 주축적인 요소들이 되는 개연성의 인식론과 신념의 윤리학을 기반으로 하여, 로크는 관용을 그 당시 문화적 위기(광신주의와 독단적 교조주의의 대립과 투쟁)의 해결책으로 내놓는다.

지금까지 고찰한 바에 따르면, 『정부론』과 연관되는 것은 『인간지

---

43) 신념의 윤리학과 독사의 실천에 관해서는 이 책의 3장 3절에서 자세하게 다루어진다.

성론』의 증명 윤리학에 기초한 규범 정치 철학적 차원이다. 『인간지성론』은 보통 자연법사상을 기각한 것으로 알려져 있지만 실제로는 증명 윤리학적 기획에 기초를 두고 자연법의 기하학적 구상을 수행한다. 행복으로 이끄는 행위 규칙(자연법 또는 최고의 도덕규범)을 수학의 공리 ─ 연역적 체계처럼 필연적인 연관성에 의해 체계화하려는 시도는 근대 합리적인 자연법론자의 공통적인 특징이다. "근대 자연법 안에서 기하학적인 방법(mos geometricus)이 지배적인 담론으로서 관철된다. 법론과 국가론의 기하학적 구성의 중요한 예는 홉스와 스피노자의 저술이다. 로크 또한 자연법의 탐구와 관련해서 수학의 전형적인 연역적 서술을 단호하게 신봉한다."[44] 이러한 연역적인 사고방식을 적용해보면, 『정부론』의 기초적 전제가 바로 자연법이기 때문에 자연법(최고의 도덕규범)에 관한 저작은 규범 정치학의 토대가 된다. 이러한 관점에서 본다면, 『정부론』의 자연법론과 『인간지성론』의 인식론이 갈등을 일으킨다고 보는 해석은 로크에 대한 부정확한 독해로부터 기인한다는 것을 알 수 있다. 로크의 초기 작품인 『자연법론』은 규범 정치 철학의 기초인 자연법의 인식 문제를 체계적으로 다룬다는 점에서 이 책의 정치적 성격이 드러난다. 도덕규범 인식(『자연법론』)과 이 인식에 대한 인식론적 정초(『인간지성론』)와 이 규범의 제도화(『정부론』)는 서로 분리하여 고려할 수는 없다.

　『인간지성론』의 증명 윤리학적 기획을 염두에 둘 때, 『정부론』의

---

44) W. Euchner, *Naturrecht und Politik bei John Locke* (Frankfurt am Main: Suhrkamp, 1970), ss.28~29.

기초가 되는 자연법론이 『인간지성론』과 모순되지 않음을 알 수 있다. 물론 『정부론』의 자연법 논의가 『인간지성론』의 개연성의 인식론과 일치하는 것은 아니지만 확실성의 인식론과 일치하지 않는 것은 아니다. 증명 윤리학적 기획이 『인간지성론』과 『정부론』을 연결하는 매개 항이 될 수 있다. 하지만 이 기획이 실패했기 때문에 피상적으로 보면 두 책이 서로 불일치하는 것처럼 보인다. 문제가 되는 것은 『인간지성론』의 윤리학적 기획이 실패했다는 점이다. 그러나 증명 윤리학이 성공했는가 다시 말해서, 자연법의 인식론적 정당화 작업을 제대로 수행했는가의 문제는 두 책을 정합적으로 이해해보려는 시도와는 다른 차원의 문제이다. 또 『인간지성론』과 『관용 편지』의 관계는 개연성의 인식론과 그에 기반을 둔 정치술로서의 종교적 관용의 연관성 속에서 고려해 볼 수 있다. 즉, 『인간지성론』의 본유 관념 비판 및 개연성에 관한 논의가 『관용 편지』의 인식론적인 기초를 제공한다고 볼 수 있다. 이렇게 되면 『인간지성론』을 중심으로 해서 『정부론』과 『관용 편지』가 각각 그의 철학의 전체 구조 속에 자리를 갖게 된다. 게다가 그의 마지막 주저인 『기독교의 합당성』도 『인간지성론』의 인식론에 담긴 종교적 관점을 상술한 저작이다. 그러므로 유일하게 그의 실명으로 출판된 『인간지성론』이 그가 익명으로 출판한, 세 편의 걸작인 『정부론』, 『관용 편지』, 『기독교의 합당성』에 대한 인식론적 지도 그리기를 수행한 것으로 볼 수 있다. 로크는 비일관적인 사상가가 아니라 자신의 체계를 완성하지 못한 철학자일 뿐이다. 그러나 체계의 불완정성이 비일관성을 의미하는 것은 아니다.

이러한 점들을 고려해 본다면, 로크를 비밀스런 홉스주의자로 해석하는 것45)은 초기의 『자연법론』과 후기의 『기독교의 합당성』을 고려하지 않은 일면적인 해석에 불과하다. 또한 이러한 해석을 비판하면서 자연법은 신의 의지이므로 시민법의 토대요 척도가 된다고 보는 입장46)도 로크의 쾌락주의 심리학(신(新)에피쿠로스적 요소)과 이성을 중시하는 계몽주의(볼테르)적 요소를 간과하는 것이다. 이성에 기반을 둔 증명 윤리학적 기획이 후기에 좌절되어 도로 계시가 그의 척도가 되어버린 원인을, 전통적인 자연법의 의무론적 요소(도덕성)와 그 당시 흥기하던 시민(부르주아) 사회의 경쟁적 개인의 충동 구조(합리성)가 서로 괴리 상태에 놓이게 된 역사적-사회적 조건에서 찾는 입장47)이 있다. 이러한 입장은 로크에 대한 소유 개인주의적 해석(맥퍼슨)을 윤리학적으로 해명하고 보완하려고 시도(부르주아적인 정치-사회적인 세계상의 생성에 대한 해명)한다는 점에서 탁월한 분석이다. 하지만 로크의 자연법론과 그의 인식론을 연결하지 못했다는 점에서 로크 철학 전반에 대한 그림을 그려주지 못한 불충분함이 있다. 이것과는 다른 관점이 존재한다. 이 입장은 로크 윤리학을, 자연법이 지닌 (푸펜도르프48)의) 의지주의적 성격에 쾌락주의 심리학 및 개연성의 인식론

---

45) L. Strauss, *Naturrecht und Geschichte* (Suhrkamp, 1977), ss.210~262.

46) John W. Yolton, "Locke on the Law of Nature"(LC Ⅱ. pp. 16~30).

47) W. Euchner, *Naturrecht und Politik bei John Locke* (Frankfurt am Main: Suhrkamp, 1970).

을 뒤섞어 놓은 것이라고 본다. 그리고 로크의 작업을, 기존의 스콜라적이고 비관용적인 종교 체계를 근절하고 그 대신에 증명 윤리학과 단순화된 기독교 윤리학이라는 두 가지 종류의 실천적 합리성을 도입한 것으로 해석한다. 이러한 입장49)은 근대적 지식과 권력 복합체 분석(푸코)을 로크의 철학에 적용함으로써 근대성 논의에 활력을 불어넣은 강점이 있다. 그러나 이 입장은 로크의 인식론에 개연성의 모델 외에도 확실성의 모델이 존재하고 이 후자의 모델이 그의 증명 윤리학과 『정부론』의 자연법 논의에 기초로 작용하고 있다는 사실을 간과하고 있다. 로크에 대한 통상적인 해석(경험주의 창시자)을 거부하고 그를 진정한 최초의 근대 철학자라고 보면서 그의 윤리학을 신념의 윤리학이자 독사적 실천으로 해석하는 입장50)이 있다. 이 입장은 자유주의적 정치학을 다시 되살리기 위해 로크의 윤리학을 문화 위기의 처방으로 재구성하려고 시도한다는 점에서 우리에게 많은 시사점을 준다. 하지만 로크 철학의 내적인 모순들을 분석하여 자유주의 정치학의 한계를 보여

---

48) 로크는 자연법에 대한 표준적인 저작으로 푸펜도르프의 작품을 꼽았다. [Locke, "Some Thoughts Concerning Reading and Study for a Gentleman"(W Ⅲ. p.296)]. 푸펜도르프에 관해서는 그의 자연법론의 요약본인 『인간과 시민 의무론』을 참조. Pufendorf, *On the Duty of Man and Citizen*, ed. J. Tully(Cambridge University Press, 1991).

49) J. Tully, *An Approach to Political Philosophy: Locke in Contexts* (Cambridge University Press, 1993).

50) Nicholas Wolterstorff, *John Locke and the Ethics of Belief* (Cambridge university Press, 1996).

주지 못한 문제점을 안고 있다. 로크는 그 당시 형성중인 근대성을 정착시키는 데 결정적인 철학적 기여를 한 인물인데도, 그런 그의 철학을 가지고 그 근대성이 일으킨 문제와 위기를 해결하려는 시도는 역설적으로 보인다.

지금까지 주요한 해석자들의 여러 시도가 있었지만 아직 로크 철학 전반에 대한 포괄적인 그림을 제시하지 못했다. 그 이유는 **로크 철학을 구성하고 있는 여러 이질적인 요소들에 대한 지도 그리기(mapping)를 제대로 하지 않은 데에 있다.** 이러한 지도 그리기는 그가 체계적으로 저술하지 않은 윤리학을 해명하고 이렇게 해명된 것을 통해 인식론과 정치철학을 매개할 때 가능하게 된다. 그런데 이 점을 많은 해석자들이 간과하고 만다. 그리고 더욱 로크 해석을 어렵게 만드는 것은『인간지성론』속에 내재하는 두 종류의 인식론적 기획이다. 이러한 로크의 기획을 이해하기 위해서는 실험 과학의 측면과 윤리-정치적(종교적) 측면 양자의 맥락에서『인간지성론』을 분석할 필요가 있다. 이러한 분석을 통해 해명된 인식론적 기획들이 다시『자연법론』과『정부론』과『관용 편지』를 체계적으로 이해하는 데 기여할 것이다. 이럴 때 로크 철학에 내재하는 모순과 그가 기획한 윤리학적 기획의 좌절이 단순히 로크 철학만의 문제가 아니라 로크가 그 형성에 기여한 근대성의 한계와 그리고 그 주류 담론인 자유주의의 한계를 드러내주는 것임을 우리가 알게 될 것이다.

제3장 개연성과 신념의 윤리학

　근대 과학은 수학을 강조한 **학자적 전통**과 관찰과 실험을 중시하는 **장인 전통**이 결합하여 생겨났다. 근대 과학의 정초(근거설정)와 관련해서 데카르트가 전자를 대표하는 철학적 작업을 했다면, 로크는 후자와 관련된 철학적 작업을 했다. 데카르트가 수학에 정통한 반면, 영국의 왕립 과학 협회원들과 친분을 맺고 그 자신이 의사이기도 한 로크는 실험 과학에 정통하였다. 로크의 『인간지성론』은 윤리학과 계시 종교의 문제를 해결하기 위한 시도일 뿐만 아니라 그 당시 부상하고 있던 실험 과학을 인식론적으로 (겸손한 의미에서) 정초하는 기획이기도 하다. 이러한 점들을 부각하기 위해 필자는 로크의 『인간지성론』이 두 가지 기획으로 이루어져 있음을 보이고자 한다. 그 두 가지 기획이란 **개연성의 인식론**과 **확실성의 인식론**이다. 자연을 인식의 영역으로 보고 도덕을 요청의 영역으로 보는 칸트 이후의 철학적 전통과는 달리 로크는 자연 과학은 개연성의 인식론과, 윤리학은 확실성의 인식론과 연결시킨다. 로크의 인식론과 자연 철학의 특징과 의의를 이해하려면 전통

적인 인식론의 정초자인 플라톤의 인식론적 이론과 로크에게 영향을 미친 데카르트와 베이컨 및 가상디의 이론을 살펴보아야 한다.

1. 근대 초기의 과학과 자연에 대한 견해

(1) 플라톤 인식론과 로크 인식론의 차이

로크는 『인간지성론』에서 그 당시의 통상적인 관행에 따라 지식과 의견을 구별한다. 이는 플라톤이 『국가』의 선분의 비유에서 제시한 에피스테메(참된 인식)와 독사(의견)의 구분에서 기인한다. 플라톤은 단순한 정권 교체나 정치 형태(정체)의 변화만으로는 최선의 국가(폴리스)를 만들 수 없다고 생각한다. 최선의 국가는 정의가 실현된 국가이다. 정의로워지기 위해서는 좋음(선)에 대한 인식을 지닌 통치자가 필요하다. 이 통치자를 교육하는 것이 최선의 국가를 만드는 중요한 요소이다. 이 통치자를 교육하기 위해 필요한 것은 전문적 지식의 주입이 아니라 영혼의 전환이다. 이 전환을 위해서 우선 그 전향점의 푯대인 좋음의 이데아가 존재하고 있다고 논해야 한다. 그리고 이러한 좋음의 이데아를 인식하는 것과 인식하지 못한 것의 차이를 드러내는 인식 단계론이 거론되지 않으면 안 된다. 마지막으로 이 전환이 수호자들의 교육의 문제와 연관되어 제시되어야 한다. 이 세 논의의 각각에 태양의 비유, 선분의 비유, 동굴의 비유51)가 할당된다.

1) 태양의 비유

나라와 법률의 수호자는 최고의 배움에 도달해야 한다. 이 최고의 배움이 무엇인지를 알기 위해서는 단지 밑그림에 만족해서는 안 되고 최대의 정확성을 가지고 이 그림을 완성해야 한다. 이 최고의 배움이 바로 좋음의 이데아에 대한 직관이다. 이 이데아에 의해서 비로소 올바른 것과 그 밖의 다른 것들이 유용하고 유익하게 된다. 그런데 많은 사람들은 쾌락을 좋음이라고 여긴다. 반면에 이들보다 더 사려 깊은 사람들은 지혜(φρόνησις)를 좋음이라고 생각한다. 첫 번째 견해는 나쁜 쾌락이 있다는 점에서 반박된다. 그리고 지혜의 대상이 밝혀지지 않았다는 점에서, 다시 말해서 지혜를 또다시 좋음의 지혜라고 주장한다고 해서 좋음에 대한 정의가 주어지는 것이 아니라는 점에서 두 번째 견해가 논박된다.

이것은 좋음이라는 경우와 관련해서 각각의 영혼이 단지 가상(의견, δόξα)을 갖는 것으로는 만족할 수 없고 좋음이 무엇(또는 존재, τά ὄντα)인가를 추구하지 않을 수 없다는 것을 보여준다. 더더욱 수호자는 올바른 것과 아름다운 것이 어떤 점에서 좋은지를 알고 있어야 한다. 하지만 이 좋음 자체는 직접적으로가 아닌 비유에 의해서 제시된다. 영혼의 전환이 이루어지지 않은 사람은 눈이 없는 장님과 마찬가지이기 때문이다.

먼저 많은 아름다운 것, 많은 좋은 것 등의 개별자들이 거론되

---

51) 이 세 비유에 관해서는 Platon, *Politeia* 506 b~518 b를 참조.

고, 다음으로 아름다움 자체, 좋음 자체 등 개별자를 통일하는 이데아(ὃ ἔστιν이라고 불리기도 한다)들이 얘기된다. 전자는 눈에 보이기는 하지만 사유될 수 없고, 후자는 사유되기는 하지만 눈에 보이지 않는다.

1) 보이는 것은 시각에 의해, 들리는 것은 청각에 의해, 여타의 감각되는 것들은 각각의 감각 기관에 의해 지각된다. 그 중에서도 보이는 대상을 보기 위해서는 제3의 요소로 빛을 필요로 한다. 이 빛의 원천이 바로 태양이다.

2) 하지만 태양은 시각이 아니고 시각의 원인이 되기 때문에 시각 자체가 태양을 본다.

3) 태양은 보이는 것에 보이는 힘을 제공할 뿐만 아니라 생성과 성장 및 영양을 제공하지만 그 자체로 생성은 아니다.

이와 같은 태양의 세 가지 성격과 좋음의 이데아를 비교한다. 태양은 좋음의 이데아가 자신과의 유비 관계에 따라 산출한 좋음의 싹으로 이해된다. 사유되는 영역 속에서 좋음이 사유와 사유되는 것에 맺고 있는 관계와 같은 것을 보이는 영역 속에서 태양은 시각과 보이는 것에 맺고 있다.

1) 인간의 눈이 태양이 비추고 있는 낮에 사물을 보는 것과 어두운 밤에 보는 것은 서로 다르다. 이와 같이 진리와 존재가 빛나는 곳에서 영혼은 이성을 갖추고 있는 것처럼 보이지만, 깜깜한 밤에 눈이 침침해지듯이 생성되고 소멸되는 곳에서는 영혼도 침침하게 되어 이성은 지니지 못한 채 의견만 지니는 것처럼 보인다.

시각이 보이는 것을 보려면 태양이 필요하듯이, 인식하는 자가 인식되는 것을 인식하려면 좋음의 이데아가 필요하다. 좋음의 이데아가 인식되는 것에 진리를 주고 인식하는 자에게 능력을 준다.

2) 마치 태양이 빛과 시각의 원인으로서 시각에 의해 보이는 것처럼, 이 이데아는 인식과 진리의 원인으로서 인식될 수 있다.

3) 빛과 시각이 태양이 아니듯이 인식과 진리가 좋음의 이데아는 아니다. 인식되는 것이 인식되는 것도 좋음에 의해서이다. 그리고 좋음 자체가 존재는 아니지만 그 가치와 힘에서 존재를 능가하기 때문에 인식되는 것이 존재와 본질을 갖게 된다.

이로써 보이는 영역과 사유되는 영역이 확보된다.

2) 선분의 비유

태양의 비유를 통해서 사유되는 영역과 보이는 영역의 주된 구분이 이루어진다. 이제 사유되는 영역 내에서의 구분이 문제가 된다. 이 구분을 이해하기 위해서는 먼저 감각되는 영역의 구분이 이루어져야 한다. 이러한 구분을 나타내기 위해서 선분의 비유를 제시한다. 사유되는 영역과 보이는 영역을 하나의 선분으로 표시한다. 먼저 이 선분을 사유되는 영역의 부분이 더 크도록 불균등하게 분할한다. 다음에 사유되는 부분과 보이는 부분을 각각 앞의 비율과 똑같게 분할한다. 이렇게 4부분으로 분할된 선분은 수평적이고 대등한 영역의 구분이 아니라 수직적 위계질서의 차이를 나타낸다. 이 구분의 기준은 확실성의 정도 즉, 선명함의 정도이다.

각 부분은 각자에게 해당하는 대상의 종류 및 마음의 상태로 구성되어 있다.

보이는 영역의 더 낮은 부분(네 번째 단계)은 영상(εἰκών)들로서 그림자, 물에 비친 상, 광택 있는 표면에 비친 모습(거울상)과 같은 대상과 이것들에 대한 마음의 상태인 **개연적 상상**(εἰκασία)으로 이루어져 있다. 보이는 영역의 더 높은 단계(세 번째 단계)는 이 영상들이 모방한 동물, 식물, 인공물 등 실물 차원의 대상과 이에 대한 **주관적 신념**(πίστις)이라는 마음의 상태로 이루어져 있다. 이 두 부분을 합쳐서 대상적으로는 보이는 것 또는 감각되는 것이라고 부르고, 의식 상태로는 의견(δόξα)이라고 부른다. 그런 까닭에 이 부분의 대상적 측면이 의견의 대상(τὸ δοξαστόν)이라고 불린다. 영상과 실물의 관계가 모방하는 것과 모방되는 것의 관계인 것처럼, 보이는 영역(의견의 대상)은 사유되는 영역(인식의 대상)에 대해서 동일한 관계에 있다. 다시 말하자면, 보이는 영역은 사유되는 영역의 모방에 지나지 않는다.

여기서 문제가 되는 것은 앞서 지적했듯이 사유되는 영역을 구분하는 기준이다. 여기서는 먼저 방법론의 차이가 구분의 기준으로 도입된다. 1) 앞 단계에서 모방의 본이었던 실물을 이번에는 영혼이 영상으로 취급하며 전제에서 결론을 이끌어 내는 부분과 2) 전제에서 더 이상 시원이 없는 무전제로 나아가면서 앞서 활용되었던 영상과 무관하게 형상들 자체를 다루는 부분으로 나뉜다. 이 두 방법론에 대응하는 것이 수학과 변증술이다.

수학(측정술과 산술)은 홀수, 짝수, 도형들을 명백한 것으로 간주하여 이것들을 가정으로 채택하고, 이 가정으로부터 무모순적으로 결론에 도달한다. 이 때 편의상 눈에 보이는 도형을 활용하기도 하지만 정작 논의되고 있는 대상은 정사각형 자체, 대각선 자체이다. 이러한 수학의 대상은 눈에 의해서가 아니라 **추론적 사고**(διάνοια)에 의해서만 볼 수 있다. 이 수학적인 탐구를 통해서 영혼은 감각적인 차원에서 벗어나 형상의 차원에 도달하기는 하지만, 아직도 어쩔 수 없이 전제를 이용할 뿐 그 시원으로 도달하지 못한다. 수학을 통해서는 영혼이 기존의 전제에서 벗어나 더 비상할 수는 없다. 이 낮은 단계(두 번째 단계)가 대상적으로는 수학적인 형상(즉 아직 가치의 차원이 포함되지 않는다)이며 마음의 상태로는 **분별력**(오성이나 지성에 해당함)이다.

사유되는 영역의 더 높은 부분(첫 번째이자 최고 단계)은 이성 자체가 직접적으로 파악하는 경우이다. 이 때 이성은 변증법적 능력을 통해서 시원으로서의 전제가 아닌 발판이나 도약대로서의 참다운 전제를 만들어낸다. 이런 작업을 통해 모든 전제를 판단중지한 채 모든 것의 시원에 도달하여 이 시원을 파악한다. 그런 후 이번에는 이 시원과 연관되어 있는 모든 것을 고수하면서 도로 결론으로 내려간다. 이 때 어떤 감각적인 것도 이용하지 않은 채 형상을 즉자 대자적으로 활용하여 결국 형상들 자체에로 도달한다. 이 부분이 대상적으로는 이데아 또는 형상이라고 불린다. 그리고 마음의 상태로는 **사유작용**(νόησις) 또는 **인식**(ἐπιστήμε)이라고 불린다. 이 부분을 담당하는 학문이 바로 변증술이다.

변증술적 인식(ἐπιστήμε)과 **수학적 기예**(τέχνη)의 차이는 방법론의 차이이면서 동시에 감각적인 영상의 사용여부의 차이 즉, 대상의 선명도의 차이이기도 하다. 하지만 이 비유에서 드러나지는 않지만 이 두 부분의 차이는 마음 상태의 차이이기도 하다. 이런 까닭에 이 사유되는 영역에서는 대상의 종류보다 마음의 상태에 더 초점이 주어진다. 각각의 마음의 상태는 추론능력과 인식으로 불린다. 이 두 상태 중 어느 것을 통해서 좋음이라는 최고 가치로 영혼의 전환과 상승이 이루어지는가 하는 점이 선분 비유의 주요 관심사이다. 이 비유에서는 수학이 단지 예비학에 지나지 않고 변증술이야말로 수호자들의 진정한 교육(영혼의 전환)의 분야라는 점이 명시적으로 표현되지 않는다. 이 점을 보여주기 위해서 선분의 비유보다 더 역동적인 동굴의 비유가 등장한다.

3) 동굴의 비유

태양의 비유를 통해서 좋음의 이데아의 존재가 제시되고, 선분의 비유를 통해서 영혼이 좋음의 이데아로 상승할 수 있는 변증술적 인식과 더불어 인식 단계론이 논의되었다. 이제 좋음 자체로 영혼이 방향을 전환하는 것이 참다운 교육임을 보일 차례이다. 이를 보여주기 위해서 동굴의 비유를 들고 있다. 앞에 등장한 형이상학적이고 인식론적인 간주곡은 수호자들의 고등교육을 위한 기초로서 거론된 것이다. 가장 문제가 되는 것은 수호자들의 영혼이 좋음의 이데아로 상승하고 다시 국가로 하강하는 과정이다.

어릴 적부터 팔다리와 목을 결박당한 채 동굴의 안쪽 벽면만을 보고 다른 쪽으로는 머리를 돌릴 수 없는 죄수들이 지하에 있는 긴 동굴의 거처에 기거하고 있다. 이 죄수들의 뒤쪽 위 멀리에서 불이 타오르고 있고 이 불과 죄수 사이에는 벽이 가로놓여 있다. 이 벽 뒤에는 길이 하나 나있고 이 길에서 벽을 은막처럼 이용한 마법사의 인형놀이 같은 것이 행해진다. 온갖 조각상들이 이 길을 지나갈 때 동굴 안쪽 벽면에 그것들의 그림자가 투영된다. 죄수들은 이 그림자 이외에는 본 일이 없기 때문에 이 그림자를 실물로 지칭한다.

만약 죄수 중의 하나가 결박이 풀려서 목을 돌려 불빛 쪽을 쳐다보는 경우, 고통스러울 뿐만 아니라 눈이 부셔 아무 것도 보지 못할 것이다. 이 때 누군가가 지금 보는 것이 과거에 보는 것보다 더 참다운 존재라고 주장하더라도 그는 이전의 것을 더 참다운 것으로 간주할 것이다. 또는 그가 불빛 자체를 보도록 강요받거나 심지어 그를 동굴 밖으로 끌고나가 태양의 빛이 비추는 곳으로 데려간다면, 그는 고통 때문에 언짢아하거나 도망치려 할 것이다. 그렇기 때문에 높은 곳을 보려면 익숙해짐이 필요하다. 이런 익숙해짐을 통해 선분의 비유가 제시한 인식의 네 단계를 거쳐 태양 자체를 보게 될 것이다. 그리고 이 태양(좋음의 이데아)이 모든 것의 원인이 됨을 이해하게 된다. 이런 상황이 되면 그는 이전의 죄수의 처지를 불쌍히 여기게 되고 의견에 따라 사는 삶을 거절하게 될 것이다. 만약 그가 다시 동굴의 세계로 내려간다면 시력이 아직 어둠에 익숙하지 못하므로 동료 죄수들로부터 비웃음을 당할 것이다. 동료들은 그의 상승 경험을 비웃고 심지어 그를 죽이려고까지 할 것이다.

이 비유에서 동굴 감옥은 보이는 영역이고, 위로 오르는 행위와 높은 것에 대한 직관은 영혼의 상승이고, 최종적으로 보는 것이 바로 좋음의 이데아이다. 일단 영혼이 이 좋음의 이데아를 보게 되면 이것이 모든 옳고 아름다운 것의 원인임을 알게 된다. 이 이데아는 보이는 영역에서는 빛과 이 빛이 의존하는 태양을 낳고, 사유의 영역에서는 그 스스로 지배자의 위치에 서서 진리와 이성을 산출한다. 그러므로 개인적으로나 공적인 차원에서 이성적으로 행위 하려는 자는 이 이데아를 보아야 한다.

이 상승 경험을 한 영혼이 하강하여 주위의 어둠에 충분히 익숙해지기 전에 올바름 자체를 본 적이 없는 사람들과 올바름의 그림자들을 가지고 논의한다면 매우 우스꽝스럽게 보일 것이다. 이는 영혼이 상승과 하강을 하는 경우에 각각 곤란한 현상이 일어나기 때문이다. 어둠이나 밝음으로 가는 경우나 밝음에서 어둠으로 가는 경우에 눈은 흐릿해진다. 이처럼 영혼도 무지에서 밝음으로 가거나 빛으로 가득한 삶에서 무지의 세계로 내려올 때 동일한 곤란을 겪게 된다.

이러한 논의를 전개한 후 교육은 인식을 주입하는 것이라는 견해를 반박한다. 교육이란 영혼의 전환 즉, 어둠에서 빛으로, 무지에서 인식으로, 궁극적으로는 좋음의 이데아로 나아가 직관하는 것이다. 이 좋음이 인간이 사적으로나 공적으로 행해야 할 목표이다. 이 목표를 체험한 자가 국가를 다스릴 때 그 국가가 최선의 국가가 될 수 있다. 목표를 체험하는 최고의 교육을 국가에서 가장 훌륭한 자질을 지닌 자가 받아 그 국가의 수호자가 되어야 한다. 그런데 흔히 이러한 배움을 추구하는 철학자가 무용한 자로 취급받곤 한다. 이런 견해를 반박하기 위해서 상승과 하강 시의 영혼의 곤혹에 대한 언급이 있는 것이다. 또 문제가 되는 것은 상승한 자를 다시 하강시키는 것이다. 이렇게 하강시키는 것은 상승한 자에 가해진 폭력이라는 비난이 있을 수 있다. 이에 대한 반박으로 법의 존재 이유와 이 법의 혜택에 대한 보답이 언급된다. 법은 한 부류가 아닌 국가 전체에 행복과 정의를 실현하는 것을 목적으로 한다. 그러기에 법은 시민들을 설득과 강제에 의해서 화합하게 하며 각자가 공동체에 기여할 수 있는 효용을 서로 나누게 한다. 바로 이 법에 의해서 좋은 자질을 지닌 자들이 최상의 교육을 받을 수 있었다. 당연히 이 사람들은 법의 혜택에 보답하기 위해 보통의 시민들과 사는 어둠에 익숙해지는 어려움을 겪어야 한다. 일단 이들이 어둠에 익숙해지면 어느 누구보다 더 잘 보게 될 것이다. 이렇게 되면 그 국가는 꿈꾸는 상태가 아닌 깨어있는 상태에서 경영될 것이다. 이런 통치를 할 수 있는 사람은 돈 많은 사람도 아니고 권력에 목마른 자도 아니다. 오히려 통치하는 권력을 무시하고 통치하기를 가장 덜 바라는 그러한 사람들이다. 그런 사람들이 바로 철학자의 삶이다. 진정한 철학(지혜에 대한 사랑)은 참다운 존재로 향한 상승이며, 이 상승이 영혼의 전환, 다시 말해서 교육이다.

4) 플라톤과 로크의 차이

플라톤의 선분의 비유를 자세히 분석한 이유는 로크적 사유의 특징을 분명하게 보여주기 위해서이다. 플라톤이 행한 에피스테메[52]와 독사의 구분에선 독사가 부정적인 것으로 간주되어 버려야 할 것이다. 따라서 올바른 정치는 독사가 아닌 에피스테메에 기초를 두어야 한다. 반면에, 로크의 지식과 의견의 구분에서는 의견 또는 신념도 확실한 지식이 없는 영역에서 긍정적인 지위를 갖게 된다.

"개연성(확률, probability)은 참일 가능성이 높은 것이다. 그리고 개연성은 자기를 참으로 통용시키거나 받아들이도록 하는 논증과 증명을 갖고 있는 어떤 명제를 가리키는 표기(notation)이다. 마음이

---

52) 플라톤의 에피스테메는 단순히 현대 영어의 날리지(knowledge)와 같은 의미는 아니다. 따라서 이 둘을 혼동해서는 안 된다. 현재적 함축에 있어서 날리지(지식)는 순전히 지적이고 인지적인 함축만을 지니고 있으므로 이러한 함축적 의미와 무관한 위즈덤(wisdom)이나 언더스탠딩(understanding)이 플라톤의 에피스테메에 대한 번역어로 선호되어야 한다. 이에 관해서는 Jon Molin, *Plato's Theory of Understanding* (The University of Wisconsin Press, 1981), 제1장과 이에 대한 정리인 2장의 첫 부분을 참조. 그리고 로크가 사용하는 17세기 영어의 날리지는 현대 영어의 날리지보다 도리어 플라톤의 에피스테메에 더욱 가깝다.

이런 종류의 명제에게 행하는 대접방식(entertainment)이 신념, 동의, 의견이라고 불린다. 개연성은 확실한 지식 없이 어떤 명제를 참으로 받아들이도록 설득해낸 논증과 증명에 근거를 두고서 그 명제를 참이라고 인정하거나 수용하는 것이다. 다음과 같은 점에서 개연성과 확실성, 신앙과 지식의 차이가 난다. 즉 지식의 모든 부분에는 직관이 존재해서 각각의 직접적인 관념 또는 각각의 단계가 가시적이고 확실한 연관을 지니는 반면에, 신념의 경우에는 그렇지 않다. 나를 믿도록 만드는 것은 내가 믿고 있는 것과는 이질적인 것이다. ······ 그렇다면 개연성은 우리 지식의 결함을 보충해주고 그 지식이 실패한 경우에 우리를 인도한다. 그러기 때문에 개연성은 우리가 확실성을 갖지는 못하지만 참이라고 받아들이도록 하는 어떤 동인이 존재하는 명제들과 항상 친밀한 관계를 맺고 있다."[53] 플라톤 이후로 지식에 의해 배제되고 억압받던 의견이 로크에 의해 새로운 지위와 역할을 갖게 된다. 이때 문제가 되는 것은 의견 또는 개연성의 근거이다. 이러한 개연성의 근거(reason)로 로크는 두 가지를 들고 있다. 첫째 근거는 어떤 것이 우리 자신의 지식과 관찰 및 경험에 일치하는 것이다. 그리고 둘째 근거는 다른 사람의 증언이다.

　로크는 확실한 지식에 도달하는 것을 방해하는 가상과 허위의 위상을 개연성(즉, 신념, 동의, 의견)에 부여하지 않는다. 거꾸로 인간 지성의 한계로 인해 생겨난 지식의 제한성을 보충하는 역할과 지식 대신 인간 행위의 지침이 되는 역할을 개연성에 할당한다.

---

53) E 4.15.3～4.

플라톤 이후에 전통적으로 평가 절하된 독사(즉, 의견)는 로크 인
식론에서 제대로 된 지위를 갖게 된다. 이러한 점은 로크가 확실
성의 인식론 못지않게 개연성의 인식론을 구축하고자 한 데서 잘
드러난다. 『인간지성론』의 작성의도가 이를 잘 보여준다. 로크가
밝힌 그 책의 저작 목적은 "인간 지식의 원천 및 확실성과 범위를
탐구하고, 더불어 신념 및 의견과 동의의 근거와 정도를 탐구하는
것"[54]이다.

이 책에서 로크는 인간 지성이 가지게 된 개념(notion)[55]을 획

---

54) E 1.1.2.
55) 형식 논리학자나 경험주의 또는 실증주의 인식론자는 개념을 감각
자료로부터 추상해 낸 결과물로 간주한다. 이것이 단순 관념이다.
**이 관념이 연상 작용을 통해서 다양한 복합 관념으로 된다. 이 복
합 관념들 중에서 자신에 대응하는 것이 자연 속에 존재하는지의
여부를 검토하지 않고서 만들어진 것이 혼합 양태(mixed
modes)이다. 이를 로크는 개념(notion)이라고 부른다**(E 2.22.2).
개념에 해당하는 사물이나 현실적 존재자는 존재하지 않는다. 개
념을 나타내는 일반 명사는 단지 말소리에 지나지 않는다(오컴과
로크의 유명론). 개념은 관념성만을 지닌다. 따라서 개념으로 지
어진 체계는 현실성을 결여한 환상의 건물이다. 개념이 현실성을
인정받으려면 분석과 경험의 검사(검증 또는 반증)를 통해 감각
자료로 환원될 수 있어야 한다. 이것이 개념의 경험성이다. 또한
개념은 형식성을 지녀야 한다. 수학은 근대 학문관의 '모델이자
교사'이다. 수처럼 개념도 계산되려면 형식화되지 않으면 안 된다.
즉 개념이 추상적인 단위가 되어야만 덧셈과 뺄셈을 통해서 단순
개념이 복합 개념으로 합쳐지고 복합 개념이 단순 개념으로 분석
될 수 있다. 이 개념의 경험성(종합)과 형식성(동어반복)이 논리
실증주의자나 비판적 합리론자 등 정치적으로나 경제적으로 자유
주의의 색깔을 지닌 주류 학자들의 개념관을 형성한다. 이러한 개

84

득하게 된 방식들에 관해서 설명하려고 했다. 그리고 인간이 알 수 있는 지식의 확실성의 척도를 규정하고, 또한 인간들 사이에서 그렇게 다양하고 서로 다르며 전적으로 모순되기조차 하면서도 여기저기서 확신 있게 주장되는 설득(의견 또는 개연성)이 갖는 근거의 척도를 규정하려고 하였다. 이를 위해 그는 우선 '지식의 재료'인 관념의 기원과 획득 방법을 탐구하고, 그 다음에 지식의 확실성 및 증거와 범위를 보여주고, 마지막으로 신앙 또는 의견(그 진리에 관하여 확실한 지식은 없지만 어떤 명제를 참이라고 인정하는 동의)의 근거와 정도를 검토한다. 로크는 이러한 시도를 통해서 지성이 볼 수 있는 범위를 보여줄 수 있다면 그리고 그것이 확실성을 획득하는 기능들(faculties)을 사용하는 범위와 지성이 오로지 판단하고 추측하는 경우를 보여줄 수 있다면, 이런 지성의 제한성이라는 인간의 조건 속에서 획득할 수 있는 것에 인간이 만족하는 법을 배울 것이라고 생각한다.56)

(2) 데카르트와 베이컨과 로크의 근대적 과학관

1) 데카르트적 과학의 이념

로크는 데카르트가 근대 과학의 성과에 기반을 두고 구상한 보편

념은 '경험적-형식적 개념'이라고 불릴 수 있다.
56) E 1.1.2~4.

학(사유의 수학화) 및 베이컨적 기획(근대 과학의 목적과 이념)과 연관해서 근대 과학에 기초를 제공하는 개연성의 인식론을 시도한다. **자연의 수학적인 구조와 이를 발견하고 체계화하는 데에 필수적인 수학적 방법 곧, 사유의 보편적 형식론은 근세 철학의 핵심적인 주제들이다.** 이것이 문제가 된 이유는 중세 스콜라 철학의 사유 방법을 대체하는 새로운 방법이 요구되었기 때문이다. 이러한 요구는 베이컨의 『신 기관』(*Novum Organum*, 1620)과 데카르트의 『방법서설』(*Discours de la méthode*, 1637)의 책제목에서 분명히 드러나고 있다. 새로운 방법 즉, 새로운 기관에 대한 요구를 통해서 형성기에 있던 근세 철학은 중세 철학으로부터 벗어나 자기의 독자성과 정체성(Identität)을 확보하기 위한 정신적 고뇌와 개념적 노동(Begriffische Anstrengung)을 보여 준다. 이는 계시로부터의 이성의 독립을 의미하기도 한다.

기관(Organon, 방법)은 헬레니즘 시대에 아리스토텔레스의 논리학적 저술들을 부르던 명칭이다. 이 명칭에는 논리학을 철학의 내용적인 한 영역으로 볼 것인가 아니면 철학적 인식을 위한 방법적인 도구로 볼 것인가 하는 문제가 전제되어 있다. 스토아학파가 논리학을 자연학 그리고 윤리학과 더불어 철학의 세 영역의 하나로서 취급한 반면, 소요학파는 논리학을 철학의 기관(organon) 따라서 방법(method)으로 간주한다.[57] 논리학을 철학의 한 영역으로 보는 견해는 논리학이 사유 형식이며 동시에 대상 형식이기 때문에 형이

---

57) *Historisches Wörterbuch der Philosophie* Bd. V, hrsg. J. Ritter und K. Gründer (Schwabe & Co. AG · Basel, 1980), ss.18-363.

상학과 동일하다고 본다. 반면에 학문 도구로서의 논리학 또는 변증술(중세에는 논리학이 디알레티카(dialectica)로 불림)은 중세 스콜라 철학에서 더더욱 발전하게 된다. 중세에서 이성은 계시를 정당화하는 수단에 불과하므로 논리학이 새로운 것을 발견하기보다는 계시를 통해 전달된 내용의 명료화에 기여하기 때문이다. 이 명료화 작업으로 인해서 중세 논리학은 점차로 형식화한다. "스콜라 논리학은 논의의 형식성 또는 구조에만 너무 흥미를 기울인다. 따라서 그것은 형식 논리와 내용 논리의 구분을 인정하지 않는다."58) 이런 까닭에 스콜라 논리학은 라이프니츠에 의하면 발견의 기술(l'art d'inventer)보다는 증명의 기술(l'art de démonstrer)인 것이다. 즉, 그것은 기존의 것의 정당화이지 새로운 것의 발견은 아니다. 이 점이 근세 철학자 특히 베이컨을 불만족스럽게 한다. "우리가 지금 소유하고 있는 학문은 이미 발견된 사물의 산뜻한 질서 지움과 발표를 위한 체계일 뿐이지 발견의 방법(methods of invention)도 새로운 작업을 위한 지침도 아니다."59) 그래서 베이컨은 스콜라 논리학이 진리를 추구하기보다 오류에 안정성을 부여한다고 비판한다. "방법 곧, 그러한 절차에 대한 연구는 16세기 사이에 논리학에서 점차로 중심적인 주제가 되었다. 논리학의 한 주제로서 방법은 이론 속에서 새로운 지식을 드러내는 탐구적인 절

---

58) P. Boehner, *Medieval Logic* (The University of Chicago Press, 1950), "Introduction," p.16.
59) F. Bacon, "Idols which Beset Men's Minds", in *Readings on Logic*, ed. I. M Copi and J. A. Gould (Macmillan, 1992), p.2 3.

차(내가 발견discovery이라고 명명한 것)와 전달과 가르침의 목적을 위해 현존하는 정보를 선별하고 배열하는 절차(그 시대에 담론의 기술art of discourse이라고 불렸던 것) 이 두 가지를 담당한다. 베이컨에게 있어서 이 두 활동의 구분은 지식의 진보를 위해 중요한 것이다."[60] 이처럼 근세 철학의 정신은 기존 이론의 정당화와 정교화로서의 **증명의 논리학**과 더불어 새로운 원리를 탐구하는 **발견의 논리학**의 중요성을 강조한다. 진리는 자연 또는 세계라는 책에서 새로이 발견되어야 하며 이 진리의 발견은 확실한 길(method의 희랍어인 μέθοδος는 길을 의미하기도 한다)[61] 즉, 방법을 통해서만 가능하다. 데카르트는 이를 다음과 같이 정리한다. "진리를 발견하기 위해서는 방법이 필요하다."[62]

발견의 논리학은 베이컨의 귀납법과 데카르트의 이성적 직관[63]으로, 그리고 증명의 논리학은 공리-연역적인 구조(스피노자의 『윤리학』의 서술 방식이 이것의 대표적인 예임)로 발전해 간다. 이 둘을 종합하려고 한 것이 라이프니츠의 보편 언어로서의 '**보편 기호법**'이다. 귀납법과 이성적 직관을 통해 제일 원리들이 발견되며, 공리-연역적인 구조에 의해 제일 원리와 이로부터 파생된 결론이

---

60) L. Jardine, *Francis Bacon : Discovery and the Art of Discourse* (Cambridge University Press, 1974), p.2.
61) 조요한, 『아리스토텔레스의 철학』 (경문사, 1988), 50면.
62) Descartes, *Philosophical Works* vol. I, ed. and trans. E. Haldane and G.R.T. Ross (Cambridge Univ. Press, 1911, Reissued 1967), p.9. 앞으로 『데카르트 작품집』으로 표기함.
63) 같은 책, 7면. 직관이란 "맑고 주의 깊은 정신의 의심할 여지없는 개념작용이고 이성의 빛으로부터 생겨난다."

필연적인 질서에 따라 하나의 체계를 이루게 된다. 그래서 데카르트는 직관과 연역을 가장 확실한 길로 생각한다.[64] 그런데 직관과 연역 둘 다 수학을 모델로 하여 고안된 것이다. 이로써 알 수 있듯이 근세 철학에서 수학의 지위와 역할은 아주 중요하다.

수학은 근세 철학의 모범 학문이다. 모든 학문은 이 수학의 방법을 모방하거나 적용할 때 학문의 자격을 갖춘다고 생각된다. 반면에 17세기 이전에 확립된 스콜라 학문 즉, 과학적 방법은 아리스토텔레스에게서 유래한다. 아리스토텔레스학파 사람들은 대상들을 그것들이 지니고 있는 특성이나 기본 요소에 따라 분류하려고 하였다. 그런 까닭에 그들의 주된 목표 중 하나는 분류였고, 이것은 생물학에서 아직도 기본적인 하나의 방법이다. 한 사건이 어떻게 다른 사건을 일으키는지를 보여주기 위하여 그 학파는 모든 현상을 질료인, 형상인, 운동인, 목적인의 네 가지 종류의 인과 관계로써 설명한다. 그런데 여기서 수학의 위치는 무엇인가? 그리스인에게서 수학은 주로 기하학이었고 기하학은 도형을 취급하므로, 수학은 다소 제한된 역할을 지니면서 형상인을 묘사하는 데에 주로 사용된다.[65] 그리스에서 이미 세계 또는 자연이 수학적 구조를 지니고 있음이 인정되었지만, 그리스의 수학은 도형을 다루는 기하학 중심이기에 아직 수와 식을 가지고 계산하는 대수학과 동일한 정도의 추상성과 형식성에, 따라서 보편성에 도달하지 못하였다.

데카르트는 고전 수학에 결함이 있다고 생각한다. "고대인의 해

---

64) 같은 책, 8면.
65) 클라인, 박세희 역, 『수학의 확실성』(민음사, 1984), 101~11면.

석 기하학과 근대인의 대수학에 관해서 말하자면, 그것들 모두가 가장 추상적인 문제만을 다룰 뿐만 아니라 전자(해석 기하학)는 항상 도형의 관찰에만 제한되어 있어서 상상력을 매우 피곤케 하지 않고서는 오성을 훈련시킬 수 없고, 후자(대수학)도 어떤 규칙과 공식에만 종속되어 있기에 그 결과는 정신을 도야하는 대신에 모호하며 정신을 혼란에 빠뜨리는 방법을 형성할 뿐이다. 바로 그런 이유로 나는 (논리학, 해석 기하학, 대수학의) 세 분야의 장점을 포함하면서 그것들의 결점을 보완하는 어떤 다른 탐구가 필요하다고 생각한다."66) 이는 수학의 개혁을 의미할 뿐만 아니라 수학의 지위도 절대적인 자리에 올려놓음을 의미한다. "현대 과학의 놀라운 성공과 17세기와 그 후 몇 세기에 걸친 과학으로부터 나온, 새로운 수학을 창조한 거대한 힘은 아마도 과거의 발자취를 따라서 생긴 것은 아닐 것이다. 17세기에 데카르트와 갈릴레이는 과학 활동의 바로 그 본질을 개혁하고 재구성하였다. 그들은 과학이 사용해야 할 개념을 선택하고, 과학 활동의 목표를 다시 정의하고, 과학의 바로 그 방법론을 바꾸었다. 그들의 재구성은 과학에 전에 없던 힘을 주었을 뿐만 아니라 과학을 영구적으로 수학에 묶어 놓았다. 사실상, 그들의 계획은 이론과학을 실질적으로 수학으로 환원시키는 것이었다."67) 이 인용문을 통해 알 수 있듯이, 17세기의 철학자와 과학자는 자연의 수학적 구조에 대한 믿음과 이를 해명하기 위한 방법의 수학적 구조(모델)에 대한 신뢰를 보여준다. 훗설은 이것을 '자연의 수학화'와 '학문

---

66) 『데카르트 작품집』, 90면.
67) 클라인, 같은 책, 112면.

의 수학화'라고 명명한다.68)

이 '자연의 수학화'와 '학문의 수학화'의 의미는 무엇인가? 이를 밝히기 위해 우선 라이프니츠의 말을 인용해 본다. "옛 격언에 의하면, 신은 모든 것을 무게, 척도, 수에 따라 창조하셨다. 그러나 잴 수 없는 것, 다시 말하면 힘이나 잠재력(vis ac potentia)을 갖지 않는 것이 존재하고 있다. 그리고 부분을 갖지 않는 것도 측정에서 벗어난다. 하지만 수에 종속되지 않는 것은 존재하지 않는다. 따라서 수는 형이상학적인 근본 수이고 산술학은 힘을 탐구하는 우주의 정학(statica universi)이다. 이미 피타고라스 이후로 사람들은 가장 심오한 비밀이 수에 숨겨져 있다는 것을 확신했다."69) 이 글에서 라이프니츠는 첫째로 자연의 수학적 구조를 확신하고 있고 그 근거가 신(神)임을 분명히 밝히고 있다. 이 자연의 수학적 구조라는 생각에는 피타고라스와 플라톤의 영향이 나타나 있다. 이런 점 때문에 라이프니츠는 신플라톤주의자라고 해석되기도 한다. 이 자연의 수학적 구조는 창조신에 의하여 그 확실성을 보장받는다. 이런 이유로 자연의 수학적 구조에 대한 탐구는 신의 인식으로 나아가는 길이요, 신에 대한 예배 행위이다. 이로써 과학 탐구에 절대적인 목적성을 부여한다. 둘째로 그는 이 구조를 탐구하는 학문이 바로 산술학 또는 우주

---

68) E. Husserl, *Die Krisis der europäischen Wissenschaften und die transzendentale Phänominologie* (hrsg. W. Biemel, in *Husserliana*, Bd. VI, 1962)의 20면과 60~62면 참조. 앞으로는 『위기』로 표기함.
69) Leibniz, *Philosophischen Schriften* Bd. IV (Darmstadt, 1992), s. 42. 앞으로는 LW. IV로 표시함.

정학(靜學)임을 천명한다. 이는 수학이야말로 자연의 수를 읽는 확실한 방법임을 인정한 것이다. 다시 말하면 자연 자체도 수량화되며 (부정적으로 표현하면 자연이 죽은 자연이 되며), 학문도 수량적 방법을 갖출 때만 이 수량화된 자연을 읽을 수 있다는 것이다. 이제는 수학에 "보편적인 과제"가 제기된 것이고 고대인에게도 생소하며 원리적으로 새로운 양식의 과제를 제기하는 강력한 의미변형이 일어난 것이다. 이것은 '합리적이고 무한한 존재 전체의 이념과 체계적으로 이것을 지배하는 합리적인 학문의 이념'을 가리킨다. 이 이념은 자연의 수학적 구조와 수학의 형식적 구조와 관계한다. 이 수학의 형식적 구조가 자연과학에 적용되어 대단한 성공을 거둔다.[70]

앞에서 데카르트가 학문의 수학화를 위해 기존의 수학(대수학과 기하학)을 개선할 필요성을 느꼈다고 언급했다. 이 수학의 개선은 가능하난 단순한 숫자나 기호를 사용함으로써 도형에 대한 의존성에서 벗어나는 데 있다.[71] 그런데 데카르트는 수학의 개선뿐만 아니라 이 개선된 새로운 수학을 모델로 하여 학문 일반과 방법 전반에 걸친 개선을 시도한다.[72] 이 개선에는 어떤 이념을 전제로 하고 있다. 이 이

---

70) 그러나 성공적으로 진행 중인 이 수학적 자연과학이 실현되자마자 곧(세계 전체의 학문이며 존재자 전체의 학문인) 철학 일반의 이념은 변경된다(『위기』, 17~20면). 이것이 바로 '길을 잘못든 합리주의'(sich verirrende Rationalismus)이며 이 잘못된 합리주의는 '유럽의 위기'의 뿌리가 된다(같은 책, 337면). 그래서 갈릴레이 이후 시작된 '자연의 수학화'와 '학문의 수학화'는 근세 철학 정신의 원동력이자 굴레가 된다.
71) 『데카르트 작품집』, 93면.
72) 이러한 생각은 후에 라이프니츠의 보편 기호법에 영향을 미친다.

념은 진정한 인식에 이르는 참답고 유일한 방법은 수학적인 방법의 보편적인 적용을 통해 획득된다는 것이다. 이는 모든 학문의 수학(적 방법)으로의 환원을 의미한다. "'수학'이란 이름은 '과학적 연구'와 동일한 것을 뜻하며 이 다른 분과들(천문학, 음악, 광학, 역학 등)도 권리상 기하학 자체와 마찬가지로 수학이라고 불릴 수 있다. …… 그러나 내가 그 문제를 주의 깊게 고찰해 나감에 따라 점차로 드러나는 것은 질서와 측정이 탐구되는 주제라면 그 모두가 수학과 관련된 것이며, 측정의 문제가 일어난다는 점은 수에서이든, 도형, 별, 소리 또는 다른 대상에 있어서든 전혀 차이가 없다는 것이다. 그래서 내가 알게 된 바는 어느 특정한 주제에 한정되지 않으면서, 순서와 측정에 관한 문제를 일으킨 저 요소를 전체적인 측면에서 설명하기 위하여 어떤 보편학이 있어야만 한다는 것이다. 내가 생각하는 것처럼 이것은 생소한 이름이 아니며 오래 전부터 불려오고 있고 현재까지도 통용되는 명칭인 '보편 수학'(mathesis universalis)으로 지칭될 수 있다. 왜냐 하면 이 학문 속에는 그 덕분에 다른 것들이 수학의 분과로 불리게 되는 모든 것이 포함되어 있기 때문이다."[73] 보편 수학 또는 보편학은 모든 학문의 수학으로의 환원, 다시 말하면 학문의 수학화를 행하는 방법이다. 이것은 수학의 형식적 구조(공리 - 연역적 구조,

---

"데카르트와 라이프니츠는 논리의 법칙들을 확장하여 사고의 모든 영역에 적용할 수 있는 추론의 보편적 과학, 즉 추론의 보편적 계산법을 생각하게 되었으며, 대수학과 마찬가지로 추론의 보편적 법칙들을 정확하고도 편리하게 사용하기 위하여 기호를 쓰는 아이디어를 품게 되었다"(클라인, 『수학의 확실성』, 46면).

73) 『데카르트 작품집』, 13면.

기하학적 방법과 계산 및 측정을 가능하게 하기 위한 형식적 동일성)를 사유의 보편적 형식론으로 확장시킨 것이다. 이를 통해 모든 학문이 수학과 같은 정밀성과 체계성을 확보하게 된다. 이 보편 수학 즉, 사유의 보편적 형식론을 라이프니츠는 참다운 방법(la veritable méthode) 또는 발견의 기술(l'art d'inventer) 그리고 보편학(la science generale)으로 명명한다.[74]

데카르트는 이 보편학의 구체적 프로그램은 아니지만 그 싹이 되는 해석 기하학을 만들었다. 해석 기하학은 좌표의 도입을 통해 기하학적인 도형을 단순한 수나 기호로 표현하는 것이다. 이 방법을 통해 기하학적 분석과 대수학적인 분석의 장점을 취하여 대수학과 기하학의 결점을 상호 보충할 수 있다고 데카르트는 생각한다.[75] 이렇게 함으로써 도형에 의존해야 하는 필요성, 다시 말하면 직접 직관해야 하는 노고를 덜 수 있다. "당장의 주의를 요하지 않는 것을 만날 때에는 그것이 우리의 결론에 필요하다 할지라도, 그것을 완전한 도형보다는 고도로 축약된 기호에 의해서 표시하는 것이 낫다. 이것은 한편으로는 기억의 결함에서 기인하는 오류를 막아 주며, 다른 한편으로는 다른 추리에 신경을 기울이는 동안 그 문제를 기억하려는 노력 때문에 생길 수 있는 사유의 흐트러짐을 막아준다."[76] 이렇게 기호를 사용한 미지수의 취급은 수학에 일대 혁신을 몰고 왔다.[77] 이는 수학이 기존의 직관과 연역에 기

---

74) LW. Ⅳ. 116면.
75) 『데카르트 작품집』, 93면.
76) 같은 책, 66면.

반을 둔 기하학 중심으로부터 숫자나 문자에 의한 계산을 중시하는 대수학 중심으로 전환되었음을 의미한다. 다시 말하면 데카르트는 대수학이 기하학 대신에 지배하는 위치를 차지할 싹을 틔운 것이다.[78]

하지만 데카르트는 이 기호에 의한 계산을 대수학에만 한정한 채 논리학 일반에 적용시키지 못한다. "그는 라이프니츠와 같이 표의 기호를 사용하여 관념의 결합을 기호의 계산으로 옮기지 못했다. …… 그것은 형식 논리학과 대수학의 유사성에 생각이 미치지 못하였기 때문이다.[79] 이처럼 데카르트는 보편학의 이념적이고 방법적인 싹을 틔우긴 했어도, 그 이념의 완결성에는 도달하지 못했으며 그 구체적인 실천 프로그램이라는 측면도 빈약했다. 그 이유는 앞의 인용문에서 제시된 바대로 대수학과 논리학의 함수 구조 사이의 유사성을 통찰하지 못한 데에 있다. 그래서 그는 수학을 형식화하긴 했지만, 사유 일반 말하자면 라이프니츠처럼 논리학을 형식화하는 데까지 나가지는 못했다. 하지만 그는 사유 일반과 방법 전반에 걸친 개선을 시도한다. 이 개선에는 수학적인 방법의 보편적인 적용이 참다운 인식에 도달하는 유일한 방법이라는 이념이 전제되어 있다. 보편학은 모든 학문의 수학화를 행하는 방법으

---

77) "데카르트는 수학 그 자체에 새로운 진리로 공헌하지는 못했지만 오늘날 해석 기하학이라고 불리는 아주 강렬한 방법론을 수학에 제공하였다"(클라인, 『수학의 확실성』, 57면).
78) 클라인, 앞의 책, 147면.
79) 末木剛博 편, 김인수·정위섭 공역, 『기호 논리학: 그 성립사의 연구』(학문사, 1991), 17면.

로서 수학의 형식적 구조(공리-연역적 구조, 기하학적 방법과 계산과 측정을 가능하게 하기 위한 형식적 동일성)를 사유의 보편적 형식론으로 확장시킨 것이다. 이로써 수학의 정밀성과 체계성이 모든 학문으로 확장된다. 이러한 데카르트의 보편학의 이념은 베이컨의 발견의 논리학과 함께 근대 과학의 정신을 형성하는 데 기여한다.

2) 베이컨의 자연관과 문명관

베이컨은 근대적 자연관에 대한 선언을 통해 새로운 문명의 시작을 알린다. "단순한 견해로는 오늘날 우리가 자연을 지배하고 있지만 실은 자연의 압박에 예속되어 있다. 그러나 우리가 발명의 측면에서 자연에 의해 인도된다면 행위로써 자연을 명령할 수 있다."[80] 베이컨에게 있어서 자연 연구는 아리스토텔레스처럼 단순한 경험과 호기심에서 시작되는 것이 아니라, 발명 또는 작업을 목적으로 한 수단이다. "과학의 진정한 목표와 직무는 그럴 듯하고 유쾌하고 탄복할 만한 담론과 만족스런 논증이 아니라 인간 삶의 설비와 후원을 개선하기 위한 효과적인 작업과 이전에 알려지지 않은 사실들의 발견인 것이다."[81] 과학적 지식의 이러한 실제적

---

80) F. Bacon, *In Praise of Knowledge, Miscellaneous Tracts upon Human Philosophy*, in *The Works of Francis Bacon* vol. 1, ed. B. Montague (London, 1825), p.254.
81) 같은 책, 281면.

응용을 강요한 베이컨에게 있어서 지식은 그 자체로 목적이 아니라 지배를 위한 수단이 된다. 곧 지식은 그 자체로 지배하는 힘이다. "지식과 권력은 하나로 만난다."82) 이때 지식이란 자연법칙 즉, 그의 표현으로는 형상(form)에 대한 지식을 의미한다. 이러한 형상을 발견하기 위해 자연 탐구로부터 목적인이 배제되어야 한다고 그는 주장한다. 베이컨은 목적인에 관한 탐구를 인간행위의 의지적 측면에만 한정하고, 물리학 및 생물학적 현상의 목적인에 대한 탐구는 헛된 말싸움으로만 귀결되므로 과학의 진보를 방해한다는 이유로 배제한다. 이를 위해 베이컨은 (앞 절에서 논의된) 발견의 논리학을 기획한다. 그는 기존의 지식을 정리하는 증명(기학학적 방법)과 공리 − 연역적 체계 외에도 새로운 지식을 늘리는 발견의 논리학이 필요하다고 보았던 것이다. 이는 베이컨이 수학을 중시하는 학자적 전통보다는 관찰과 실험을 중시하는 장인의 전통을 따르고 있기 때문이다.

베이컨은 근대 유럽의 자연관과 지식관의 핵심인 인간의 자연 지배, 자연 지배의 도구이자 힘인 지식, 즉 과학과 지식의 실제적 응용, 그리고 자연 탐구에서 목적인의 배제 등을 분명하게 표현했다. 하지만 그는 훌륭한 과학자라기보다는 뛰어난 문장가이다. 그는 여전히 몇 가지 점에서 전근대적인 아리스토텔레스 전통에 머무르고 있다. 예컨대 그는 형상이나 법칙을 법령의 모델로 해석할 뿐 수학적인 형식으로 표현하는 데에 관심을 두지 않았다.83) 다시

---

82) F. Bacon, *Novum Organum*, *The Works of Francis Bacon* vol. 14, p.31.

말하자면 베이컨에 결여되어 있는 것은 자연과 과학에서 수학의 역할이 갖는 중요성에 대한 인식이다. 수학의 역할에 대한 인식의 결여와 수학적 지식의 부족 때문에 그는 자연과 과학에 대한 포괄적인 이념과 방향을 제시할 뿐, 실제로 자연 탐구의 구체적인 프로그램이나 법칙 발견에 기여하지는 못한다. 이는 그가 장인 전통에 기인한 실험적 방법과 귀납을 통한 발견에 경도되어 학자 전통의 기하학과 천문학을 제대로 평가하지 못한 탓이다. "베이컨의 방법은 학자 전통보다는 장인 전통의 가치와 절차를 더 발전시키고 명석화한 것이다."84)

3) 로크의 근대적 과학관

근대 과학적 정신의 형성에서 데카르트(자연과 인간 사유의 수학화)와 베이컨(근대 과학의 목적과 이념 제시)이 각각의 역할을 담당하지만 근대 과학의 주류적 정신과 태도를 철학적으로 제시한 최초의 인물은 로크이다.85) "과학과 철학의 적절한 관계에 대한

---

83) Losee, John. *A Historical Introduction to the Philosophy of Science*, 3rd edn. (Oxford University Press, 1993), 최종덕 · 정병훈 역, 『과학 철학의 역사』 (동연, 1999), 87면.

84) S. F. Mason, *A History of the Sciences* (Macmillan, 1962). p.147.

85) "로크가 생각한 '성숙한' 의견으로는, 자연 과학(명백히 심리학을 포함한다)의 발견의 올바른 방법은 스콜라 학파나 더 특히 데카르트주의자의 '고도로 선험적인 방법'이 아니라 로버트 보일과 런던의 초기 왕립협회 그 동료들의 '평이한 역사적 방법'이다." H. A. S. Schankula, "Locke, Descartes, and the Science of Nature",

로크의 견해가 이제 근대적 사유의 주류가 가정하는 암묵적인 전제가 된다. 그리고 '철학적인 탐구'와 '과학적인 탐구'의 바로 그 구분을 정의하는 데에 도움을 준다. …… 『인간지성론』은 매우 철학적 중요성을 지닌 작품이었을 뿐만 아니라(현재도 중요한 작품이다) 그 책은 철학적 사유의 분기점과 새로운 철학적 전통의 시작을 나타내는 이정표이기도 하다. …… 그는 철학의 기능을 지식들의 기본적인 원천을 제공하기보다는 주로 비판적 기능을 지니면서 지식—주장(knowledge-claims)을 판단하는 것으로 보는 최초의 부류에 속한다."86) 로크는 근대 과학과 밀접한 관계 속에서 오늘날 인식론이라고 부르는 철학분야를 창설한다.87) 실례로, 근대적 인식론에 관한 저서인 로크의 『인간지성론』은 라이프니츠의 『새로운 인간지성론』, 흄의 『인간본성론』, 칸트의 『순수이성비판』으로 이어진다. 하지만 로크에게 있어서도 확실성88)은

---

in LC Ⅱ. 393. 그리고 근대 과학의 전형적인 패러다임의 창설자인 뉴턴과 로크의 밀접한 관계에 대해서는 James L. Axtel, "Locke, Newton, and the Elements of Natural Philosophy", in LC Ⅱ. 419~429.

86) E. J. Lowe, *Locke on Human Understanding* (Routledge, 1995), pp.11~13.

87) 로크의 『인간지성론』을 왕립과학협회와 이것의 일반 프로그램의 역사적 배경 속에서 바라본다면 "우리는 로크의 학문 구분 중에서 첫 번째 것(자연 철학)을 자연 과학(the physical sciences)의 인식론에 대한 그의 견해로 간주할 수 있을 것이다." [John W. Yolton, *Locke and the Compass of Human Understanding* (The Cambridge University Press, 1970), p.4].

88) 그런데 이 확실성이라는 개념이 로크의 근대 과학적 인식론에서

치명적인 결함이 될 수 있다. 로크는 직관지, 증명지, 감각지로 지식을 구분하면서 감각지를 제일 낮은 단계의 확실성을 지닌 것으로 간주한다. 그런데 이 확실성, 다시 말해서 감각지의 실재성을 정당화해야 하는 어려운 문제가 등장한다. 로크의 경험주의 원칙으로는 이러한 정당성의 문제("마음이 단지 자신이 소유한 관념만을 지각할 때 어떻게 그 관념들이 사물 자체와 일치하는지를 알 것인가?"[E 4.4.3])를 해결할 수 없다. 그래서 어떤 해석자는 이 점과 관련해서 로크가 망설이고 있는데 로크는 이 망설임을 현재 감각의 어떤 경우에 의해서 생겨난 확신을 통해 제거할 수 있다고 생각했다고 주장하기도 한다. [A. D. Woozley, "Remarks on Locke's Account of Knowledge", in ed. I. C. Tipton, *Locke on Human Understanding* (Oxford University press, 1977), pp.146~147]. 다른 해석자는 로크는 『인간지성론』은 정당화의 인식론이 아니라 기술적인 인식론이라고 주장하기도 하다. [John W. Yolton, *Locke and the Compass of Human Understanding* (The Cambridge University Press, 1970), p.14]. 이는 로크의 그 저작에 깔려 있는 회의주의적 분위기와 무관한 것이 아니다. 그럼에도 불구하고 로크는 회의주의를 넘어서서 그 당시의 실험적 지식이 수학적인 필연성과 보편성을 지니는 것은 아닐지라도 어느 정도의 확실성을 지닐 수 있다고 믿었다. 하지만 기하학의 확실성과 비교해 볼 때 우리가 자연의 오묘한 신비를 뚫고서 사물의 진정한 본질을 알 수는 없으므로 자연 철학은 과학의 자격이 주어지지 않는다고 로크는 주장한다. 이러한 애매성은 로크가 '교과서적 합리주의'(Woolhouse)의 모델에 따라 구상한 과학적 자연 철학의 이념으로부터 그 당시 새로 부상한 뉴턴의 실험 철학적 자연 과학의 이념으로 이행하는 데 결정적인 기여를 했음에도 불구하고 여전히 예전의 이념(『인간지성론』의 4권의 지식은 수학에 모델을 둔다)에서 완전히 벗어나지 못한 데 있다. 로크는 흄처럼 회의주의를 끝까지 밀고 나가기에는 너무나 온건한 정신의 소유자였다.

다. 그는 실험 과학(예컨대, 화학)이 개연성이 가장 높은 지식을 제공하지만 과학(scientia)의 지위(수학이 그 모델)에 도달할 수 없다고 생각한다. "자연 철학은 과학이 될 수 없다."[89] 이로써 근대 철학에서 자연과학과 관련해서 개연성(확률)의 인식론이 출현하게 된다.

로크의 『인간지성론』은 지식만이 아니라 의견(독사)에도 자리를 부여한다. 이 책의 가장 핵심 부분인 4권[90]의 제목이 "지식과 의견에 관하여"이다. 이로부터 생각해 보건대, 『인간지성론』은 확실성에 기반을 둔 지식의 인식론(근대의 주류 인식론)외에도 개연성에 기반을 둔 의견의 인식론으로 이루어져 있다. 다시 말하면 그 책은 확실성의 인식론과 개연성의 인식론에 관한 저서이다. 이 개연성의 인식론이 그 책을 지배하고 이런 형태의 지식이 "우리의 모든 관심사를 통치하는 데 충분하다"[91]고 주장하면서 이러한 유형의 개연성이 인식론적이므로 그 증거 및 근거와 관련해서 신념의 합당한 정도를 판단한다고 보는 입장도 있다.[92] 이러한 주장은 『인간지성론』에 존재하는 세 차원 중에서 가장 중심적인 차원인 윤리적─종

---

89) E 4.12.10.
90) "그러나 이제 나는 『인간지성론』의 첫 세권을 건너뛰고 곧바로 4권으로 뛰어들어 그 후반부에 집중하였다. 나는 근대정신의 형성에 나 자신이 참석하고 있다고 느꼈다." Nicholas, Wolterstorff, *John Locke and the Ethics of Belief* (Cambridge University Press, 1996), 서문 12면.
91) E 1.1.5.
92) J. Tully, *An Approach to Political Philosophy: Locke in Contexts* (Cambridge University Press, 1993), p.195.

교적 차원을 고려해본다면 어느 정도의 타당성을 획득한다. 하지만 이러한 해석은 로크가 종교적 '광신주의'를 반박하고 관용의 정치학을 주장하는 것과 관련해서는 어느 정도 맞아떨어지지만 그의 윤리학적 기획(증명 윤리학)과는 일치하지 않는다는 문제점이 있다. 로크의 개연성의 인식론은 윤리학이 아니라 자연 철학과 (종교 문제를 포함한) 정치술에 관계한다.

(3) 가상디의 경험주의와 로크의 경험주의

로크가 이처럼 개연성의 인식론을 주장한 데에는 당시의 유행하던 회의주의가 배경으로 작용한다. "종교와 도덕적 지식에 관한 로크의 개별적 관심과 지식 그 자체에 대한 그의 일반적 관심은 16세기에 고대 그리스의 회의주의의 재발견의 결과로 나타난 문제들에 대한 광범위한 관심과 부합된다."[93] 회의주의를 다시 발견하는 데 결정적으로 기여한 철학자는 데카르트의 주요한 논적이자 로크에게 많은 영향을 끼친 피에르 가상디이다. 그가 첫 번째로 발간한 책은 『아리스토텔레스주의자에 반대하는 역설적 시론』(Exercitationes paradoxicae adversus Aristoteleos)[94]이다. 이 책은 아리스토

---

93) R. S. Woolhouse, *The Empiricists* (Oxford University Press, 1988), p.75.

94) Pierre Gassendi, *Unorthodox Essays against the Aristotelians, in Descartes' Meditations: Background Source Materials* (Cambridge University Press, 1998).

텔레스주의에 대한 회의론적인 공격이다. 이 회의론은 피론의 회의주의[95]로부터 영향을 받았다. "그래서 나는 그 이후로 다른 학파의 의견들이 더 건전한 어떤 것을 제공할 수 있는가를 알아보기 위해서 그 의견들을 찾아보기 시작했다. 나는 도처에서 어려움을 발견했다. 그러나 내가 솔직히 고백하건대, 이들 의견 중의 어느 것도 아카데미 학파와 피론주의자들이 추천한 판단 중지(akatalepsia)만큼 즐거움을 주지 못한다고 느꼈다."[96] 가상디는 피론의 회의론적 정신에 영향을 받아 도덕 철학과 관련하여 에피쿠로스의 쾌락주의를 자신의 철학적 에토스로 삼는다. 앞에서 언급한 가상디의 책의 7권은 바로 에피쿠로스의 쾌락론을 가르친다. 그래서 가상디는 신(新)에피쿠로스주의자라고 불리기도 한다. 그는 에피쿠로스주의를 새롭게 한 철학자로서 그 당시 프랑스의 신에피쿠로스주의를 대표한다. 에피쿠로스 윤리학의 특징은 스토아-기독교적 도덕론과는 달리 인간을 초월한 객관적이고 자연적인 규범질서(자연법)를 인정하지 않는다. 인간은 쾌락에 대한 추구에 의해 그 특징이 지워진다. 사회적 공동 삶의

---

95) 피론의 회의주의에 대해서는 크노소스의 아이네지데무스가 창설한 새로운 회의주의 학파의 대표자이고 피론주의적인 '판단 중지'의 주요한 주창자인 섹투스 엠피리쿠스의 피론주의에 관한 책을 참조. Sextus Empiricus, *Outlines of Pyrrhonism*, tran. R.G. Bury (Prometheus Books, 1990). 이 책에서 회의주의 기본 원칙은 "모든 명제에 동등한 명제를 대립시키는 것"(같은 책, 19면)이라고 쓰여 있다. 이러한 원칙의 결과로 인간은 결국 독단론에서 벗어난다.

96) Pierre Gassendi, *Unorthodox Essays against the Aristotelians*, In *Descartes' Meditations: Background Source Materials* (Cambridge University Press, 1998), pp. 171~172.

규범은 개인들이 쾌락을 추구하면서 서로 대립적으로 방해하지 않겠다고 개인들이 수용한 계약일 뿐이다. 그렇게 계약으로 인해 생겨난 규범들이 인간에게 미리 부과되는 것이 아니라 자신에 의해 창조된 것이기 때문에 에피쿠로스나 가상디나 홉스 같은 신에피쿠로스주의자들은 전통적인 의미의 자연법론을 말하지 않고 기껏해야 자연권론, 다시 말하면 쾌락에 대한 권리와 자기보존에 대한 권리를 말할 뿐이다.97)

신에피쿠로스주의자들은 인식론의 차원에서는 '근대적 경험주의'의 근거를 놓는다. 반면에, 베이컨은 근대 과학의 이념을 화려한 수사어구로 표현한 문장가에 불과할 뿐 실제로 근대 과학에 구체적으로 연관된 작업은 하지 못했다. "이런 의미에서 새로운 경험철학은 베이컨으로부터 아니라 가상디와 홉스로부터 시작된다. 정확한(과학적) 연구의 성과와 수단을 진심으로 신뢰하는 이 두 사상가는 경험인식의 문제에 더 확고한 형태와 정돈을 부여한다."98) 가상디는 경험주의 원칙을 가지고 아리스토텔레스주의가 과학 지식의 증진에 기여하기보다는 장애가 된다고 주장한다. 아리스토텔레스주의자들에 의하면 과학적 지식(scientia)은 필연적이고 다른 방식으로 존재할 수 없는 것에 관한 지식이다. 필연적인 것이 아닌 우연적인 것(다른 방식으로 존재할 수 있는 것)에 관해서는 지

---

97) W. Euchner, *Naturrecht und Politik bei John Locke* (Frankfurt am Main: Suhrkamp, 1970), s. 11.
98) Ernst Cassirer, *Das Erkenntnisproblem in der Philosophie und Wissenschaft der neueren Zeit* Band 2 (Darmstadt, 1974), s. 29.

식이 있을 수 없고 의견만이 가능하다. 그러한 과학적 지식에는 어떤 사물들이 그것들의 속성을 가지게 되는 원인에 대한 증명적 이해가 포함되어 있다. 이러한 증명은 공리나 제일 원리로부터 삼단논법에 의해 논증과 추론의 필연성을 보여주는 것이다. 그런데 문제가 되는 것은 모든 논증과 추론이 이러한 증명적 삼단논법으로 이루어져 있다는 스콜라학파의 주장이다. 스콜라학파의 생각과는 달리 이러한 증명적 지식의 개념적 구조는 과학적 지식을 생산하기보다는 그러한 생산에 방해가 된다.[99] 가상디의 다음과 같은 말은 이 점을 잘 보여준다. "나는 우선 변증술[100] 자체가 필요하지도 않고 유용하지도 않다고 논한다. 그런 다음에 아리스토텔레스적인 보편자, 범주, 명제들을 논의하고 반박한 다음에 나는 과학과 증명에 관한 아리스토텔레스의 개념을 문제로 삼고 반박한다."[101] 이러한 견해 때문에 가상디는 그 당시 부상하던 실험 과학에 관심을 가지게 된다. 이 실험 과학의 기초를 마련하기 위해서 앞서 인용한 글의 기조를 형성하는 회의론을 넘어서고자 한다. 이를 위해 그는 고대 그리스(특히 에피쿠로스)의 원자론을 도입한다.

---

99) R. S. Woolhouse, *The Empiricists* (Oxford University Press, 1988), pp.51∼53.

100) 중세에서는 논리학을 변증술이라고 부르기도 했다. 따라서 여기서 변증술이라는 말은 아리스토텔레스주의적인 논리학을 가리킨다.

101) Pierre Gassendi, *Unorthodox Essays against the Aristotelians*, In ed. R. Ariew, J. Cottingham, and T. Sorell, *Descartes' Meditations: Background Source Materials* (Cambridge University Press, 1998), p.169.

원자론에 의하면 외적 사물이 직접적으로 마음에 모사되는 것이 아니라 작은 원자들(Idole)이 그 물체에서 떨어져 나와 감관 기관에 도달하여 감각 조건에 따라서, 예컨대 빛의 성질에 따라서 여러 방식으로 그 기관을 촉발하게 된다. 그러므로 외적 대상은 마음에 대한 기호가 되므로 마음이 이 기호로부터 외적 대상의 속성을 재구성하게 된다.102) 이제 실험 과학은 사물의 진정한 본질에 기초한 확실한 지식이 아니라 감각 경험과 개연성에 기초한 지식이 된다. 바로 이러한 가상디의 새로운 에피쿠로스주의(윤리학적으로는 쾌락주의, 인식론적으로는 경험주의, 형이상학적으로는 원자론)가 영국의 철학자와 과학자들 홉스, 보일 특히 로크에게 영향을 미친다.103)

2. 개연성의 인식론

로크의 인식론은 전통적인 스콜라철학의 삼단논법을 비판하면서 데카르트의 근대인의 철학으로부터 자극을 받고 베이컨 우파인 왕

---

102) Ernst Cassirer, *Das Erkenntnisproblem in der Philosophie und Wissenschaft der neueren Zeit*, Band 2 (Darmstadt, 1974), s. 32.

103) 로크에 대한 가상디의 영향을 이해하려면 Richard W. F. Kroll, "The Question of Locke's Relation to Gassendi" (LC IV)를 참조.

실과학협회의 직접적인 영향을 받아서 "역사적이고 평이한 방법"에 따라 진행된다. 그리고 가상디의 경험주의에 영향을 받아서 『인간지성론』 2권에서 관념 기원에 관한 경험주의적 분석을 시도한다. 하지만 4권은 데카르트의 직관지를 인식의 최고 모델로 삼고 감각지를 제일 낮은 단계에 배속시킨다는 점에서 가상디의 경험주의와 구별된다. 가상디의 경험주의는 지식 경험주의이고 로크의 경험주의는 개념 경험주의이다. 지식 경험주의는 모든 명제적 지식이 경험적이므로 궁극적으로 감각지에 근거를 둔다고 주장한다. 개념 경험주의는 지식이 아니라 이 지식의 재료가 되는 관념이 경험으로부터 파생한다고 주장한다. 따라서 개념 경험주의는 지식 경험주의보다 훨씬 약한 경험주의이기 때문에 귀납적 일반화 외에도 보편이나 추상 관념들의 형성을 인정한다. 로크도 『자연법론』을 쓴 초기 시절만 해도 수학적 지식과 공통 관념 및 공리도 감각에 의해서 이성에 주어진 것이라고 주장하는 강한 의미의 경험주의자였다. 하지만 1671년의 「인간지성론 초고 A」에서 이러한 주장 대신에 보편적 지식의 개념을 가설적이라고, 결과적으로 선험적이라고 보는 주장을 편다. 로크는 지식의 재료의 기원과 관련해서는 가상디적인 신에피쿠로스주의자이고 그 재료로 만들어진 지식의 모델과 관련해서는 데카르트주의자이다. 로크의 인식론의 이중성(경험주의와 합리주의)은 여기에서 비롯한다.[104]

로크는 도덕성의 인식에 대해서는 회의하지 않는다. 그는 특이

104) Michael Ayers, *Locke: Epistemology and Ontology*, vol. 1 (Routledge, 1991), pp.14~5.

하게도 자연과학적 인식에 대해서는 회의한다. 이는 그가 한편으로는 스콜라철학의 실체관에 기반을 둔 국교회의 독단론과 비관용 정책을 비판하고, 그리고 다른 한편으로는 양심과 직접적 계시를 지나치게 주관적으로 확신하는 청교도적인 광신주의를 비판하고자 하면서도 이들이 일으키는 대립과 갈등이라는 문화적 위기를 확고한 도덕적 규범의 기초 위에서 극복하고자 의도하였기 때문이다. 확실성의 인식론은 로크의 윤리학을 다루는 다음 장에서 해명하기로 하고 우선 자연과학과 관용이론(독사적 실천의 한 예)의 기반이 되는 개연성의 인식론을 살펴보자.

로크는 가상디의 회의론의 영향을 받아서 외부 대상에 대한 직접적 인식에 대해서는 회의한다. 그런데 「초고 A」에서 지식은 실재하는 대상에 관한 것이 아니라 관념 사이의 관계에 관한 것이라는 새로운 지식관의 씨앗이 출현하기 시작하나 분명히 정식화되지는 못한다. 1690년에 출판된 『인간지성론』 4권에서야 비로소 지식은 관념들 사이의 일치와 불일치의 관계에 대한 지각이라는 새로운 지식관이 공식적으로 등장한다.[105] 이로써 인간 지식의 한계는 분명해진다. 왜냐하면 선명하고 분명한 관념이 없는 경우에는 지식이 존재하지 않기 때문이다. "우리가 관념을 가지는 범위를 벗어나서 지식을 가질 수는 없다."[106] 전지한 신과 비교해볼 때 불완전한 인간은 그 조건에 의해서 지식의 범위는 매우 협소하고 무지의 폭은 훨씬 큰 존재자이다. "내가 지금까지 보여준 것처럼 우리의 지식은 매

---

105) R. I. Aaron, *John Locke* (Oxford University Press, 1955), p.228~30.
106) E 4.3.1.

우 협소하기 때문에 우리가 어두운 면을 좀 더 깊이 들여다보고 우리의 무지에 대한 하나의 견해를 취한다면 이것이 아마도 우리의 마음의 현재 상태에 빛을 던져줄 것이다. 우리의 무지는 우리의 지식보다 무한히 더 크기 때문에 이 견해가 논쟁을 종식시키고 유용한 지식을 개선하는 데 기여할 것이라고 본다. 우리가 어디까지 선명하고 분명한 지식을 가지는 가를 발견한다면 우리는 우리의 사유를 우리의 지성이 닿을 수 있는 범위 안에 있는 사물을 관조하는 데 한정하게 되고, 우리의 파악을 넘어서는 것은 존재하지 않는다고 단순하게 가정함으로써 어둠의 심연(우리에게 볼 수 있는 눈이 없고 지각할 수 있는 기능도 존재하지 않는 곳)으로 들어가지 않게 된다."107) 무지의 원인을 고려하면 이러한 인간의 무지는 전혀 놀라운 것이 아니라고 로크는 주장한다. 그가 무지의 원인을 세 가지로 나눈다. 1. 관념의 결여, 2. 인간이 지니고 있는 관념들의 발견 가능한 연관의 결여, 3. 인간의 관념을 추적하고 검토하는 일의 결여.

　로크가 인간의 무지의 원인으로 꼽는 관념의 결여는 두 가지로 나타난다. 우선 지식 형성의 기본 단위가 되는 단순 관념은 감각과 반성을 통해서 직접적으로 주어지든가 아니면 이들 중의 한 원천으로부터 파생된다. 모든 존재자를 포괄하고 있는 광범위한 우주에 견줘보면 이 감각과 반성은 명백한 한계가 있다. 반성과 감각의 매우 작은 뺨이 만물의 척도가 될 수 없다. 다른 존재자들(예컨대 천사)이 인간보다 더 완전한 감관과 기능을 지녀서 인간의

---

107) E 4.3.22.

것과는 다른 단순 관념들을 가질 수 있는가는 인간이 결정할 수 있는 문제가 아니다. 인간이 알 수 없다고 해서 그것이 존재한다는 것을 부정할 수는 없다. "두더지의 눈멂이 독수리의 날카로운 시각을 부정하는 논거가 못되는 것처럼 우리 안의 무지와 어둠이 다른 존재자의 지식을 방해하지도 못하고 한정하지도 못한다."108) 로크는 만물을 창조하신 창조자의 무한한 힘과 지혜와 선함을 생각하면 인간은 모든 지성적 존재자 중에서 가장 미천한 자라고 겸손하게 표현한다. 따라서 인간이 자신의 기능에 의해서 획득할 수 있는 관념은 사물 자체와 아주 심각한 불균형을 이룬다. 따라서 인간이 눈 또는 사유에 의해서 도달할 수 있는 것의 범위는 도달할 수 없는 그 나머지와 비교하면 한 점이나 거의 무에 불과하다. 그가 관념의 결여의 원인으로 꼽는 이러한 인간이 지닌 기능의 유한성 외에, 물질의 기본적 성질, 즉 너무 멀거나 너무 미세한 특징으로 인해 생기는 관념의 결여가 있다. 전자의 한계는 인간의 존재론적인 유한성 때문에 처음부터 인간보다 더 우월한 존재자가 볼 수 있는 것을 차단하는 반면에, 물질 자체의 성질로 인해 발생하는 후자의 한계는 인간이 알 수 있다고 생각하는 것에 대해서 계속 무지를 관철시켜 나간다. 예컨대, 인간은 "부피, 모양, 크기에 대해서 관념을 가지고 있다. 그러나 (이처럼) 우리는 물체 일반의 제일 성질들에 관해서 관념이 없는 것은 아니지만 그럼에도 불구하고 우주사물 중에서 대다수의 특정한 부피와 모양과 운동이 무

---

108) E 4.3.23.

엇인지를 알지 못하기 때문에 우리는 그러한 작동의 여러 힘과 효능과 방식에 대해서 무지하다. 이러한 것들에 의해서 우리가 매일 보는 결과가 산출되는 데도 그러하다. 어떤 것들에 있어서는 너무나 멀기 때문에 그리고 다른 것들에 있어서는 너무나 미세하기 때문에 이런 작용들은 우리에게 감추어져 있다."[109] 물체들의 이러한 특성이 인간의 지식에 제약을 가하기 때문에 "거대한 무지의 심연"이 드러난다. 인간의 지식이 미치지 못하는 영역의 것들에 대해서 인간은 추측할 수밖에 없다. 왜냐하면 인간이 그것들에 대해서 선명하고 분명한 관념들을 가질 수 없기 때문이다.

이 지점에서 로크는 보일의 미립자 이론을 도입한다. 미립자 이론에 따르면 물체는 이를 구성하고 있는 감각할 수 없는 미립자 또는 원자로 되어 있다. 로크는 보일의 미립자 이론을 받아들여서 지각의 인과 작용에 대한 해석과 물질의 본성에 관한 해석에 이 이론을 적용하였다.[110] 1660년대 동안 보일은 『회의적인 화학자』(1661), 『실험과 색깔론』(1664), 『형상과 성질의 기원』(1664)을 발간한다. 이 책들은 모두 미립자 가설의 실험적 확립에 바쳐졌고 1674년에 그는 『미립자 또는 역학 철학의 뛰어남과 근거에 관하여』라는 짧은 작품을 출판한다. 보일은 모든 물체에 공통적이고 보편적인 물질을 부분들로 나누어진 물질을 언급한다. 전자는

---

109) E 4.3.24.
110) John W. Yolton, *Locke and the Compass of Human Understanding* (The Cambridge University Press, 1970), p.11.

실체로서 연장성(길이, 넓이, 부피 등의 양적인 크기를 갖는 성질)과 가분성(부분들로 쪼개질 수 있는 성질)과 불가침투성(침투할 수 없는 성질)을 지닌다. 그리고 후자의 물질은 각각의 부분들이 각기 그 자신의 크기와 모양을 가지고 있지만 이들 부분들이 너무 작아서 단독으로는 감각될 수는 없다. 그는 크기와 모양을 물체의 제일 촉발이라고 말한다. 그리고 이 성질들을 덜 단순한 성질들(색깔, 맛, 냄새)과 구별한다. 이러한 제일 성질과 제이 성질의 구분이 보일에게는 중요하다. 왜냐하면 그는 자연적 현상에 대한 역학적 **설명들**을 허락하는 가설을 제기하고 **역학적** 설명들은 모양과 크기와 운동/정지의 관점에서 이루어지기 때문이다. 스콜라철학자와 연금술사의 실재적이고 신비스런 성질들과 실체적 형상의 관점에서 자연 현상을 설명하는 것을 보일은 거부한 것이다. 그는 다양한 현상을 가능하난 소수의 기본 개념들로 설명하고 이 개념들을 감각경험으로부터 직접 도출하려고 한 것이었다.111) 이러한 보일의 제일 성질과 제이 성질의 구분과 미립자 가설에 기반을 둔 자연 과학적 경험주의를 로크는 그대로 수용한다. 로크는『자연 철학의 요소들』에서 보일에게서 영향을 받은 (물론 가상디의 원자론의 영향을 받은) 주장을 한다. "이런 작고 감각할 수 없는 미립자의 모양과 부피와 운동에 의해서 모든 물체의 현상이 설명될 수 있을 것이다."112) 이러한 생각이 **기계론**(mechanism)이라

---

111) Peter Alexander, "Boyle and Locke on Primary and Secondary Qualities" (LC Ⅳ, p.450).
112) 『자연철학의 요소들』, p.330.

고 명명된다.113)

로크는 기계론의 생각들을 물체에 관한 인식론에 적용한다. "자신들의 제이 성질뿐만 아니라 그들의 자연적 작동의 대부분들도 또한 의존하는 이러한 감각 불가능한 미립자들은 물질의 능동적 부분이고 자연의 위대한 도구인데도 그것들의 제일 성질에 대한 간결하고 분명한 관념들을 우리가 결여하고 있다. 이로 인해서 우리는 그것들과 관련해서 알기를 바라는 것에 대하여 치료할 수 없는 무지를 계속 유지하게 된다." 인간은 물체들의 이러한 미세한 입자들의 기계론적 촉발을 발견할 수 있을 정도의 예민한 감각기관을 결여하고 있으므로 그 물체들의 속성이나 작동방식에 대한 무지에도 만족해야 한다. 그러나 언젠가는 실험들을 통해서 이것들을 알게 되리라는 것에 관해서 인간이라면 어느 누구도 확신할 수 없다. 그래서 로크는 물체에 대한 지식의 문제와 관련해서 다음과 같은 결론을 내린다. **인간의 인식 기능의 유한성과 물체에 관한 미립자 가설이** "자연 물체에 관한 보편적인 진리에 대한 우리의 확실한 지식을 방해한다. 그리고 우리의 이성이 이 점과 관련해서는 특정한 사실의 문제를 넘어서 우리를 거의 더 멀리 데려가지 못한다."114) 이런 의미에서 자연학은 수학이나 윤리학과 같

---

113) 보일과 로크의 기계론에 의하면 "물체의 모든 힘과 성질과 서로에 대한 이들 물체의 작용에서 기인하는 이 힘과 성질의 변화는 전적으로 '물체의 두 위대한 원리인 물질과 운동'으로부터 생겨난다." Edwin McCann, "Lockian Mechanism", in ed. Vere Chappell, *Locke* (Oxford University Press, 1998), p.242.

114) E 4.3.26.

은 (증명) 과학이 될 수 없다. 따라서 "자연적인 사물에서 인간의 노력이 실험 철학을 진전시킬지라도 과학적인 것은 여전히 우리의 손 밖에 있다."115) 자연 물체와 관련해서는, 특히 그 미립자들의 제일 성질에 대하여서는 인간이 완전하고 충분한 관념을 결여하기 때문에 과학적 지식이나 확실성 또는 증명이 불가능하다. 따라서 개연성만이 가능하다.

이러한 점이 분명하게 드러나는 「지식 B」는 로크가 1681년 6월 24일이라고 날짜를 적어놓은 짧은 단편(이미 2장에서 인용한 글이지만 필요상 다시 인용한다)이다. "세상에는 두 가지의 지식이 있다. 그 두 가지 지식은 두 개의 상이한 원리인 참된 관념 그리고 사실이나 역사에 (각각) 바탕을 둔 일반적인 지식과 개별적인 지식이다. …… 지식에 이르는 최초이자 최대의 단계는 마음에 참다운 관념을 제공하는 것이다. 마음이 이러한 관념을 도형은 물론 도덕과 관련해서도 가질 수 있다. 그래서 사람들이 그것에 관하여 더 깊이 생각하기 위해 그들의 지성을 사용한다면 그리고 순서대로 이야기하는 전통적인 게으른 방식에 자신들을 맡기지 않는다면, 나는 수학 외에도 도덕성을 증명할 수 있다고 생각하지 않을 수 없다. 자연 물체들과 그 작용들이 산출되는 방법과 방식에 대하여 그리고 이것들이 의존하고 있는 공통 원인들에 대하여 완전한 관념도 갖지 못한 채, 이것들의 작동에 관한 지식만으로는 있는 그대로의 사실에서 거의 벗어나지 못한다. 그리고 또한 공적인 일이나 개인적인 일과 관련하여

---

115) E 4.3.26.

관리를 잘 하는 것은 우리가 세상에서 관계를 맺고 있는 사람들이 지니고 있는 미지의 다양한 기질과 이해관심 그리고 능력에 의존하는 것이지 자연물의 어떤 고정된 관념들에 의존하는 것은 아니다. 그래서 정치술(polity)과 현명함(prudence)은 증명할 수 없는 것들이다. 그러나 인간이 이런 세상사를 다룸에 있어 원칙적으로 도움을 얻게 되는 것은 사실의 역사와 그리고 개연적인 원인들을 탐구하고 이것들의 작용과 효과 속에서 하나의 유비(analogy)를 발견하는 명민함이다. 그렇다면 지식은 옳고 참된 관념에 의존하고 의견은 역사와 사실 문제에 의존한다. 따라서 일반적인 것에 대한 우리의 지식은 참된 진리(eternae veritates)이기 때문에 사물들의 존재나 우연성에 의존하지 않는다. 왜냐하면 인간이 수학적 도형을 입증하든지 하지 않든지 간에, 그리고 자신의 행위를 도덕성의 규칙에 맞추든지 안 맞추든지 간에, 수학이나 도덕성의 진리는 확실하기 때문이다. …… 그러나 공적이거나 사적인 일의 진행이 성공적으로 잘 될 것인지 또는 혼란(rhubarb)이 가라앉을 것인지 또는 키니네(quinine)가 학질을 치료할 것인지는 오로지 경험에 의해서만 알려진다. 그리고 (이런 문제와 관련해서는) 경험이나 유비 추론에 의존하는 개연성만 존재할 뿐 확실한 지식이나 증명이 존재하지 않는다."[116] 지식은 확실성의 지식과 개연성의 지식으로 구분된다. 확실성에 속하는 것은 참된 관념에 기초한 수학과 도덕성(윤리학)이고 개연성에 속하는 것은 역사와 사실의 영역에 있는 자연학과 정치술이다.

---

116) "Knowledge B"(『정치논문집』, pp.279~280).

지성은 이처럼 역사와 사실의 문제에 속하는 분야에서는 확실한 지식을 가질 수 없고 대신에 "관념들의 있음직한 일치와 불일치에서 성립하는 개연성"을 판단한다. "어떤 명제를 개연적이라고 동의하는 것이 의견 또는 신념이라고 불린다."117) 이러한 개연성의 인식론의 형성에는 보일뿐만 아니라 가상디의 영향이 크다. 로크는 가상디로부터 그 당시 **강단** 철학의 독단주의와 **강단** 밖에서 **유행하던** 회의론의 풍조에서 벗어나는 길을 발견한다. 개연성의 인식론이 바로 그 탈출구이다. 로크의 개연성의 논의는 거의 가상디를 따르고 있다. "로크가 개연성의 본성을 이런 점에서 논의하기 위해 구사하는 절차는 가상디가 기준들(canons) 안에서 추적하는 노선을 대부분 따르고 있다. 개연성에는 두 가지 기본적인 종류가 존재한다. 하나는 측정 가능하거나 규정 가능한 증거에 의해 내려진 판단에 적용되고, 다른 하나는 증거가 없는 문제들에 관해서 내려진 판단에 관계한다. 이런 까닭으로 후자의 경우에 추론을 도구로 사용된다. …… 첫 번째 유형의 개연성은 여러 정도의 확실성을 지닌다. …… 두 번째 유형의 개연성은 보통 '의견'이라 불리고 '우리 감각이 미치는 범위를 넘어서 있는 문제들과 관계'한다."118) 이런 개연성의 최고 단계는 실험 과학(자연 철학)적 지식으로서 이것은 거의 확실성과 다름없다. "이러한 개연성들은 거의 확실성에 도달해서 그것들이 가장 분명한 증명만큼이나 절대적으로 우리의 생각을 통치하고 그 만큼이나 충분하게 우리의 모든 행위에 영향을 준

---

117) 『자연철학의 요소들』, p.330.
118) 같은 책, 412면.

다. 우리와 관련되는 것에서는 그 개연성들과 확실한 지식 사이에는 거의 차이가 없다. 그렇게 근거 지워진 우리의 신념은 확신(assurance)에 도달한다."119)

하지만 로크는 이러한 최고의 개연성을 지닌 실험 과학을 여전히 확실성을 소유한 증명 과학과는 구별한다. 로크가 실험 과학을 근거지우려고 했던 점을 부각시킨다면 『인간지성론』의 중점은 확실성의 인식론이 아니라 개연성의 인식론에 두어진다고 볼 수 있다. 이 개연성의 인식론이 (광신주의와 더불어) 그 당시 풍미하던 회의론에 대한 치료약이다. 이것이 로크가 『인간지성론』을 지은 이유이다. "우리가 우리 자신의 힘을 알 때 우리는 성공의 희망을 가지고 무엇에 착수해야 되는가를 더 잘 알게 될 것이다. 우리가 우리 자신의 능력을 잘 개관하고 우리가 그 능력으로부터 무엇을 기대해도 좋은지를 어느 정도 헤아릴 수 있을 때, 어떤 것도 알 수 없다는 절망 속에서 가만히 앉아서 전혀 생각하지 않고 있지는 않을 것이다. 또 다른 한편으로 어떤 것들을 알 수 없다는 이유로 모든 것을 문제로 삼아 모든 지식을 단념하지도 않을 것이다. …… 여기서 우리의 일은 모든 것을 아는 것이 아니라 우리의 행위와 관련되는 것을 아는 것이다. 이 세상에서 인간이 놓여 있는 그런 상태에 던져진 이성적 존재자가 그것에 의존하여 자신의 의견과 행동을 다스릴 수 있거나, 다스려야만 하는 그런 척도를 우리가 발견할 수 있다면 우리는 어떤 것들이 우리의 지식을 벗어난다고 해서 괴로워할 필요는 없다

---

119) E 4.16.6.

."120) 로크는 이처럼 개연성의 인식론을 통해서 강단 철학의 독단론과 그 당시 유행하던 회의론을 넘어서고자 했다. 로크에 있어서 개연성의 인식론은 자신의 인식론의 핵심인 본유관념 비판의 기초가 되어, 『인간지성론』의 독자에게 보내는 편지에서 공약한 보일과 뉴턴과 호이겐스와 같은 자연과학의 대건축가들을 위해 쓰레기를 치우는 "청소부의 역할"을 담당할 뿐만 아니라 정치술과 관련해서 광신주의를 비판하는 데 결정적인 역할을 한다.121)

3. 신념의 윤리학

이 개연성의 인식론을 바탕으로 '신념의 윤리학'122)이 등장한다.

---

120) E 1.1.6.

121) 로크의 개연성에 관한 논의는 세 가지 관심사와 연관해서 읽어야 한다. 1. 자연사의 프로그램, 2. 사변적 가설의 지위 3. 종교적 권위와 신앙. Michael Ayers, *Locke: Epistemology and Ontology*, vol.1 (Routledge, 1991), p.113. 에이거가 언급한 세 가지 관심사 중에서 1과 2는 자연학의 인식론적 정초와 3은 정치 기술인 신념 윤리학의 인식론적인 정초에 해당한다.

122) 이에 관한 논의로는 Nicholas Wolterstorff, *John Locke and the Ethics of Belief* (Cambridge university Press, 1996)를 참조. 그러나 로크의 『인간지성론』에 나타난 윤리학적 기획은 증명 윤리학이므로 개연성에 바탕을 둔 행위 이론은 신념의 윤리학 대신 독사의 실천이라고 부르고 이것에 바탕을 정치학은 독사의 정치학이라고 부르는 것이 좋겠다. 이러한 용어상의 문제는 로크가 두 가지 행위

이 신념의 윤리학은 근대의 여명기에 유럽 문명이 그 종교적이고 윤리적인 전통이 무너져 여러 견해로 나뉘어 서로 싸우던 위기의 시대를 해결하기 처방이다. 이 '신념의 윤리학'은 독사적 실천(doxastic practice)으로 불릴 수 있다. 독사적 실천에서 독사는 그리스말로서 의견 또는 신념을 의미한다. 독사적 실천은 신념 형성의 방식을 의미한다. 로크가 자신의 최선을 다하기 위해서 증진시키기를 원하는 독사적 실천은 다양한 유형의 자발적 행위(증거를 모으고, 개연성을 규정하는 관련된 것으로 그 증거를 찬양하기 등등)를 포함한다. 로크가 당연한 것으로 간주한 그 실천에 대한 그림은 다음과 같다. 우리 모두는 단지 어떤 경험에 의해 활성화되는 신념 형성의 습관을 소유하고 있다. 이 때 이 습관은 조건화를 거친 내적 성향의 산물이라는 것일 뿐만 아니라 우리 모두 이 습관을 어떻게 사용할 것인지를 이미 배웠다(자기 스스로 익혔던가 아니면 사회적으로 배웠다). 독사적 실천이란 바로 이 신념 형성의 습관을 사용하는 것을 의미한다. 문화적 위기가 닥쳐오면 새로운 독사적 실천이 필요하다. 로크가 제시한 새로운 실천이 실행되려면 전통적인 것과는 다른 교육이 요구된다.123) 이러한 개연성의 인식론과 신념의 윤리학을 바탕으로 로크는 관용을 그 당시

이론을 구상한 데서 기인한다. 그는 종교적 광신주의를 치료하기 위해서 독사적 실천과 윤리 규범의 확고한 토대와 체계를 구축하기 위해서 증명 윤리학을 기획한다.

123) Nicholas Wolterstorff, *John Locke and the Ethics of Belief* (Cambridge university Press, 1996), Preface, 17~19.

문화적 위기(광신주의와 독단적 교조주의의 대립과 투쟁)의 해결책으로 내놓는다. 그런데 정작 『인간지성론』속에 등장하는 윤리학은 증명의 윤리학이다.

로크는 당시에 유행하던 회의론과 광신주의를 넘어서 그 때 막 떠오르고 있던 실험 과학을 근거지우는 인식론적 작업을 수행한다. 로크는 제일 철학에서 자연 과학을 도출해내려는 데카르트를 대표로 하는 합리론자와는 달리 더 겸손하게 실험 과학이 작업할 수 있도록 작업장에서 쓰레기를 치우는 청소부의 역할을 철학에게 할당한다. 그래서 그는 개연성의 인식론을 기획한다. 자연은 인간이 그 비밀을 파헤치기에는 대단히 신비로운 신의 작품이다. 그렇기 때문에 독단론의 자연 철학에서처럼 확실한 지식의 대상이 될 수는 없다. 하지만 회의론자처럼 전적으로 알 수 없다는 극단적인 입장도 피해야 한다. 인간이 다 알 수는 없지만 완전히 모르는 것도 아니다. 그러니 모른다는 것에 실망할 것이 아니라 아는 것에 만족해야 한다. 회의론자처럼 알 수 없다고 지성의 사용을 포기하는 것은 무책임하고 비겁한 태도이다.

확실한 지식이 존재하지 않는 영역에선 개연성에 만족해야 한다. 개연성은 플라톤 이후의 전통 철학에서처럼 부정적인 의미만 지니는 것은 아니다. 이제 긍정적인 의미를 획득하게 된 개연성이 비록 수학적인 확실성을 지니지는 않지만 그에 버금가는 개연성을 지닌 새로운 실험과학을 인식론적으로 정당화하는 장치가 된다. 이로써 수학적 이성 못지않게 **관찰과 실험을 바탕으로 한 경험도**

근대 과학의 주요한 인식 원천으로 등장한다. 이 등장에는 플라톤적인 수학 중심의 인식 모델이 아니라 에피쿠로스적인 감각이론이 크게 기여하였음을 주목해야 한다. 하지만 로크는 전적으로 경험주의자만은 아님에 유의해야 한다.

로크는 자연 과학과 관련해서는 경험주의자로서 개연성의 인식론을 시도했고 윤리학과 관련해서는 합리론자로서 확실성의 인식론을 기획한다. 하지만 실제 그림은 이것보다 더 복잡하다. 로크의 윤리학적 그림이 두 가지이기 때문이다. 로크의 철학의 전체 구조를 일관성 있게 이해하기 위해서는 『인간지성론』의 핵심적 두 기획을 고찰하지 않으면 안 되었다. 그 두 기획을 필자는 각각 개연성의 인식론과 확실성의 인식론이라고 불렀다. 이 두 기획을 바탕으로 그의 정치학의 두 차원, 즉 정치술과 규범적 정치 이론으로 전개된다. 개연성에 인식론에 바탕을 둔 독사의 정치는 『관용 편지』에서 구체화되고 확실성의 인식론에 바탕을 둔 권리와 의무에 대한 기하학적인 증명은 『정부론』에서 논의된다. "만약 로크가 『정부론』 2권에서 건전한 전제들로부터 논증한다면 그의 결론이 당연히 수학적 증명의 결론처럼 확실해야 한다. 『인간지성론』은 증명적 도덕 과학의 가능성에 대한 옹호 속에 『정부론』 2권의 방법에 대한 논의를 포함한다."[124] 이러한 로크의 정치학은 자신의 인식론에서 논의된 두 가지 윤리학적 기획을 바탕으로 한다.

윤리학의 고유한 의미에서 도덕과 법의 규범적 토대를 제시하는

---

124) R. W. Grant, *John Locke's Liberalism* (The University of Chicago Press, 1987), p.23.

것이 **증명 윤리학**이라면, 행위를 지도하고 규제하는 의견 또는 신념에 대한 논의를 제시하고 기초를 지우는 것이 바로 **신념 윤리학**이다. 그런데 문제는 증명 윤리학은 파산하고 단지 이러한 방법에 따른 『정부론』만이 규범적 정치이론으로 잔존한다. 신념의 윤리학도 구체화되지 않는다. 로크가 자신의 윤리이론에 대한 체계적인 저작을 남기지 않았다는 것이 더욱 문제의 상황을 악화시킨다. 이제 왜 로크가 자신이나 친구들이 그렇게도 열망하던 윤리학에 관한 책을 쓰지 못했는지를 해명해 본다.

제4장 증명 윤리학적 기획과 그 한계

로크에게서 윤리학이란 행복(최고 목적)으로 인도하는 인간 행위의 규칙 및 척도와 이것들을 실천하기 위한 수단을 찾는 학문이다. 따라서 이 학문의 목표는 진리에 대한 단순한 사변이나 지식이 아니라 올바름과 이것에 도달하기 위한 행동이다.125) 그런데 로크는 도덕적 지식이 자연적 물체에 대한 지식보다 우리가 더 잘 파악할 수 있는 것이라고 생각한다. 자연을 탐구하는 실험 철학은 자연의 진정한 본질을 알 수 없기 때문에 개연성의 지식만 가능한 반면에 행위의 올바른 기준을 탐구하는 윤리학은 인간 지성에 적합한 분야이므로 확실성의 지식이 가능하다.

그러나 로크의 이런 생각과는 달리 그 이후의 철학자들은 칸트처럼 자연 과학은 객관성이 확보되는 영역이지만 도덕은 객관적 인식이 가능하지 않으므로 인식의 영역이 아니라 요청의 영역에 속한다고 보거나 심지어 흄이나 논리실증주의자들처럼 도덕을 감정으로 환원하기도 한다. 특히 논리실증주의자들은 윤리학을 과학

---

125) E 4.21.3.

의 영역에서 배제하고 이것에 대한 이성적인 탐구를 포기한다. 인식론과 윤리학의 관계에 대한 문제와 관련해서, 이러한 입장과는 반대로 로크는 실험 과학이 엄격한 의미의 과학은 아니고 윤리학이 과학이라고 생각한다. 로크의 이러한 입장을 이해하기 위해서는 그가 생각한 지식과 과학의 개념을 살펴보아야 한다.

1. 확실성의 인식론과 합리주의

로크는 『인간지성론』의 2권에서 경험주의 원칙을 주장한다. 그는 마음이 어떤 글자, 즉 관념도 쓰여 있지 않은 백지라고 가정한다. 그런 다음 그는 다음과 같이 묻는다. 마음은 어디로부터 그 방대한 관념의 보고(寶庫)를 얻게 되는가? 마음은 어디로부터 '이성과 지식의 온갖 재료'를 획득하는가? "나는 여기에 다음과 같이 대답하나니, 한마디로 경험으로부터이다. 이 경험에 우리의 모든 지식이 근거를 두고 있으며, 궁극적으로 이 경험으로부터 그 지식 자체도 파생된 것이다. 감각 가능한 외적 사물에 사용되거나 우리 마음의 내적 작용에 사용된, 즉 우리 자신에 의해 지각되거나 반성된 우리의 관찰이 우리 지성에 사유의 모든 재료를 공급해주는 것이다."126) 로크의 이러한 경험주의 원칙은 지식이 아니라 '지식의 재료인 관념'

---

126) E 2.1.2.

의 기원과 관련해서 주장된 것이다.

그런데 기원의 문제와 정당성의 문제는 (칸트가 사실의 문제와 권리의 문제를 구분했던 것처럼) 구분되어야 한다. 로크는 지식 재료의 발생을 경험으로부터 기술하고자 한 것이다. 로크의 "지식의 기원과 확실성과 범위에 관한 탐구는 정당화가 아니라 기술적이다. 그는 『인간지성론』의 목적과 목표를 상세히 논하면서 지식의 정당화의 문제를 언급하지 않는다."127) 지식 그 자체가 경험으로 환원되어 경험에 의해 근거 지워질 수 있는지에 대해서는 로크의 태도가 애매하다.128) 이런 이유로 로크를 경험주의자로 볼 것인가 아니면 합리주의자로 볼 것인가 하는 논쟁이 생겨난다.

"로크는 관념의 기원과 관련해서는 적절하게 자격을 갖춘 경험주의자다. 그는 지식의 문제와 관련해서는 경험주의자가 일반적 진리에 대한 경험적 진리를 허락한다거나 마음에 직접적으로나 실제적으로 현전하지 않는 대상에 관한 개별적 진리에 대한 경험적 진리를 허락한다는 더 포괄적인 의미에서 경험주의자는 아니다. 실로 일반적 진리를 필연적 진리로 제한한다는 점에서 그는 합리주의의 형태를 취한다. 반대로 그가 행하는 방식으로 경험적 지식을 한정한다는 점에서 인간 이성이 적어도 우연적인 문제와 관련해서 어떤 확

---

127) John W. Yolton, *Locke and the Compass of Human Understanding* (The Cambridge University Press, 1970), p.14.
128) 『인간지성론』의 관념을 다루는 2권과 지식을 다루는 4권이 서로 일치하지 않는다. 이는 2권이 관념의 발생의 문제를 다루기 때문에 경험주의적 색채가 강한 반면 4권은 증명과 이성이 중심점을 차지하기 때문에 합리주의 색채가 강하다.

실성을 가지고 우리 자신의 경험의 영역을 넘어서는 능력을 지닌다는 것을 부정하는 철학자라는 의미에서 그는 회의적 경험주의자이다."129) 그가 지식의 재료인 관념(『인간지성론』 2권의 중심 주제)과 그 재료로 만들어진 지식(『인간지성론』 4권의 중심 주제)에 대해서 다른 태도를 지니고 있다는 것으로부터 이러한 해석의 어려움이 생긴다.

로크의 회의론적 경향은 앞서 언급했듯이 개연성의 인식론에 의해 완화된다. 그래서 그는 1. 필연적 진리에 대한 비경험적 지식과 2. 감각적이며 동시에 습관적인 지식과 3. 우연적이지만 일반적인 명제와 직접적으로나 실제적으로 현전하지 않는 대상에 대한 명제에 대한 완전한 확신과 4. 지식과 확실성이 우리를 넘어서는 영역과 관련된 판단을 위한 건전한 이성적 근거의 소유를 허용한다. 또한 그는 일반 지식의 필연적 성격(확실성의 인식론)을 인정한다. 이것에 우연적인 일반적 지식보다 더 높은 증거적 가치를 인정한다. 이러한 점에서 합리주의자인 그는 1. 관습주의로 약간 기울어짐에도 불구하고 그러한 지식을 언어용법의 경험적인 지식으로 환원하지 않는다. 2. 그는 비동일적이고 필연적인 진리의 가능성을 주장하고 수학과 윤리학 같은 영역에서 진리를 발견할 수 있다고 생각한다. 3. 우리가 그러한 진리를 많이 발견할 수 없는 그러한 영역(두드러진 것은 자연 과학과 형이상학이다)에서 조차도 우리 자신보다 더 재능을 부여받은 지성에 의해 발견되기를 기다리는

---

129) Douglas Odegard, "Locke as an Empiricist" (LC Ⅳ. p. 10).

진리가 존재한다고 믿는다.130) 로크의 이러한 합리주의적 경향은
『인간지성론』 4권에서 두드러진다. 방금 언급한 모든 사항이 4권
에서 로크가 언급한 것들이다. 4권의 지식에 대한 논의는 '증명'을
모델로 한 것이다.131) 이런 점 때문에 어떤 해석자는 『인간지성
론』의 2권의 관념 분석과 4권의 지식에 대한 논의가 화해하기 어
렵다고 생각한다.132)

로크가 말하는 증명의 성격을 이해하기 위해서는 먼저 그가 지식
을 어떻게 정의하고 그 단계를 구분하는지를 살펴보는 것이 필요하
다. 지식은 오직 "관념들의 연관과 일치 또는 불일치와 모순에 대한
지각"133)일 뿐이다. 이러한 일치를 더 분명하게 이해하도록 로크는
이 일치를 네 가지 종류로 환원한다. 1. 동일성 또는 상이성, 2. 관
계, 3. 공존 또는 필연적 연관, 4. 실재적 존재(real existence). 이
네 가지가 인간이 가질 수 있는 지식의 전부를 포괄한다. 왜냐하면
"우리의 관념과 관련해서 우리가 행할 수 있는 모든 탐구, 즉 그 관
념들과 관련해서 우리가 알고 긍정할 수 있는 전부는 다음과 같다.
그 관념이 다른 것과 같은 것인지 아닌지, 그것이 동일한 주체 내에

---

130) 같은 책, 10~11면.
131) 로크의 "과학적 자연 철학의 이상은 선험적인 기하학을 모델로 한
     것이기 때문에 교과서적인 합리주의자의 것이다." [R. S. Woo
     lhouse, *The Empiricists* (Oxford University Press, 1993), p.9 4.]. 기
     하학의 핵심은 증명에 있다. 그러므로 기하학적 지식이란 증명에 의
     한 지식이다.
132) M. R. Annand, "A Critical Examination of Locke's Theory of
     Relation" (LC Ⅳ. p.298).
133) E 4.1.2.

서 어떤 다른 것과 항상 공존하는 것인지 아닌지, 그것이 어떤 다른 관념과 이런 저런 관계를 갖는다는 것인지, 또는 그것이 마음 밖에서 실재로 존재하는 것인지가 그 전부이다."[134]

이 중에서 동일성과 공존은 사실 관계라고 볼 수 있다. 하지만 로크는 이 두 가지가 관념들의 일치와 불일치의 특이한 방식이기 때문에 관계 일반과는 다른 제목으로 다룰만한 것이라고 주장한다. 그는 동일성과 공존을 "긍정과 부정의 근거"라고 언급하기도 한다.[135] 이는 이 두 가지가 동일성과 필연성을 강조하는 논리적 차원에 속하는 것들이기 때문이다. 로크가 이것들에 관해서 드는 예를 살펴보자. "있는 것은 무엇이든 있다." "인간은 인간이다." "흰 것은 무엇이든 희다." "동일한 것이 있으면서 동시에 있지 않는 것은 불가능하다." "같은 것은 같다." "같은 것은 다르지 않다."[136] 지금 열거한 명제들은 동일성에 기반을 둔 자명한 명제(tautology)들이다. 공존, 즉 "두 관념 중 하나가 가정되는 그 주체 속에 다른 하나가 또한 필연적으로 있어야만 한다는 그 관념들 사이의 필연적인 연관"에 관한 예로 언급되는 것은 "두 물체가 같은 장소에 있을 수는 없다"는 명제이다.[137]

더군다나 동일성과 필연적 공존을 포함하는 관계 일반이 경험적 기원으로부터 타당성을 확보하는 것은 아니다.[138] "혼합 양태와 관

---

134) E 4.1.7.
135) 같은 곳.
136) E 4.7.4.
137) E 4.7.5.
138) David L. Perry, "Locke on Mixed Modes, Relation, and

계는 사람들의 마음속에 존재하는 만큼의 실재성을 갖기 때문에 이 것들을 실재화하기 위해 질서정연하게 자신들에 일치하는 존재의 가능성이 존재하는 그 관념들 외에 다른 것이 필요하지 않다. 이들 관념들은 그 자체로 원형(archetype)이기 때문에 그것들의 원형과 다르지 않다. 그래서 누군가가 그것들 안에 서로 모순되는 관념들을 섞지 않는 한 그것들이 환영적인(chimerical) 것일 리가 없다."139) 또한 관계와 관련해서 고려해야 할 것은 그 관계가 "사물의 실재적 존재에 포함되지는 않고 그것에 외적으로 첨가된 것"140)이다. 이런 논의를 로크가 하는 이유는 혼합 양태와 관계가 경험적인 서술(감성의 수동성)로는 설명되지 않기 때문이다. 그래서 그는 다음과 같이 말하게 된다. 혼합 양태와 관계는 관념들의 조합이기 때문에 그러한 것들이 생겨날 때 인간 지성의 능동적인 작업이 들어가는 경우도 있다고.141) "마음이 종종 이들 몇몇의 조합을 만드는 경우에 능동적인 힘을 행사하기도 한다."142) "관계의 본성은 두 사물을 서로 지시하고 비교하는 데서 성립한다."143) 더구나 관계에 대한 예로 드는 것이 다음과 같은 수학적 명제이다. "같은 것에서 같은 것을 취하면 남아 있는 것도 같을 것이다." "하나 더하기 하나는 둘과 같

　　　Knowledge" (LC Ⅳ. p.313).

139) E 2.30.4.
140) E 2.25.8.
141) 로크의 영향을 많이 받은 철학자인 칸트는 감성의 수동적 능력과 지성의 능동적 능력을 구분하여 로크가 풀지 못한 문제인 수학이나 논리학과 같은 선험적 지식의 정당화를 수행한다.
142) E 2.22.2.
143) E 2.25.5.

다." "한 손의 다섯 손가락에서 두 개를 취하고 다른 손의 다섯 손가락에서도 두 개를 취한다면 양손에 남아 있는 손가락의 수는 같을 것이다."[144]

지금까지 동일성과 공존 및 관계에 대한 논의를 통해서 우리는 로크가 지식의 모델을 논리학이나 수학 같은 명제(선험적 명제 또는 분석 명제)에 두고 있음을 알게 되었다. 게다가 로크는 지식을 정의할 때 '연관'이나 '모순' 같은 논리적인 용어를 사용한다. 그러므로 로크의 지식에 대한 논의는 합리론적인 색채가 강한 편이라고 말할 수 있다.

로크의 관념 발생에 대한 심리학적 기술(경험론적 설명)과 지식의 대한 합리론적 모델은 서로 긴장관계에 놓여 있다. 이러한 어려움에 로크가 직면한 이유는 그가 본유관념을 비판하기 위해서 경험주의 원칙[145]을 내세웠지만 수학과 논리학의 확실성에 기반을 둔 지식관을 상당히 존중했기 때문이다. 다시 말하면 로크가 수학적-논리적 필연성을 경험주의 원칙(심리학적 기술)으로써는 정당화할 수 없었다는 것이다. 그리고 로크가 이 수학적-논리적 필연성을 새로운 윤리 규범을 정초하고 이 규범의 구속력(obligation)을 입증하기 위한 모델로 생각했다는 점이다. 그래서 로크는 지식의 재료인 관념은 경험주의의 관점에서 다루고 그 재료로 만들어진

---

144) E 4.7.6.
145) 본유관념 비판을 위한 경험주의 원칙은 주로 광신주의를 비판하고 종교적 관용을 주장하기 위한 정치적 차원을 지니고 있음을 주목해야 한다.

지식은 합리주의의 관점의 대표 모델인 증명의 관점에서 다룬다.

그런데 어떤 해석자는 로크의 지식이 증명에만 모델을 둔 것이 아니라고 주장하기도 한다. "『인간지성론』 4권에서 로크가 내린 지식에 대한 정의는 보통 증명을 그 모델로 삼았다고 간주되어 왔다. 그래서 인지 관계는 연역적이고 필연적인 것이라고 해석되어 왔다. 내가 이전의 장에서 보여줬던 것은 로크가 조심스럽게 구성한 지식의 개념은 증명적 지식과 사실적 지식, 필연적 지식과 비필연적 지식을 둘 다 허용한다는 점이다."146) 이런 식으로 로크의 지식관을 해석하는 이유는 "『인간지성론』의 주관심사 중의 하나가 보일, 후크, 시든햄 같은 사람들의 과학적 실천과 발견에 철학적인 토대(또는 해석)를 부여하는 것"이라고 보기 때문이다.147) 이러한 해석은 『인간지성론』을 그 당시 실험 과학과 연결해서 보고 합리론적인 "증명의 방법"외에도 그 당시 실험 과학이 사용한 "평이한 역사적 방법" 또한 『인간지성론』 속에 동시에 내재함을 인정한다는 점에서 로크의 인식론 전반에 대한 비교적 올바른 그림을 그리고 있다.

하지만 로크의 지식에 대한 논의는 위에서 언급한 것처럼 분명히 합리론적인 측면이 강하다. 비록 로크가 그 당시 수학적 필연성을 결여한 실험 과학적 지식에 철학적 기초를 부여하려고 했지만 그 지식은 확실성에 기반을 둔 지식이 아니라 확실성에 거의

---

146) W. Yolton, *Locke and the Compass of Human Understanding* (The Cambridge University Press, 1970), p.118.

147) 같은 책, 114면.

근접한 최고의 개연성을 지니는 의견 또는 신념에 지나지 않는다고 주장한다. 그래서 그는 실험 과학을 엄격한 의미의 과학의 범주에 넣지 않는다. 이 점을 망각하고 지식의 차원에 실험 과학을 집어넣는 것은 범주 착오의 오류를 범하게 된다. 로크는 지식에 두 차원을 허용하는 전략을 구사한 것이 아니라 이미 이전의 장에서 입증된 것처럼 수학적 증명에 모델을 둔 확실성의 인식론(지식에 관한 논의)과 실험 과학의 관찰과 실험에 기반을 둔 개연성의 인식론(의견에 관한 논의)을 동시에 수립하는 전략을 구사한 것이라고 보는 것이 좋을 것이다. 그래서 그는 『인간지성론』에서 지식 이외에도 의견을 긍정적으로 논했던 것이다. 로크의 『인간지성론』은 단순히 실험 과학의 문제만을 다룬 것이 아니라 더 근본적으로는 이미 언급했던 것처럼 종교와 도덕의 문제를 해결하기 위한 예비학(메타윤리학)의 성격도 지니고 있다.148) 오늘날의 우리들에

---

148) 로크 『인간지성론』은 이런 의미에서 이데올로기적인 성격을 갖는다. [Jerme Huyler, *Locke in America: the moral philosophy of the founding era* (The University Press of Kansans, 1995), p.43]. 비록 칸트가 강단철학의 입장에서 순수한 성격의 학문 체계를 구축하려고 했지만 칸트 철학, 특히 도덕 철학은 이데올로기적인 성격이 없을 수는 없다. 칸트 도덕철학의 이데올로기적인 성격에 대해서는 Ross Pool, *Modernity and Morality* (Routledge, 1991), pp.17~21을 참조. 그리고 『순수이성비판』의 인식론을 포함한 가치중립성을 주장하는 객관성을 주장하는 근대이론은 수학에 의한 역사와 사실의 물화를 범하고 있다. 근대의 보편(과)학(scientia universalis)에서는 "다양성은 위치와 질서의 관점에서 추상화되고, 역사는 사실로 추상화되고, 역사는 사실로 추상화되며, 사물들

게는 역설적으로 보일지 모르겠지만, 그는 실험 과학과 관련해서는 개연성의 인식론을 그리고 윤리학과 관련해서는 확실성의 인식론을 기초로 삼는다. 이처럼 로크 철학에 대한 지도 그리기 수행하는 데에 핵심적인 열쇠로 작용하는 작품이 바로 앞서 인용했던, 『인간지성론』의 예비적 초고 중의 일부인 「지식 B」라고 불리는 글이다. 이 글에 따르면 지식은 개연성의 지식(로크의 생각에 의하면 신념)과 엄밀한 의미에서 확실한 지식으로 나누어진다. 자연과학과 정치술 및 의학은 개연성의 영역에 속하고 수학과 윤리학(그리고 규범적 정치철학)은 확실성의 영역에 속한다. 여기서 로크 윤리학의 특색이 잘 드러난다. 윤리학이 수학과 같은 영역에 속한다고 생각은 근대 초기의 합리론자들의 전형적인 이상이다. 로크는 윤리학과 관련해서는 스피노자의 『에티카』와 다를 바가 없는 방법적 이상에 고착되어 있었다. 이러한 방법적 이상이 『인간지성론』에서 증명 윤리학의 기획으로 등장한다.

은 물질로 추상화된다." 과학의 영역에서 역사는 아무런 위치를 가질 수 없다. 왜냐하면 추상화된 동일성 즉 수와 추상화된 역사 즉 사실만이 중요하기 때문이다(근대의 과학적 세계관을 가장 잘 정식화한 논리 실증주의의 유의미성의 두 기준인 동어반복과 검증 가능성은 이러한 양상을 잘 보여준다). 과학적 사실이 존재하는 공간은 살아 움직이는 현장의 역사가 아니라 실험실이라는 인위적으로 구성되고 조절되는 공간이다. [M. Horkheimer und T. W. Adorno, *Dialektik der Aufklärung* (Suhrkamp, 19 84), s.23].

2. 증명 윤리학의 한계

　로크는 윤리학 또는 도덕 과학이 수학과 마찬가지로 증명 과학에 속한다고 본다.149) 이는 수학적 필연성에 의해서 도덕적 구속력을 확보하려는 전략이다. 행복으로 이끄는 행위 규칙을 수학의 공리 – 연역적 체계처럼 필연적인 연관성에 의해 체계화하려는 시도는 근대 합리적인 자연법론자의 공통적인 특징이다. "근대 자연법 안에서 기하학적인 방법(mos geometricus)이 지배적인 담론으로서 관철된다. 법론과 국가론의 기하학적 구성의 중요한 예는 홉스와 스피노자의 저술이다. 로크 또 자연법의 탐구와 관련해서 수학의 전형에 따라 연역기술을 단호하게 신봉한다."150) 이들은 새로운 도덕성의 기초를 계시보다는 이성에 두고자 했다. 이 이성의 위력이 잘 드러난 것이 수학을 자연에 적용하여 거둔 놀라운 성과이다. 따라서 이 수학을 자연 외에도 인간의 행위의 영역인 도덕의 영역에도 적용하여 수학적 물리학과 같은 확실하고도 정밀한 체계를 지닌 도덕의 과학을 이룩하는 것이 근대의 자연법론자들의 이상이 된다. 도덕성은 수학과 마찬가지로 확실하고도 필연적인 명제들의 체계가 되어야 한다. 따라서 도덕성은 이제 수학과 마찬가지로 인간 이성의 인도와 지배 아래에 놓이게 된다. 이 점을 로크는 다음과 같이 선언한다.

---

149) E 3.11.16, E 4.3.18, E 4.12.8.
150) W. Euchner, *Naturrecht und Politik bei John Locke* (Frankfurt am Main: Suhrkamp, 1970), ss.28~29.

"이성이 모든 것과 관련해서 우리의 최종 재판관이자 안내자가 되어야만 한다."151) 요컨대, 로크의 증명 윤리학적 기획은 신앙보다는 이성에 중심점을 두었기 때문에 이성의 가장 탁월한 업적인 수학을 윤리학의 모델로 삼은 것이다.

로크는 지식을 직관지, 증명지, 감각지로 구분한다. 이러한 지식의 삼분법은 로크가 세 가지 지식의 원천을 인정했음을 보여준다. 그가 인정한 세 원천은 **직관, 이성(증명), 경험**이다. 지식은 1. 직관, 즉 어떤 두 관념에 대한 직접적 비교에 의해서, 2. 이성, 즉 어떤 관념의 매개에 의한 두 관념에 대한 일치와 불일치를 검토함에 의해서, 3. 감각, 즉 개별적 존재자의 존재를 지각함에 의해서 획득된다.152) 이러한 삼분법은 17세기 철학자들에겐 공통적인 구분이었다.153)

하지만 그는 이 세 원천을 지각의 세 방식으로 규정함으로써 그의 **심리학적 접근 방식**154)을 지식의 문제에서도 고수하고 있다.

---

151) E 4.19.14.
152) E 4.3.1.
153) E. J. Lowe, *Locke on Human Understanding* (Routledge, 1995), p.171.
154) 로크의 인식론이 비록 4권에서 직관과 증명에 바탕을 둔 수학에 그 모델을 두고 있지만 자신의 인식론을 정당화하기 위해서 사용하는 것은 다른 합리론자들과는 달리 논리적인 근거지 움이 아니라 심리학적인 기술이다. 이런 이유로 로크의 인식론은 기술만 있고 정당화의 논의가 없다고 간주되기도 한다(욜턴). 칸트가 『순수이성비판』의 선험적 연역에 관한 장을 심리학적 논의가 주를 이룬 첫판 대신에 논리적인 정당화를 꾀하는 둘째 판을 다시 쓴

"우리 지식의 선명함에 있어 차이가 나는 것은 나에게 있어선 마음이 자신의 특정 관념들의 일치와 불일치에 관해서 가지는 지각 방식이 다른 것에 있는 듯이 보인다."155) 지식이 특정 관념들 간의 일치와 불일치에 대한 지각에 있으므로 이러한 지각이 이루어지는 방식에 따라 지식이 구분된다.

로크에게 있어서 최고 등급의 지식은 두 관념의 일치 또는 불일치가 다른 관념의 개입이나 매개 없이 직접적으로 지각되는 직관지이다. 매개를 필요로 하지 않는 직접성을 자신의 특징으로 갖고 있는 직관지이기 때문에, 마음이 이러한 직관지를 얻기 위해서는 입증하거나 검토하는 노고를 치르지 않아도 된다. 이러한 직관지가 가장 선명하고 확실하다. 이러한 직관의 빛을 거부하는 자는 단지 그가 회의론자의 정신을 지니고 있다는 것을 드러낼 뿐이다. 이 직관을 바탕으로 해서야 확실성이 존립하므로 다음 등급의 지식인 증명지에서도 직관이 작용해야 한다. "매개적 관념들의 연결 모두에 이러한 직관이 필요하다. 이 직관 없이는 지식이나 확실성을 우리가 획득할 수 없다."156)

직관지의 다음 등급인 증명지는 직접성이 아닌 매개에 기반을 두고 있다. 증명지는 연관된 두 관념이 다른 관념들의 매개로 해서 그 일치 또는 불일치가 발견되는 지식이다. 이런 식으로 매개

것도 이러한 심리학적 기술이 인식론의 정당화를 위해 불충분함을 의식한 까닭이다.
155) E 4.2.1.
156) 같은 곳.

하는 활동을 로크는 추론(reasoning)이라고 부른다. 그리고 매개하는 관념이 증거(proof)이다. 이런 증거에 의해서 일치와 불일치가 명백하고 선명하게 지각되는 경우에 그러한 것이 지성에 입증된 것이기 때문에 이런 활동이 증명(demonstration)이라고 불린다. 증명을 하기 위해서는 노고와 주목이 요구되고 이를 입증해주는 증거와 이성의 사용이 필요하다. 그런데 이러한 증명에 거짓이 포함되는 경우 오류가 일어난다. 이러한 오류에 의해서 준칙(maxim)157)이라 불리는 명제들이 "우리의 모든 지식과 추론의 토대라고 가정된다."158) 이런 점에서 증명지는 직관지보다 더 낮은 등급의 지식이 된다.

로크가 추론이나 증명의 실례로 드는 예는 삼각형의 세 내각의 합이 180도이라는 명제이다. 이는 그가 증명지의 모델로 수학의 정리들을 생각했음을 보여준다. 하지만 그는 증명을 양(quantity)에만 한정하지 않는다. "수학만이 증명의 확실성을 가질 수 있다는 것이 통상적으로 당연한 것으로 간주되어 왔다. 그러나 직관적으로 지각될 만큼 그러한 일치와 불일치를 갖는다는 것이 단지 수, 연장, 그리고 도형의 관념만의 특권이 아니다. 그러므로 증명이 다른 분야의 지식에서는 거의 아무 역할도 못하고 수학자 외에는 다른 어느 누

---

157) 준칙이란 공리(axiom)와 더불어 스콜라 철학자들에 의해서 과학의 원칙으로 통용되는 명제로서 자명한 것이기 때문에 이런 명제의 선명성과 신빙성의 근거와 토대를 검토하지 않고서 본유적인 것으로 간주되어온 것이다(E 4.7.1.).
158) E 4.2.8.

구도 증명을 목표로 하지 않는다고 생각하는 것과 관련해서는 사물 속에 충분한 증거가 없는 것이 아니라 우리에게 적절한 방법과 적용이 결여되어 있을 가능성이 있다."159) 결론적으로 증명은 두 관념의 일치와 불일치가 매개 관념에 의해 지각되는 모든 경우에 가능하다. 그래서 증명 과학은 수학에만 국한되지 않는다.

또한 그는 증명적 추론을 과학적 추론이라고 부르기도 한다. 증명이 가능한 영역은 과학적 접근이 가능하게 된다. 이런 까닭으로 도덕도 증명이 가능하므로 과학이 될 수 있다. "우리는 그의 작품이고 우리가 그에게 의존하는 전능하고 전지하고 무한히 선한 최고 존재자에 대한 관념과 우리에게 분명한 지성적이고 이성적인 존재자로서의 우리 자신에 대한 관념이, 내 생각으로는 적절하게 고려되고 추구된다면, 우리의 의무와 행위 규칙의 토대가 되어 도덕성을 증명의 과학에 속하게 할 수 있을 것이다. 이런 과학에선 자명한 명제로부터 수학과 마찬가지로 반박 불가능한 필연적 결론에 의해서 옳고 그름의 척도들이 귀결되는 것에 관해서 다른 과학에서처럼 똑같이 무사심성과 주의력을 가지고 증명하려는 어느 누구나 납득하리라는 것을 난 의심하지 않는다."160) 이 인용문에서 우리는 로크 윤리학의 두 가지 특징을 파악할 수 있다.

첫 번째로 로크 윤리학의 전제는 기독교적인 신관과 인간관이다. 로크를 비롯한 근대 합리론의 철학은 신에게 체계의 근거를 두고 있다. 근대 철학의 체계의 기초가 신이다. 이 신의 성격이 스

---

159) E 4.1.9.
160) E 4.3.18.

피노자를 제외하면 철저히 기독교적이다. 예컨대 라이프니츠가 그 대표적이다.161) 전지하고 전능하고 선한 속성을 지닌 인격신이 로크의 신이다. 이 신이 천지를 창조하고 만물을 지으셨다. 이 신의 의지가 바로 최고 규범으로서의 자연법이다. 이 신의 가장 뛰어난 작품이 인간이다. 인간은 신의 형상(imago dei)을 부여받은 존재자이다. 따라서 신처럼 만들고 노동하는 자이다. 그리고 신이 지성적 존재자인 것처럼 인간도 지성적 존재자이다. 다시 말해서 인간은 이성을 갖춘 존재자이다. 인간의 의무는 신의 의지인 자연법에 따라서 이성을 사용하고 노동을 행하여 가치를 창조하는 것이다. 그래서 인간은 그 존재의 성격상 도덕성을 자신의 본분(소명)으로 갖게 된다. "우리의 기능이 물체의 내적 구조와 실재적 본질을 통찰하기에는 적합하지 않지만 우리의 의무와 최대 관심사를 충분하고 분명하게 발견하도록 우리를 이끌기에 부족함이 없을 정도로 신의 존재와 우리 자신에 대한 지식을 명백하게 발견하는 데는 적합하기 때문에 우리가 가지고 있는 기능을 그에 적합한 것에 사용하는 것과 그것이 우리에게 거기로 나아가는 길을 가르쳐준 자연의 지시를 따르는 것이 합리적 존재자인 우리에게 어울릴 것이다.

---

161) 라이프니츠와 스피노자의 신관의 차이에 대해서는 김성우, 「라이프니츠 철학적 체계의 이중성」, 『시대와 철학』 15권 2호(한국철학사상연구회, 2004), 3장 '철학 체계의 근거로서의 기독교의 창조신'을 참조. 라이프니츠가 전통적인 기독교의 인격신을 긍정하는 반면에 스피노자는 신의 인격성을 부정하고 대신에 이신론을 주장한다. 한편 로크의 신관은 라이프니츠의 신관과 유사하다.

왜냐하면 다음과 같이 결론을 내리는 것이 합리적이기 때문이다. 즉, 우리의 고유한 임무는 우리의 자연적 기능에 가장 적합한 그러한 탐구와 그러한 지식에 관계하고 그러한 지식 안에서 우리의 최대 관심사인 우리의 영원한 지위의 조건을 관철시키는 것이다. 그러므로 나는 다음과 같이 결론을 내린다. 즉, 도덕성은 (자신들의 최고선을 찾는 것에 관심을 가지고 있으며 동시에 적합한) 인류 일반의 고유한 과학이며 일이다."162) 이처럼 기독교적인 신관과 인간관이 근대 철학의 기초가 되고 합리적 윤리학의 공리(公理)가 된다. 이 점을 무시하고서는 로크의 철학을 비롯한 근대철학의 성격과 기하학적 윤리학(증명 과학으로서의 도덕 과학)이라는 기획을 이해하지 못하게 된다.

두 번째로 로크는 수학과 마찬가지로 도덕 과학에서도 어떤 명제들이 증명될 수 있다고 생각한다. 이러한 예로 "재산이 없는 경우에는 불의도 없다"를 들고 있다. 재산이란 어떤 것에 대한 권리라는 관념이고 불의란 그런 권리에 대한 침해한다는 관념이므로 이들 관념이 이런 식으로 정의 내려지고 재산과 불의라는 명칭이 이들 관념에 주어지게 된다면 앞의 명제는 삼각형의 세 내각의 합이 180도라는 명제와 동일하게 참된 것이다. 또 그가 들고 있는 예는 다음과 같다. "어떤 정부도 절대 자유를 허용하지 않는다." 정부라는 관념은 어떤 규칙이나 법을 바탕으로 사회를 건설하는 것이고 절대 자유라는 관념은 누군가가 제 맘대로 하고 싶은 것은

---

162) E 4.12.11.

무엇이든지 하는 것이기 때문에 이런 명제도 수학만큼이나 참이라는 확실성을 우리가 입증할 수 있다. 그런데 수학에서는 증명을 위해 감각적인 징표(도형이나 다이어그램)를 이용할 수 있는데 반해서, 도덕관념들에 대해서는 자신들을 닮은 감각적 징표가 없다는 것이 문제이다. 따라서 비록 이것들에 대한 낱말이 존재하지만 낱말이 고정되어도 동일한 사람에게서도 그 관념이 변하는 경우도 있고 여러 사람에게 상이한 의미를 갖는 경우도 많다. 도덕 과학 (윤리학)이 지니는 어려움의 또 하나는 도덕관념들이 수학적 관념들보다 훨씬 복잡하다는 것이다. 이 때문에 긴 연역과 다른 몇 개의 복잡한 관념들이 요구되기도 하고 기억하기가 쉽지 않다는 어려움이 생겨난다.

이러한 어려움을 치료하기 위해서 그는 현대의 메타윤리학적인 접근방식을 채택한다. "도덕관념들에서 증명을 어렵게 만드는 이런 불이익의 하나는 어느 정도는 모든 용어가 나타낼 단순 관념들의 모음을 정하고 그 다음으로 그 정확한 모음을 위해 지속적이고도 항상적으로 용어를 사용하는 정의에 의해서 치료될 수 있다."[163] 이런 식으로 그는 증명 윤리학을 시도하기 위한 예비적인 작업으로 메타 윤리학적 처방을 제시하지만 『인간지성론』의 어디에서도 체계적인 증명 윤리학을 제시하지는 않는다. 증명 윤리학은 그 이후의 어떤 저작에서도 체계화되지 못한다. 다시 말해서 『인간지성론』의 증명 윤리학은 로크에게 있어서 체계가 아닌 기획 또는 프

---

163) E 4.3.20.

로그램에 지나지 않았다. 더구나 로크는 이 기획을 실현하지 못했다. 로크의 증명 윤리학이 왜 실패할 수밖에 없었는지를 고찰하기에 앞서 우선 그가 이런 기획을 하게 된 경위를 살펴보자.

이 증명 윤리학의 기획은 로크가 젊어서 옥스퍼드 대학에 강사로 있을 시절에 지은 책인 『자연법론』에서 이미 나타난다. "실제로 삼각형이 있다면 세 내각이 이 직각(180도)과 같다는 것은 삼각형의 본성에서 필연적으로 따라 나오는 것처럼, 사람이라면 신을 사랑하고 경배하며 이성적 본성에 적합한 다른 것들을 충족시켜야만 한다는 것이 사람의 본성으로부터 그 만큼 필연적으로 따라 나오는 것처럼 나에게 보입니다."164) 이 인용문은 수학에서 수나 도형의 본성이나 성질로부터 어떤 정리의 참됨이 증명되는 것처럼 도덕규범(또는 도덕적 의무)의 구속력이 인간의 이성적 본성으로부터 증명이 가능하다는 것을 보여준다. 이것이 로크가 자연법에 관한 저술을 지은 동기이다.

로크가 도덕규범을 자연법이라고 한 것은 아직 외면적 추상법과 내면적 도덕성이 완전히 분리되고 서로 소외된 상태가 되기 전의 도덕과 법의 외면적이고 직접적인 일치를 보여 준다. 또한 이는 로크의 전 저작을 관통하는 정치적 성격을 드러낸다. 로크에 있어서 정치학은 "사회의 기원과 정치권력의 발생과 범위"에 관한 기하학적인 정초라는 규범적 정치철학과 "사회 속에서 인간을 통치하는 기술"로서의 정치술로 나누어진다.165) 로크는 자신의 저작인 『정부

---

164) 『자연법론』, p.199.
165) "Some Thoughts Concerning Reading and Study for a

론』을 전자인 규범 정치철학에 배속시키다. 그리고 이 『정부론』의 기초적 전제가 되는 것이 자연법이다. 그러므로 자연법(최고의 도덕규범)에 관한 저작은 규범 정치학의 토대가 된다. 『자연법론』은 규범 정치 철학의 기초인 자연법의 인식을 문제를 체계적으로 다루므로 이런 점에서 이 책의 정치적 성격이 드러난다. **도덕규범 인식**(『**자연법론**』)과 이 **규범의 제도화**(『**정부론**』)는 서로 분리하여 고려할 수는 없다. 이런 까닭에 최고의 도덕규범이 아주 애매한 표현인 자연법으로 명명된다.

로크의 윤리학이 젊은 시절의 이러한 생각으로부터 나중에 그의 성숙한 윤리학 학설(증명 윤리학 프로그램)에 이르기까지 합리주의적 성격을 띠고 있다는 점을 우리는 주목해야 한다. 이는 로크가 『자연법론』의 5장 '자연법은 인간의 일반적 동의로부터 알려질 수 있는가? 그렇다.'와 8장 '만인의 각자의 이해관심이 자연법의 토대인가? 아니다.'에서 드러나는 것처럼 도덕규범의 보편타당성과 필연적 구속력을 확보하기 위해서는 인간의 합의 또는 계약이나 자기이익(홉스) 같은 근대적 요소가 그 토대가 되기에 부족하다고 생각했음을 보여준다. 그래서 그는 앞서 언급한 것처럼 기독교적인 신관과 인간관에 근거를 두면서 영원하고 보편적인 자연법사상을 끌어들인다. 이러한 자연법의 인식과 관련해서 그가 도덕 인식론을 전개하였던 결과가 『인간지성론』으로 나타났다.

『인간지성론』의 기원은 원래 "계시종교와 도덕성"과 관련된 난점

Gentleman", in *The Works of John Locke* vol.3, p.296.

들을 풀기 위함에 있었다. 그래서 보편적인 자연법을 공리로 삼고서 윤리학의 명제들을 기하학적 체계로 만든다는 증명 윤리학에 대한 구상이 『인간지성론』에서 제시되었다. 로크의 증명 윤리학적 기획을 인식론적으로 뒷받침하는 것이 혼합양태(관계)와 증명에 관한 논의이다. 이 두 가지가 로크의 도덕 인식론의 핵심을 이루게 된다. 이 도덕 인식론적 논의를 바탕으로 해서 로크는 윤리학에 관한 자신의 성숙한 결론을 내린다. "이러한 근거를 가지고 나는 대담하게 생각한다. 수학뿐만 아니라 도덕성이 증명 가능하다고. 왜냐하면 도덕적 사물이 나타내는 분명한 실재 본질은 완전하게 알려질 수 있고 따라서 사물들 그 자체들의 일치와 불일치가 확실하게 발견될 수 있는데 바로 이 점에서 완전한 지식이 성립하기 때문이다."166) 이 증명 윤리학은 언어 분석을 통한 메타윤리학적 담론에 의해서 그 불분명함이 해소된다. 도덕적 담론의 단어들을 정의함에 의해서 "도덕 지식은 훨씬 더 선명함과 확실성에 도달할 수 있을 것이기 때문이다."167)

그러나 『인간지성론』에서는 불행히도 이러한 증명 윤리학적 기획과 이를 위한 도덕 인식론과 메타 윤리학적 논의만 등장하고 실제적인 증명 윤리학적 체계가 제시되지 못한다. 그래서 『인간지성론』이 출간된 뒤에 로크의 윤리학에 관해서 치열한 논쟁이 일어난다. 앞서 밝힌 대로 로크의 친구들이나 그의 논적까지도 로크의 윤리학이 불분명하다고 비판하면서 로크가 자신의 견해를 체계적

---

166) E 3.11.16.
167) E 3.11.17.

으로 해명해주기를 바란다. 로크는 그의 몇몇 친구들의 촉구에도 불구하고 로크는 증명 윤리학적 체계를 보여주지 못한다. 로크 자신도 이러한 체계를 완성하기를 열망했지만 이를 이루지 못했다. 그래서 그는 그의 친구인 몰리뇌(Molyneux)에게 보내는 편지에서 이렇게 쓰고 있다. "내가 도덕적 주제에 대해서 생각하는 동안 나 자신이 도덕적 관념에 관해서 가지고 견해에 의해서 도덕성이 증명적으로 완성될 수 있다고 내가 보았음에도 불구하고 내가 그런 것을 완성할 수 있는가 하는 것은 또 다른 문제이다."

로크가 이처럼 열망했던 증명 윤리학의 체계를 완성하지 못하고 윤리학 저술도 내놓지 못한 것은 그가 자신의 윤리학적 사고에서 어려움을 보았기 때문이다. 그 어려움이란 단순한 메타 윤리학적 논의나 윤리학의 기하학적 체계 즉, 이성적 명령이 인간을 움직이는 동기로서는 불충분하다는 것이다. 다시 말해서 **수학적이고 논리적 필연성이 도덕적 구속력과 동일하지 않다는 것이다.** 도덕적 구속력을 확보하기 위해서는 인간의 심리와 의지 그리고 행위자에 대한 분석이 요구된다. 로크는 이를 위해서 도덕 심리학적 논의를 전개한다. 그런데 그의 도덕 심리학은 쾌락주의에 바탕을 두고 있으므로 도덕 인식론의 합리주의와는 잘 연결되지 않는다. 다시 말해서 이 둘이 연결된다 하더라도[168] 여기에는 근본적인 난점이 깔

---

168) 기존의 해석자들과는 달리 쾌락주의와 증명 윤리학이 모순되는 것은 아니고 행복주의를 매개로 해서 이 둘이 연결될 수 있음을 주장하는 해석자도 있다[John Colman, *John Locke's Moral Philosophy* (Edinburgh University Press, 19 83), p.235].

려 있다. 이러한 난점은 뒷장들에서 해명이 될 것처럼, 로크뿐만 아니라 그가 창설한 자유주의 윤리학적 담론 자체에도 놓여 있다. 이를 위해서 우선 로크의 도덕 심리학과 도덕 인식론의 갈등에 관해서 논의해 보자. 이 논의는 자유주의 윤리학의 정초작업으로서 전적으로 이질적이고 심지어 모순된 요소들을 종합하려는 시도였다는 점에서 매우 중요하기 때문이다.

제5장 도덕 심리학과
도덕 인식론의 갈등

　로크의 윤리학을 더 정확히 이해하기 위해서는 「윤리학 일반에 관하여」[169](c. 1686~8)를 분석하지 않으면 안 된다. 이 글만큼 로크가 자신의 성숙한 윤리학적 견해를 상세하게 기술한 글은 존재하기 않기 때문이다. 원래 이 글은 『인간지성론』의 한 장으로 예정하고 쓴 것이지만 끝내 그 책에 편입되지 못한다. 로크는 이 글에서 우선 쾌락주의 원칙을 설명한다. "행복과 불행은 인간 행위의 위대한 두 용수철이다. 우리가 아는 사람들이 세상에서 그렇게 바쁘게 활동하는 여러 상이한 방식을 통해서 그들 모두는 행복을 겨냥하고 불행을 피하기를 원한다." 이렇듯 행복을 추구하고 불행을 피하려는 동기라는 관점에서 인간의 행동을 분석한 로크는 인간의 충동 구조 외에 이러한 행위의 원칙이 존재함을 인정한다. 로크는 그의 비교 인류학적 지식을 기반으로 하여 어느 민족에서

---

169) "Of Ethics in General" (『정치논문집』, p.298~304).

나 인간의 행동에는 옳고 그름이 존재했음을 주장한다. "어디서나 비록 상이할지라도 척도들(measures)들이 있어 왔다. 즉 인간의 행동과 관련해서, 이것이 좋거나 나쁘다고 판단을 하게 해주는 어떤 규칙과 경계가 있어 왔다. 다시 말해서 어떤 종류의 도덕성이 어디서나 수용되었음을 발견할 수 있다." 로크는 심지어 정치사회나 행정관이 침묵하는 경우에도 사람들이 준수해야 하는 어떤 법 아래에 있다고까지 한다. 여기서 쾌락주의 원칙을 표명한 문단은 로크의 도덕 심리학의 기본 전제에 해당하고 그 다음의 도덕 원칙의 존재에 대한 주장은 그의 도덕 인식론이 정초해야 할 과제를 비교 인류학적 사실적 증거를 가지고 수행된 것이다. 다시 말하면 그의 윤리학은 크게 두 부분으로 이루어져 있음을 알 수 있다.

이를 더 잘 이해하기 위해서 로크가 윤리학의 정의에 대해서 언급한 대목을(2장. '학문의 분류'에서 이미 인용했지만) 다시 살펴보아야 한다. 로크에 의하면 윤리학은 두 부분으로 이루어져 있는데 하나는 사람들이 참다운 원칙으로부터 연역해 낸 것은 아니지만 일반적으로 올바르게 처신하는 규칙이고, 다른 하나는 이 원칙을 실천하려는 참다운 동기와 이것을 준수하게 하는 방법이다.[170] 이러한 윤리학을 로크는 도덕성(행복을 얻기 위한 인간 행동의 규칙[171])이라고 부르기도 한다. 따라서 로크의 윤리학은 자신이 내린 이러한 도덕성의 정의에 따라서 **도덕성의 원칙에 대한 인식론적 정초를 수행하는 도덕 인식론과 인간의 동기와 충동 구조를 해명**

---

170) "Ethica B" (『정치논문집』, p.319).
171) "Morality" (『정치논문집』, p.267).

하여 도덕적 의무(도덕성의 구속력)를 밝히는 도덕 심리학으로 이루어져 있다.172) 이는 로크가 도덕 원칙을 밝히는 일도 중요하지만 인간이 이 원칙을 준수하려는 동기와 구속력이 존재하지 않으면 이 도덕 원칙은 현실적으로는 무의미하게 된다고 보았기 때문이다. 그래서 로크는 도덕 심리학이 자신의 윤리적 기획에서 중요한 하나의 부분이라고 본다.

1. 기독교적 쾌락주의

(1) 쾌락주의와 경험주의 분석

로크의 도덕 심리학이 잘 나타난 단편들은 「쾌락, 고통, 감정」(1676), 「도덕성」(1677~8), 「행복 B」(1678), 「볼룬타스(voluntas)」(1693)173), 그리고 『인간지성론』의 2권 20장인

---

172) 어떤 해석자는 로크 윤리학의 두 부분을 두 경향으로 표현하기도 한다. 그 해석자는 혼합 양태와 자연법과 관련된 도덕 인식론의 부분은 합리주의적 경향을 띠고 있는 한편, 능력과 충동 구조와 관련한 도덕 심리학은 쾌락주의적 경향이 존재한다고 본다. 이렇게 본다면 로크의 도덕 인식론과 도덕 심리학은 합리주의와 쾌락주의 사이의 갈등을 안고 있다. 이에 관해서는 Sterling P. Lamprecht, *The Moral and philosophy of John Locke* (Columbia University Press, 1918); 2nd ed. (19 62), 3장과 4장을 참조.

'쾌락과 고통의 양태에 관하여'와 21장인 "힘(능력)에 관하여"이다.

「쾌락, 고통, 감정」(1676)은 『인간지성론』을 위한 예비적 글이다. 이 글에 나타난 주제는 『인간지성론』의 2권의 20장과 21장에서 표현된다. 이 주제는 『자연법론』(1667)의 네 번째 논문에서도 나타나지만 『인간지성론』의 초고 중의 하나인 「초고 B」(1671)에서는 발전되지 않았다. 이 주제는 윤리학의 심리학적 정초에 대한 쾌락주의 원칙으로 로크의 사유가 전환되었음을 보여준다.[174] 로크는 이 단편 속에서 라틴어인 볼룹타스(voluptas)와 돌로르(dolor)를 각각 쾌락(pleasure)과 고통(pain)으로 번역한다. 로크는 이 두 가지 감정을 온갖 감정이 솟아나는 기본 뿌리이자 그 감정들이 그 주위를 맴도는 중심 되는 기본 감정으로 규정한다. 이런 규정에 따르면 쾌락과 고통이라는 기본 감정이 제거되면 다른 모든 감정도 멈추게 된다. 따라서 인간의 감정들을 이해하고 이 감정들에 대한 바른 관념을 가지기 위해서는 쾌락과 고통, 그리고 이 기본 감정들을 인간에게서 일으키는 것과 이 두 감정이 인간을 작동시키고 움직이게 하는 방식을 고려해야 한다고 로크는 생각한다. 이러한 고찰이 바로 로크의 도덕 심리학에 해당한다.

로크의 도덕 심리학은 그 충동 구조 자체에서 본다면 신에피쿠로스주의의 쾌락주의[175]를 따르고 있다. 그리고 인간 행위의 목적

---

173) 이 단편들은 모두 『정치논문집』에 실려 있다.
174) 『정치논문집』, p.238.
175) 로크의 쾌락주의는 신에피쿠로스주의에서도 홉스의 유물론적인

의 차원에서 본다면 전통적인 행복주의(나중에는 공리주의功利主義)에 해당한다. 이 두 가지 면을 고려하지 않고 로크의 윤리학을 쾌락주의니 행복주의니 공리주의니 하고 일방적으로 규정하는 것은 문제가 있다.

　로크는 앞에서 언급한 단편에서 계속해서 자신의 도덕 심리학을 설명하고 있다. 그는 신이 인간의 마음과 몸에서 쾌락과 고통 그리고 기쁨과 수고로움을 어떤 것들이 산출하기에 적합하도록 그 마음과 몸의 구조를 만들었다고 주장한다. 그런데 감정이나 사유에는 "피와 정신의 특정한 운동"이 수반되기는 하지만 이 운동이 어떤 감정에 대한 관념의 필수적인 구성요소가 아니라고 로크는 생각한다. 따라서 홉스의 철저한 유물론과는 달리 로크는 감정의 관념을 고찰하기 위해서 굳이 육체의 운동이나 이의 바탕이 되는 물체의 운동을 선행적으로 고찰할 필요가 없게 된다.[176]

　쾌락과 고통이라는 두 기본 감정에 의해서 인간은 자신의 좋음[177]과 지혜에 적당한 목적을 알게 된다. 로크가 쾌락을 준다고

　　쾌락주의가 아니라 가상디의 기독교적 쾌락주의 노선을 견지한다. 이 점의 구분이 로크 도덕 심리학 해석에 있어서 매우 중요하다. 심지어 슈트라우스 같은 뛰어난 정치철학자도 이 점을 간과해서 로크에 대한 약간 무리한 해석을 하게 된다.

[176] 로크의 이런 점 때문에 홉스처럼 윤리학의 기초를 위해서 물체론이 필요하지 않게 된다. 이 점이 홉스와 로크의 윤리학을 가르는 기준선이 된다.

[177] 여기서 굿니스(goodness)를 선이라고 번역하지 않고 좋음이라고 번역한 이유는 로크의 행복주의를 염두에 둔 것이다. 칸트처럼 인간 행위의 동기를 중시하는 의무론적 윤리학에서는 그 단어

보는 행위의 예는 장미의 향기를 맡는 것과 술을 맛보기 그리고 권력의 소유와 지식의 획득이고 그 자체의 존재로 인해 다른 사람들을 기쁘게 하는 예는 자녀와 손자손녀이다. 이런 예들을 통해서 로크가 도출할 수 있었던 것에 따르면, 지성에 쾌락을 산출할 수 있다고 하는 것이 무엇이든지 간에 그것은 항상 즉시 사랑을 낳는다. 그리고 이 사랑이란 인간에게서 "기쁨과 쾌락을 산출하는 것에 어떤 식으로든 적용할 수 있는 것에 관한 관념을 고찰하는 것, 즉 그 관념을 마음속에 가지는 것 외에 다른 것이 아니다." 왜냐하면 누군가가 장미를 사랑한다고 말하는 것은 그에게 장미의 향기가 기쁨이나 만족을 준다는 것을 의미하기 때문이다. 그리고 인간은 자신에게 만족을 주는 것에 수반되는 여러 다른 것들을 보존할 때 그 만족을 주는 것을 가지게 된다고 로크는 생각한다. 따라서 누군가가 어떤 것을 보존하기를 원하고 추구할 때 그가 그것을 사랑한다고 말해진다. 예컨대 나무의 과실이나 친구의 좋은 지위가 보존되는 동안만 그 나무나 친구는 사랑 받는 것이다. 나무나 더 이상 과실을 주지 못하게 된 경우나 친구가 그 자리를 상실한 경우에는 그 나무나 친구에 대한 사랑은 곧 식어 버린다. 누군가가 그 나무나 친구를 사랑할 때에는 그것들의 좋은 것이 계속 보존되기

를 선이라고 번역하는 것이 더 **좋다**. 하지만 행복주의가 대표하는 목적론적 윤리학에서는 **좋음**이라고 번역하는 것이 바람직하다. 왜냐하면 목적론적 윤리학에서는 행위의 결과를 중시하므로 굿니스란 그 행위자에게 **좋은** 결과를 가져다주는 것에 붙일 수 있는 이름이기 때문이다.

를 바라는 것이다. 한편 자녀에 대한 사랑은 이와는 다르다. 왜냐하면 자연이 자신의 현명한 목적을 위해서 인간을 만들 때 인간으로 하여금 그 자녀의 존재만으로도 기뻐하도록 했다. 현명한 정신을 지닌 자는 더 고상한 구조를 지녔기 때문에 친구 자체의 존재와 그의 행복에서 기쁨을 느끼고, 그보다 더 뛰어난 자는 착한 사람 모두의 존재와 행복에 만족하고 또는 심지어 인류 전체의 존재와 행복에서 즐거움을 느끼기도 한다. 바로 이러한 사랑이 진정한 사랑이라고 말해질 수 있다.

이처럼 로크는 인간 충동의 쾌락주의적 요소를 인정하기는 했지만 홉스와는 달리(비록 뛰어난 소수의 사람일지라도) 인간의 충동 구조가 전적으로 이기적이라고는 보지는 않는다.[178] 로크가 그리는 인간상은 늑대의 상이 아니다. 욕망은 사랑과 다르다. 사랑이 모든 감정들 중에서 제일 중요한 감정이지만 다른 모든 감정보다 가장 다루기 어려운 것이고 맹목적인 것으로 표상되기도 한다. 욕망과 희망은 그 고유하고 궁극적인 대상이 사랑과 동일한 대상이다. 하지만 욕망과 희망은 고통이나 괴로운 것이 다른 목적에 대한 수단이 될 때는 이런 고통이나 괴로움을 선택할 것을 결정하기도 한다. 하지만 사랑은 그 자체로 즐거운 것(목적)을 제시하지 않을 때는 움직이지 않는다. "사랑은 오로지 목적만을 선정한다. 결코 다른 목적에 대한 기여할 수 있는 대상을 포함하지 않는다." 증오는 이러한 사랑과 정반대의 위치를 지니지만 사랑과 동일한 효

---

178) 이런 점을 이해하기 위해서는 로크의 윤리학은 기독교적인 신관과 인간관을 근본 전제로 가지고 있다는 점이 고려되어야 한다.

과를 지닌다. 따라서 사랑이 어떤 것의 보존을 욕망하고 추구하는 것과 마찬가지로 동일한 이유로 증오는 그것의 파괴를 욕망하고 추구한다. 그러나 증오의 감정은 사랑보다 더 강렬하게 더 멀리 인간을 데려간다. 왜냐하면 나쁨과 고통의 감각이 좋음과 쾌락보다 사람에게 더 영향을 미치기 때문이다.179) 인간은 약간의 고통의 부재보다 더 쉽게 큰 쾌락의 부재를 견디는 경향이 있다. 이런 이유로 로크는 불감('Αγαισθησία)을 쾌락과 고통의 중간으로 보지 않는다. "지속되지 않는 불감은 더 좋은 쪽으로 간주된다. 즉, 우리에게서 즐거움의 감각을 항상 뺏어 가는 잠에 대해 결코 불평하는 경우는 없지만 잠이 우리의 고통을 중단시킬 때 우리는 잠을 쾌락으로 여긴다." 이러한 사랑과 증오에 대한 분석은 쾌락과 고통이라는 기본 감정의 여러 양태 중의 한 예에 불과하다. 그러면 이제 기본 단순 관념인 쾌락과 고통에서 어떻게 다양한 감정에 대한 관념들이 생겨나는지에 대한 분석이 필요하다.

이러한 기본 감정에 분석은 『인간지성론』의 2권의 20장에서 그의 관념 기원에 대한 경험주의적 분석과 연관해서 체계적으로 다루어진다. 그는 쾌락과 고통을 관념의 두 원천인 감각과 반성을 통해서 입수하게 된 단순 관념들 속에 위치 지운다. 이 기본 감정은 다른 단순 관념과 마찬가지로 서술될 수도 없고 그 이름들은 정의될 수도 없다. 그것들은 아는 유일한 방법은 경험을 통한 방법이다. "왜냐하면 그것들을 좋음(선)이나 나쁨의 현존에 의해서

---

179) 이러한 생각이 그로 하여금 『인간지성론』에서 인간 행위의 근본 동기로 불만을 제시하게 한다.

정의를 한다는 것은 우리로 하여금 우리 자신이 느끼는 것을 반성하도록 함으로써 그리고 좋음(선)과 나쁨이 우리에게 다양하게 적용되거나 우리에 의해서 고려되는 경우에 우리 마음에서 좋음과 나쁨이 행하는 여러 다양한 작용에 관해서 반성하도록 함으로써 우리에게 그 감정들을 알게 하는 것일 뿐이다."180) 이런 정의에 따른다면 사물들은 쾌락과 고통에 준거해서만 좋고 나쁠 수 있게 된다. "우리가 좋다고 부르는 것은 우리 안에서 쾌락을 일으키거나 증가시키거나 또는 고통을 감소시키기에 적합한 것이거나 그밖에도 어떤 다른 좋은 것에 대한 소유나 어떤 나쁜 것의 부재를 안겨주거나 보존하는 것이다. 그리고 반대로 우리가 악이라고 부르는 것은 우리 안에서 고통을 낳거나 증가시키거나 또는 쾌락을 감소시키는 것이거나 그밖에 달리 우리에게 나쁜 것을 얻게 해주거나 우리에게서 좋은 것을 박탈하는 것이다."181)

그는 앞의 단편에서와 마찬가지로 이 두 기본 감정과 이 감정들을 일으키는 것이 사람의 감정적 중심점이라고 규정하면서 감정에 대한 관념을 획득하기 위해서는 그것들이 인간 심리 안에서 작동하는 것과 일으키는 여러 변형태를 반성하고 관찰해야 한다고 주장한다. 그래서 그는 사랑, 증오, 욕망, 기쁨, 슬픔, 희망, 공포, 절망, 분노, 질투들을 분석한다. 여기서 다루어지는 사랑과 증오에 대한 논의는 앞의 단편에서보다 더 적게 다루어진다. 이 중에서 사랑과 욕망과 기쁨과 희망은 오로지 쾌락에 관련되고, 증오, 두려

---

180) E 2.20.1.
181) E 2.20.2.

움, 슬픔은 궁극적으로 오로지 고통과 관련된다. 그런데 마지막 두 감정인 분노와 질투는 우리자신과 타인에 대한 다양한 고려도 포함하고 있으므로 앞의 감정들처럼 모든 인간에게서 발견되지는 않는다. 이러한 감정에 대한 담론은 우리 마음에서 좋음과 나쁨에 대한 다양한 고찰로부터 기인하는 쾌락과 고통의 양태에 대한 예들에 불과하다. 그가 의도한 것은 인간의 감정에 대한 관념들이 반성과 감각에 의해서 얻어진 것이라는 것을 보여주는 것이다. "감정은 우리에게 훨씬 더 관심거리이기 때문에 나는 오히려 그 감정들의 예를 들어서 우리가 그 감정들에 관해서 가지는 관념들이 어떻게 감각과 반성으로부터 나오는가를 보여주는 것을 선택했다."182)

「도덕성」(1677~8)이라는 짧은 단편에서 그는 자신의 도덕 심리학의 쾌락주의적 원칙을 분명하게 제시하고 있다. "도덕성이란 행복을 얻기 위한 인간 행위의 규칙이다. 왜냐하면 모든 사람의 목적과 목표가 오로지 행복해지는 것이므로, 준수하는 사람을 행복으로 인도하지도 않고 위반하는 사람을 비참함에 이끌지 않는 어떤 것도 인간에게는 규칙이나 법이 될 수 없기 때문이다." 이처럼 인간 행위의 궁극적인 목적이 바로 자신의 행복이라고 로크는 명시한다. 로크는 수학과 기하학이 학문의 모델이 되는 시대적 분위기 속에서 자신의 도덕 철학(특히 도덕 심리학)을 기하학적 질서에 따라서 표현한다.

---

182) E 2.20.18.

"정의: 행복과 불행은 쾌락과 고통 속에 있다. 좋음(선)은 쾌락을 주거나 증가시키는 것 또는 고통을 제거하거나 감소하는 것이다. 악은 그 반대의 것이다.

공리 1. 모든 사람은 행복의 향유와 불행의 부재를 욕망한다. 그것도 오직 그리고 항상 그러하다.

공리 2. 사람들은 그들이 욕망하는 것을 위해서만 행위한다."

여기서 등장하는 정의와 공리는 모두 쾌락주의적 원칙과 관련된다. 로크는 자신이 「쾌락, 고통, 감정」(1676)에서 언급한 감정 작용론을 이제 이 단편 속에서 체계적인 원칙으로 정돈하고 있다. 이제 이 정의와 공리를 바탕으로 해서 결론을 내린다. "그러므로 행복이 사람들의 목적이기 때문에 이 행복을 획득하기 위한 수단만이 행위의 규칙일 수 있다."

로크는 비록 계몽주의에 지대한 영향력을 미치고 어느 정도는 (특히 버클리에 의해서) 무신론자로 의심받았지만 이 계몽주의에 의해 철저하게 수행된 '세계의 탈마법화'(베버)된 현대에 살고 있는 우리와는 달리 진정한 기독교인이었다. 그는 사후의 삶과 심판하는 신을 믿고 있다. 따라서 행복에 대한 논의도 이 세상의 삶과 저 세상의 삶 모두와 관련해서 진행된다. "모든 사람은 인간이 차안의 삶 속에서 어느 정도는 행복하고 어느 정도는 불행할 수 있는지를 알고 있다. 또한 여기서 쾌락과 고통이 가능한 상태에서 인간을 존재케 했던 힘이 또한 죽음에 의해서 그가 자신의 모든 감각과 지각을 상실한 뒤에도 그를 존재케 할 수 있음은 명백하다.

왜냐하면 사람을 처음 존재케 한 자가 그를 다시 감수성의 상태로 복귀시키고 자신이 바라는 대로 그 상태 속에서 계속해서 그가 쾌락과 고통을 느낄 수 있게 할 수 있기 때문이다. 그러므로 이 삶에서 지닐 쾌락과 고통이 존재하고, 이 삶 후에도 쾌락을 향유하고 고통을 당할 수 있는 상태가 존재할 수도 있다는 것은 분명하다." 로크는 이 피안의 삶의 가능성을 통해서 도덕성과 쾌락주의를 매개할 수 있다고 본다. 그러기 때문에 로크의 도덕 철학의 이 전제를 파악하는 것이 그의 윤리적 사유 전반을 이해하는 데 중요하게 된다. 이제 그는 쾌락주의 심리학을 도덕성(규칙)에 연결시키는 시도를 한다. 하지만 이 단편에서는 이 사후의 삶과 연관되거나 기독교적인 신의 존재를 전제한 어떤 도덕규범도 로크는 말하지 않는다.

로크는 다만 현세와 관련한 행위 규칙을 제시한다. "그러하다면 이 삶과 관련해서 쾌락을 얻고 고통을 피하는 방법이 무엇인가를 살펴보자. 왜냐하면 그것이 이 삶을 넘어선 전망을 갖지 않는 온갖 종류의 존재자에 대한 행위 규칙이 될 것이기 때문이다." 이 글 앞쪽에서 그는 행복을 얻는 수단이 행위 규칙이라고 규정했다. 이 규정에 근거하여서 이처럼 그는 현세에서의 삶의 규칙을 쾌락주의적으로 제시한다. 그러하다면 현대의 세속화된 비전을 가지고 살아가는 우리에게 남은 것은 오로지 이 쾌락주의 원칙이다. 홉스가 그린 세상이 바로 이러하다. 이 쾌락주의에 의거하여 로크는 계약이 규칙 제정에 필수적이라고 생각한다. "인간은 자신도 만들지 않았고, 자신 외의 타인도 만들지 않았다. 인간은 탄생 시에 그가 만들어져 있다고 발견한 세계를 만들지 않았다. 그러므로 사람은 탄생 시에는 세상의 어떤 사물에 대해서 다른 사람보다 더 권리를 갖지 못한다. 그러므로 사람은 모든 것을 공동으로 누리든가 아니면 계약(compact)에 의해서 그들의 권리를 규정해야만 한다." 만약 계약이 없이 모든 것을 공동으로 누리는 경우에는 홉스가 말한 전쟁상태로 돌입하고 만다.183) 이런 상태를 파하려면 "계약이 인민의 권리를 규정해야만 한다. 이러한 계약은 지켜질 수도 있고 깨어질 수도 있다. 만약 깨어진다면 계약의 체결이 무의미하게 된다. (반대로) 만약 지켜진다면 정의(justice)가 의무(duty)로서 정해지고 우리 행복의 제일이자 일반적인 규칙이 될 것이다."

하지만 인간이 자신의 이익을 위해서 이 계약을 위반할 수도 있다는 가능성 때문에 이러한 식으로 계약을 통해서 정의(正義)를 규정하는 것이 무력하다고 이의를 제기할 수 있다. 그는 이 가능성을 부정하기 위해서 자유주의자에게 전형적인 보편화 원칙184)을 사용

---

183) 로크의 자연 상태론의 문제점은 평화상태에서 어떻게 전쟁상태로 인간이 필연적으로 타락할 수밖에 없는가를 명확하게 밝히지 않은 데 있다. 다시 말하면 왜 선한 양과 같은 인간이 늑대와 같은 타락한 상태로 전락하는지에 대한 설명이 불충분하다는 것이다.

184) 이러한 보편화 전략은 칸트의 윤리학과 이 칸트의 윤리학의 현대적 계승자인 롤즈와 하버마스의 절차주의적 윤리학에서 가장 잘 드러난다. 현대에서 보편화에 관한 체계적인 설명에 대해서는 J. L. Mackie, *Ethics: Inventing Right and Wrong* (Penguin Books, 1977), 4장 '보편화'를 참조.

한다. 이러한 가능성이 누구에게나 허락된다면 그 상태는 끝내 폭력과 기만의 상태가 되고 이런 약탈의 상태에서는 자신의 안녕에 필수적인 것을 소유하지 못하게 되므로 행복해질 수도 없게 된다. 따라서 비록 정의가 가장 위대하면서도 어려운 의무라 해도 계약을 통해서 세워지지 않으면 안 된다. "정의가 그런 식으로 세워지면 나머지는 어렵지 않을 것이다."

로크는 앞의 두 단편들에서는 심리적 과정과 도덕 원칙에 대한 쾌락주의적 설명에만 머물고 있다. 아직 이 쾌락주의와 자신의 기독교적 신앙과의 연결점을 제시하지는 않는다. 그런데 1678년에 쓴 「행복 B」라는 글에서 로크는 자신의 쾌락주의를 성서에 연결시킨다. "인간의 행복은 몸이든 마음이든 각자의 취향에 따른 쾌락에 있고 궁극적인 악(summum malum)은 몸과 마음의 고통이다. 이런 사실을 나는 모든 인류의 경험과 각자의 가슴속에 품고 있는 생각에 호소할 뿐만 아니라 이것 중에서도 최고의 규칙인 성서에도 호소한다. 성서는 축복의 자리인 신의 바른 손에 더 많은 행복이 있으며, 사람들이 비난받는 것은 쾌락을 추구하기 때문이 아니며 다함없는 저 즐거움보다 현세적 삶의 순간적인 쾌락을 선호했기 때문이라는 것을 가르치고 있다." 여기서 로크는 쾌락의 등급에 관해 논한다. 성서의 최고 규칙은 지상의 순간적인 쾌락보다는 천국의 영원한 즐거움이 더 중요함을 가르친다. 이제 쾌락주의는 영생과 천국의 기쁨에 의해서 지상의 행복을 포기해야 한다는 기독교의 교리와 연결된다.

이러한 **쾌락주의**에 대한 기독교적인 버전이 호소력을 갖기 위해서는 기독교적 신의 속성에 대한 설명을 필요로 한다. 이러한 설명은 로크가 1680년에 쓴 「신의 정의에 관해서」185)에 잘 나와 있다. 로크는 존재의 영원한 지속을 위해서는 "힘과 지혜와 선함이 우리가 신이라고 부르는 완전하고 최고로 뛰어난 존재자의 속성(구성요소)이지 않으면 안 된다. 그것도 최고로 무한한 정도로. 그러나 무한한 힘은 이 힘이 지혜와 선함에 의해 규제되지 않는다면 탁월함이 될 수 없다. 왜냐하면 신은 자신의 존재가 영원하고 완전하기 때문에 그는 자신의 존재를 더 좋거나 다른 상태로 전환시키기 위해서 그 힘을 사용할 필요가 없으므로 자신의 피조물에 대해서 자신의 힘을 사용하지 않으면 안 되기 때문이다. 그리고 이 힘은 그 피조물들의 좋음과 이로움을 위해 사용될 수밖에 없다. 그것도 그 전체의 질서와 완전함이 각 개인에게 그 특정한 지위와 신분과 연관에 따라 허락하는 한에서 그러하다. 그러므로 신을 무한한 힘을 가진 것 외에도 무한히 선한 존재로 보면, 그가 비참하게 되리라는 의도를 가지고 어떤 일을 했다고 상상하기는 불가능하다. 오히려 그가 그 (피조물의) 본성과 신분이 허락하는 한에서 행복하게 되는 온갖 수단을 피조물에게 허락하셨다는 것을 상상할 수는 있다. 비록 정의는 우리가 신에게 반듯이 붙여야 하는 완전성임에도 불구하고 그 정의의 행사는 그의 선함이 그가 각각의 피조물에게 허락한 상태의 질서와 아름다움 속에서 그들의 보존을 위해 필요하다고 한 것보다 더 확장될 수는 없다." 신의 정의가 인

---

185) 이 단편도 역시 『정치논문집』에 실려 있다.

류를 포함한 피조물에게 행사되려면 신의 힘뿐만 아니라 이 힘을 제어할 신의 지혜와 선함이 요청된다.

그런데 지상에서는 불행이 존재한다. 이 점이 기독교 신학의 최대 난점이 된다. 이러한 난점을 해결하기 위해서 아담의 타락과 이로 인한 인간의 원죄설이 등장하기도 했다.186) 하지만 이 점에 대해서 이 단편에서는 더 이상 논의되지 않고187) 다만 왜 신의 정의가 완벽해지려면 선함이 그의 속성으로 요구되는가만 논의된다. "왜냐하면 우리의 행위는 그에게 미치지 못하고 다시 말해서 그에게 어떤 이로움이나 해를 가져다 줄 수 없으므로 그가 자신의 피조물에게 가하는 처벌 즉 그가 그들에게 가져다 준 불행이나 파멸은 단지 더 크고 더 많은 부분을 보존하려는 것이기 때문이다. 그러한 이유로 오직 보존을 위해 존립하는 것인 그의 정의는 단지 그의 선함의 한 가지(branch)에 불과하다." 로크는 이런 식으로 신의 선함과 피조물의 보존을 연결시키다. 더 많은 부분을 보존하기 위해 적은 쪽을 처벌하는 것이 당연시된다. 이는 그의 개인주의 원칙과 어긋나는 언명이다. 공동체의 행복이 개인의 불행보다 가치의 차원에서 우선시되기 때문이다. 과연 이러한 언급이 앞에서 얘기한 기독교의 난제인 신의 선함과 악의 존재의 양립불가능성을

---

186) 실제로 로크는 아우구스티누스의 원죄설을 부인하고 비판한다. 로크는 중세적인 기독교의 인간상을 거부하고 근대적 인간상을 그린다. 로크의 근대적 인간상에 대해서는 이 다음절인 '근대적 주체의 형성'을, 그의 기독교관에 대해서는 이 글의 6장 2절인 '본유관념 비판의 종교적 맥락'을 참조.
187) 로크의 종교관은 『기독교의 합당성』에서 잘 나타난다.

해결했는가? 로크는 단지 현실의 악을 막고 공동체를 보존하는 것만을 말했을 뿐 악의 기원에 대한 설명은 하지 않았다. 그는 신이 이 현실의 악을 제어하고 자신의 피조물을 보존하는 것이 신의 완전함을 이루는 거라고 본다. "왜냐하면 이(공동체의 보존)를 제외하고는 어떤 다른 이유로 처벌하려는 필요성을 지니는 신을 상상한다는 것은 그의 정의를 더 불완전하게 만드는 것이고 그가 자신의 지혜와 선함의 규칙에 반대되는 일을 하도록 하는, 그를 지배하는 힘을 가정하는 것이다." 이런 이유로 로크는 신의 정의를 다음과 같이 규정한다. 신의 정의란 "그의 선함이 자신의 작품을 보존하기 위해 필요하다고 보는 것"일 뿐이다.

(2) 근대적 주체의 형성

로크의 쾌락주의는 행위원칙을 형성하는 근거를 확보하기 위해 계약과 연결되고, 이 원칙을 준수하기 위한 의무, 즉 원칙의 구속력을 확보하기 위해 기독교 신의 지혜와 선함을 전제하게 된다. 본래 로크가 쾌락주의를 요청했던 이유는 도덕규범 준수와 관련해서 단지 규범의 인식만으로는 힘을 못 가지게 되므로 행위자의 자발적인 의지를 필요로 했기 때문이다. 이를 더 고찰하기 위해서 우선 자율적 주체와 관련해서 의지문제가 등장하는 작은 단편을 먼저 인용한다. 이 단편은 『인간지성론』이 처음으로 발간된 시기(1690) 직후부터 일기 시작한 많은 논란이 있는 와중에 씌여 졌다. 그 제목은 의지에 해당하는 라틴어인 볼룬타스(voluntas)로 되어 있다. "의지 및 그 규정과 관련해서 사람들에게 많은 혼란을 준 이유는 도덕적 올바름에 대한 관념과 이 관념에 도덕적 좋음이라는 이름을 주는 것을 혼동하였기 때문이다. 인간이 어떤 행위에서 취하고 그 행위의 결과로 기대하는 쾌락이 진실로 좋음 자체이고 의지를 움직이기에 적합한 것이다. 그러나 단지 그 자체로 고려된 그것의 도덕적 올바름은 좋음(선)도 아니고 악도 아니고 어떤 식으로도 의지를 움직이지 못한다. 그러나 쾌락과 고통은 행위 그 자체에 수반되거나 그 행위의 결과로 간주된다." 도덕적 올바름과 도덕적 좋음은 다르다. 도덕규범이 인간의 의지를 움직일 수는 없다. 하지만 좋음과 연관된 쾌락은 인간의 의지를 움직일 수는 있다. 그렇다면 이 올바름과 쾌락을 합치시키기 것이 로크 윤리학의 관건이 된다.

로크에게는 쾌락주의와 의무가 서로 모순되지 않는다. 왜 그러한가? 인간 사후에 그 행위의 선악에 따라 그를 심판하는 신이 존재하기 때문이다. 기독교인은 죽은 뒤에 그의 행복이 신에게 달려 있기 때문에 행복에 도달하기 위해서는 도덕원칙을 준수하는 길을 통해야 한다. 따라서 도덕성은 행복의 필수요소이다. 이 합치의 매개를 위해 로크는 이미 위에서 언급한 기독교 신의 보상과 처벌을 예로 들고 있다. 앞에 인용한 부분에 이어서 그는 다음과 같이 말한다. "이러한 사실은 신이 도덕적 올바름과 그릇됨에, 의지에 대한 적합한 동기로서 부가하는 처벌과 보상으로부터 분명하게 드러난다. 만약 도덕적 올바름이 그 자체로 좋고 도덕적 그릇됨이 악이라면 이와 같은 것이 불

필요할 것이다." 단순한 도덕적 올바름만으로는 주체적 행위자의 의지를 움직이기에 부족하다. 이 주체의 의지를 움직이기 위해서는 그 동기화가 요구된다. 이런 동기화의 요구를 통해서 그는 중세적인 질서 틀의 폐기와 새로운 질서 수립의 필요성188)을 보여준다. 다시 말해서 그는 근대 서구의 계몽주의가 요구하는 자율적인 주체를 이미 예견하고 있다.189)

---

188) 로크는 새로운 질서 수립과 관련해서 이성에 근거를 두려고 했다. 그러면서도 그는 전통적인 기독교 신앙을 보존하려고 했다. 이 이중성이 로크 윤리학을 이해하는 데 어려움을 준다. 로크 윤리학의 이중적 면모는 그의 『관용 편지』에서 무신론자에게 관용을 허락해서는 안 된다고 주장한 데서 잘 드러난다. "신의 존재를 부정하는 사람들에게는 관용이 전혀 허락되어서는 안 된다. 인간 사회의 결속을 가능하게 해주는 약속, 계약과 서약이 무신론자에게는 구속력을 지니지 못한다. 신의 제거는 비록 생각만으로 행해졌을지라도 모든 것을 해체하고 만다"(『관용 편지』, p.47). 니체의 견해대로 근대 서구 문명의 최고 가치는 기독교적인 신이다. 이는 로크의 윤리학에서도 마찬가지이다. 로크는 새로운 질서의 구속력을 위해서 **충동 구조에 관한 쾌락주의적 해석**을 한다. 그러면서도 그는 이 쾌락주의를 **기독교적인 신앙**을 통해서 **이성적 도덕성**과 화해를 시킨다. 하지만 이성과 계시는 여전히 긴장관계를 유지한 채로 남아 있다.

189) "로크의 합리적 자기 입법의 이론이 행위자의 도덕적 가치를 그의 이성에 대한 복종으로 연결한다는 점에서 루소, 칸트 및 헤겔과 연관되는 그 이후의 자율 이론과 유사함을 보여준다는 점은 분명하다"[Andrzei Rapaczynski, *Nature and Politics: Liberalism in the Philosophies of Hobbes, Locke, and Rousseau* (Cornell University Press, 1987), p.171]. 로크가 이들과 차이를 보이는 점은 로크의 이론에서는 경험주의적 경향이 두드러져 보이므로 자율 이론의 핵심인 자발성에 관한 논의가 충분치 않다는 점이다.

행위자와 의지의 문제에 대한 구체적인 분석이 『인간지성론』의 2권 21장에서 다루어진다. 그 장의 이름은 '힘(능력)에 관하여'이다. 로크의 분류방식에 의하면 힘은 쾌와 불쾌, 존재와 통일성과 마찬가지로 감각과 반성에서 기원한 단순 관념에 속한다.[190] 로크는 힘을 이중적으로 본다. 힘에는 능동적인 힘과 수동적인 힘이 있다. "힘은 어떤 종류의 관계(행동과 변화에 대한 관계)를 자신 안에 포함하고 있다."[191] 모든 힘은 행위에 관계하는데 행위에는 두 가지 종류가 있다. 사유와 운동이 그 두 가지 행위이다. 단지 특정한 행위를 하거나 하지 말라고 명령하는 마음의 생각과 선호(選好)를 통해서만 마음의 행위와 몸의 운동을 시작하고 삼가고 지속하고 끝내는 힘이 인간 자신 속에는 있다. 이러한 힘을 로크는 의지라고 부른다. 반면에 지각하는 힘은 지성이라고 불린다. 지성의 활동에는 세 가지가 있다. 1. 마음속에서 관념에 대한 지각, 2. 기호의 의미작용에 대한 지각, 3. 관념들 사이에서 성립하는 연관과 모순 또는 일치와 불일치에 대한 지각. 지각과 선호라는 마음의 힘이 지성과 의지이며 이 둘이 바로 마음의 두 기능이다. 로크는 힘과 능력과 기능이 이음동의어라고 생각한다.[192]

그런데 이 기능들에 대하여 통상적으로 말하는 방식 중에는 오해로 이끄는 것들이 있다. 다음과 같은 것이 그 예이다. "의지는 영혼의 명령하고 우월한 기능이다. 의지는 자유롭거나 자유롭지

---

190) E 2.5.3.
191) E 2.21.3.
192) E 2.21.20.

않다. 그것은 하급의 기능들을 결정하고 지성의 명령을 따른다."193) 이 지점에서 로크는 자유와 필연성의 개념을 도입한다. 의지란 행위를 삼가고 지속하고 끝내는 힘이므로 행위자가 이 힘을 행사하는 범위에 대한 고찰로부터 자유와 필연성의 관념이 일어난다. "자유(liberty)라는 관념은 마음의 결정 또는 생각에 따라서 특정한 행위를 하거나 삼가는 행위자의 힘에 대한 관념이다. 이 힘(능력)에 의해서 그 행위들 중에서 다른 것에 비해 어떤 행위가 선호된다. 만약 이 행위들 중의 어떤 것이 행위자가 자신의 의욕에 따라 자신에 의해서 산출되지 못한다면, 이 경우에 그 행위자는 자유롭지 못하다. 즉 행위자는 필연성 아래에 존재한다. 그래서 생각이 없고 의욕(선호)이 없고 의지가 없는 경우에는 자유가 있을 수 없다. 하지만 자유가 없는 경우에도 생각이 있고 의지가 있고 의욕이 있을 수는 있다."194)

그런데 로크는 이 시점에서 단순한 의지나 의욕과 그 행위자를 구분한다. 자발적이라는 것은 마음의 생각에 따라 행위 하는 것을 말한다. 자발적인 행위는 하면서도 자유롭지 않은 행위자가 있을 수 있다. 어떤 죽음의 방식을 자발적으로 선호할 수는 있지만 살 자유가 없는 행위자의 경우를 예로 들 수 있다. 따라서 자유는 의욕(선호)에 속하지 않고 마음이 선택하고 지시하는 바에 따라 행위 하거나 행위를 금하는 힘을 가지는 사람(행위자)에 속한다. 다시 말해서 자유는 자유로운 행위자(free agent)에게 속하는 것이다. 마찬가지

---

193) E 2.21.6.
194) E 2.21.8.

로 자발적이라는 것은 비자발적인 것에 대해서 반대되는 것이지 필연적인 것에 반대되는 것은 아니다. 그 이유로 로크는 행위자는 자신이 할 수 없는 것보다는 할 수 있는 것을 선호한다는 것을 들고 있다. 예컨대 필연성에 의해서 어떤 상태가 변화될 수는 없지만 행위자가 변화보다는 그 상태를 선호하는 경우가 있을 수 있다. 따라서 로크에게서는 자유와 필연성의 개념은 행위자의 차원과 연관됨을 알 수 있다. 즉 행위가 아니라 행위자가 자유롭거나 부자유스럽다(필연성 아래에 있다). 필연성은 사유의 지시에 따라서 행위 하거나 삼가는 능력이 결여되어 있을 때 발생한다. 이 필연성이 의욕을 할 수 있는 행위자 안에서 어떤 행위의 시작과 지속이 자신의 마음의 선호에 반대될 때에는 강요(compulsion)라고 불린다. 한편 어떤 행위의 금함이 자신의 의욕에 반대될 때 그 필연성은 억제(restraint)라고 불린다. 로크에 의하면 "사유나 의욕을 전혀 갖지 않는 행위자는 모든 것과 연관해서 필연성 아래에 있는 행위자이다"[195)

지금까지의 논의에 따라 인간의 의지 자유에 관한 문제에 대해서 로크는 다음과 같이 결론을 내린다. **자유는 의지에 속하지 않는다.** 따라서 의지의 자유에 관한 물음은 합당하지 않고 전적으로 부적절한 물음이다. 로크의 생각에 의하면 의지는 선호, 지시, 선택, 명령을 포함해 의욕하는 기능이고 이 기능이란 다만 마음이 자신의 생각을 결정하는 힘에 불과하다. 따라서 의지는 하나의 힘에 불과하

---

195) E 2.21.13.

게 된다. 자유도 행위자가 의지하는 바에 따라서 특정한 행위를 하거나 금하기 위해서 그가 가지고 있는 힘이다. 의지도 하나의 힘 또는 능력이고 자유도 또한 하나의 힘이거나 능력이다. "단지 하나의 힘(능력)인 자유는 오직 행위자에게 속하는 것이지, 다만 또 하나의 힘(능력)에 불과한 의지의 속성이나 변양태에 속할 수는 없다."196) 이에 대한 근거로 로크는 힘이란 실체(행위자)의 속성이지 (힘이라는) 속성의 속성은 아니라는 점을 들고 있다. 이러한 관점에서 보면 의지 자유의 문제는 의지를 하나의 실체(행위자)로 볼 수 있는가의 문제가 된다. 그런데 이는 앞서 지적했듯이 로크에게서는 말이 안 되는 소리다.

또한 기능에 관해 또 하나의 잘못되게 말하는 방식을 비판하기 위해 이러한 속성과 실체의 구분을 활용한다. 한 기능이 다른 기능에 작용한다고 언급하는 것은 문제가 있다. 예컨대 의지가 지성에 작용한다거나 지성이 의지에 작용한다고 말하는 것은 노래하는 기능이 춤추는 기능에 작용한다거나 춤추는 기능이 노래하는 기능에 작용한다는 말하는 것과 마찬가지로 합당하지 않다. 로크에 의하면 **작용하는 주체는 속성(기능)이 아니라 실체(행위자)이다.** "또 다른 힘(기능)에 작용하는 것은 하나의 힘(기능)이 아니다. 그것은 이러한 힘들을 작용시키고 행사하는 것, 즉 마음이다. 그러한 행위를 하는 것은 바로 사람이고, 힘을 가지거나 할 수 있는 것은 바로 행위자다. 왜냐하면 힘은 관계이지 행위자가 아니기 때문이다."197)

---

196) E 2.21.14.
197) E 2.21.19.

이러한 논의의 핵심은 의지한다는 관점에서 인간은 자유롭지 않다는 주장이다. 의지한다는 것 즉 의욕은 하나의 행위이고 자유는 행위 하거나 하지 않는 힘에 속하므로 의지한다는 관점(의욕의 관점)에서 인간은 그 능력이 닿는 어떤 행위가 현재 행해져야 한다고 생각되는 경우에는 자유롭지 않다. 그 이유는 "그의 의지에 의존하는 행위가 있어야 한다든가 또는 있지 말아야 한다든가 하는 것이 피할 수 없는 것이기 때문이다. 그리고 그 행위의 존재와 비존재가 그의 의지의 결정과 선호를 완전하게 따르는 것이기 때문에 그는 그 행위의 있음과 없음을 향해 의지하는 것을 피할 수 없다. 그가 하나의 행위 또는 다른 행위를 의지하는 것, 즉 하나를 다른 하나보다 선호하는 것은 절대적으로 필연적이다. 왜냐하면 그 행위들 중의 하나는 반드시 따라 나와야 하고, 정말로 따라 나온 행위는 그의 마음의 선택과 결정, 다시 말하면 그가 그것을 의지함에 의해서 따라 나온 것이기 때문이다. 왜냐하면 그가 그 행위를 의지하지 않았다면 그 행위는 존재하지 않았을 것이기 때문이다. 그래서 의지하는 관점에서 그러한 경우에 있는 사람은 자유롭지 못하다."198) 의지의 차원에서 행위자는 자유가 성립하는 힘, 다시 말하면 행위 하거나 행위를 하지 않는 힘을 갖지 못한다. 이런 경우에 그의 마음은 이 의지하는 바를 삼갈 수 있는 힘을 갖지 못한다. 요컨대, 피할 수 없는 자발적인 행위가 가능한 경우가 있다는 것이다. 인간은 의지할 자유가 존재하지 않는다. 자유는 의지

---

198) E 2.21.23.

와는 무관하다.

이런 식으로 로크가 논의를 하는 이유는 의욕(의지하기)과 의지(기능) 그리고 자유의 혼동된 의미를 분명히 하여야 한다는 자신의 생각을 실행한 것이다. 이 세 용어의 의미가 분명해지면 부당하고 불합리한 언어표현을 비판하고 피할 수 있다고 로크가 생각했기 때문이다. 세 용어의 의미를 다시 확인하면 1. 자유(freedom. liberty)는 행위와 연관되는 것이 아니라 행위의 있고 없음에 연관된다. 즉 자유는 행위자의 의지에 따라서 행동할 수 있고 없는 마음의 힘에서 성립한다. 2. 의욕(volition, willing)은 어떤 행위를 산출하는 것에 맞추도록 자신의 생각을 지시하고 그럼으로써 그 행위를 산출하기 위해 자신의 힘을 발휘하는 마음의 활동이다. 3. 의지(will)는 인간의 움직이고 정지하는 작동 기능들이 그러한 지시에 의존하는 한에서, 그 기능들을 지시하는 마음의 능력일 뿐이다.

이제 로크는 인간의 충동 구조에 관한 결정적인 물음을 제기한다. 무엇이 의지를 규정하는가? 이에 대한 답으로 그는 다음과 같이 말한다. 의지를 규정하는 것은 또 하나의 다른 기능이 아니라 바로 행위자(의 마음)이다. "왜냐하면 이런 저런 특정한 지시에 따라 일반적인 지시하는 능력을 규정하는 것은 다름 아닌 자신이 가진 힘을 그 특정한 방식으로 행사하는 행위자 자체이다."[199] 그러나 이 대답은 아직 충동의 원인에 대한 설명으로는 부족하다. 그래서 그는 앞서의 '무엇이 의지를 규정하는가'라는 물음의 의미를

199) E 2.21.29.

다음과 같이 해석한다. 무엇이 모든 각각의 특정한 경우에 있어서 이런 저런 특정한 운동이나 정지에 맞추도록 마음의 일반적인 지시하는 능력을 결정하도록 마음을 움직이는가? 즉 의지가 아닌 마음(행위자)의 동기는 무엇인가? 이 동기를 로크는 두 가지로 본다.

현 상태나 현 행위를 유지하려는 동기는 이것에 대한 현재의 만족이고 변화의 동기는 불만이다. 그러면 새로운 행위나 상태의 변화를 야기하는 것은 바로 불만이다. 불만은 몸의 온갖 통증과 마음의 불안으로서 좋은 것의 부재나 결여로부터 나온 것이다. 이 부재하는 좋은 것의 결여 때문에 마음이 느끼는 불만이 바로 욕망이다. 로크는 불만과 욕망을 거의 동의어로 사용하는 반면에, 욕망과 의지는 서로 구분되어야 하는 변별적인 마음의 기능들이라고 본다. 왜냐하면 의지를 규정하는 것이 바로 욕망의 불만이기 때문이다. 이 욕망이 바로 행위의 동력원이다. 가장 최대의 좋음은 인간이 바라는 목적이지만 이 목적보다는 좋은 것의 부재를 불만스러워하는 욕망이 의지의, 더 좋은 표현을 하자면 행위자의 동기가 된다.

행위의 동기인 불만으로서의 욕망을 언급한 다음에 로크는 이 욕망을 움직이는 것이 무엇인지를 묻는다. 그는 행복이라고 대답한다. 그는 행복과 불행이 그 끝을 알 수 없는 두 극단이라고 언급한다. 그리고 행복의 정의를 쾌락주의적 관점에서 내린다. "행복이란 가장 충만한 범위에 있어서 우리가 할 수 있는 극도의 쾌락이다. 불행은 극도의 고통이다. 행복이라고 불릴 수 있는 것의 가장 낮은 정도는 그것이 없으면 누구나 만족하지 못하는 만큼의 모든 고통으로부터의 편안함이고 현재의 쾌락이다."[200] 이 행복에는 종류에 따라 여러 크기가 있어서 서른 다른 크기의 행복들이 경쟁하게 되고 이 경쟁에 따라 선호가 생겨난다. 위에서 정의한 것처럼 쾌락을 낳는 것이 좋음이고 고통을 낳는 것이 나쁨이 된다. 따라서 좋음과 나쁨을 제대로 평가하려면 항상 이것들이 비교급이라는 것을 알아야 한다. 그 이유로 로크는 항상 더 큰 쾌락과 더 적은 고통을 일으키는 것이 좋음의 본성이고 그 반대가 나쁨의 본성이라는 명제를 들고 있다. 하지만 모든 좋음이 비록 욕망 일반의 고유한 대상일지라도 모든 좋음이 반드시 모든 각각의 특정한 사람의 욕망을 움직이는 것은 아니다. 왜냐하면 행복을 바라보는 관점이 사람에 따라서 다를 수 있기 때문이다. 그런 이유로 더 큰 가시적인 좋음이 그 크기에 비례하여 반드시 사람들의 욕망을 일으키지는 않는다. 이러한 사실은 인간의 행복과 불행의 본성으로부터 자명하다. 즉, "모든 현재의 고통은 이것이 무엇일지라도 우리 현재의 불행의 일부를 형성한다. 그러나 모든 부재하는 좋음이 항시 우리 현재의 행복의 일부를 형성하는 것도 아니요 그 좋음의 결여가 우리의 불행의 일부를 형성하는 것도 아니다."[201] 이러한 사실 때문에 인간이 비록 소유하지 못한 무한한 정도들의 행복이 있더라도 그가 늘 그리고 무한히 불행하지는 않게 된다. 그래서 인간은 지상에서의 약간의 행복에 만족하면서 자신의 영원한 신분

---

200) E 2.21.42.
201) E 2.21.44.

을 망각하여 자신의 행복에서 천국의 기쁨을 배제하기도 한다. 인간은 불만을 느낄 때만 이것에 대한 적절하고 반복적인 숙고에 의해서 욕망이 생겨나는 것이다. 좋음이 있는 곳에 욕망이 있는 것이 아니라 불만이 있는 곳에 욕망이 있다. 그러므로 불만과 욕망이 일어나기 위해서는 좋음만 그냥 있으면 안 되고, 제안된 좋음에 대해서 충분한 숙고와 검토가 있어야 그 좋음의 가치에 비례해서 그 좋음의 부재에 대한 불만과 그것이 있기를 바라는 욕망이 일어난다.

꼭 불만과 욕망이 좋은 것의 내재적 가치에 따라서 생기는 것은 아니므로 인간이 인생의 행로에서 범하기 쉬운 실수와 오류를 피하기 위해서 "자신의 욕망의 집행과 충족을 연기하는 힘"[202]이 필요하다. 이 힘은 욕망의 대상을 숙고하고, 모든 측면에서 그 대상을 검토하고 이것을 다른 것과 비교해보는 자유의 상태에 있다. 바로 이 점에서 인간이 지닌 자유가 성립한다고 로크는 본다. 바로 이 힘이 모든 자유의 근원이다. 로크가 부적절하다고 생각한 자유의지(free will)라고 불리는 것도 이 힘에서 성립하는 것이라고 그는 본다. 이 자유를 올바르게 사용하지 못하면 바로 앞에서 말한 실수와 오류와 잘못을 인간은 범하게 된다. 이를 막기 위해서 인간은 이러한 힘을 사용하여 의지가 어떤 행위를 하도록 결정되기 전에 그 욕망을 중지하고서 우리가 목표로 하는 것의 좋음과 나쁨에 대해서 검토하고 바라보고 판단하는 기회를 가져야 한다.

---

202) E 2.21.47.

하지만 이렇게 판단하는 것이 인간의 자유를 억제하는 것이 아니라고 로크는 생각한다. 이는 도리어 인간의 자유의 목적이고 사용인 것이다. 도리어 그러한 신중한 판단에 의한 결정으로부터 인간이 멀어질수록 인간은 더 비참한 노예의 상태로 전락하게 된다. 따라서 마음의 완전한 무관심(indifferency)은 인간의 지적 본성과는 어울리지 않으며 인간의 자유의 목적은 자신이 선택한 좋음을 획득한다는 데 있다. 이런 좋고 나쁨에 대한 판단을 하는 (인간 자신의) 마음의 궁극적인 결정을 제외하고 다른 결정에 의해서 인간이 인도된다면 인간은 자유롭지 않다. 따라서 자유와 가장 좋은 것에 의해서 결정하는 것이 서로 양립할 수 없는 것이 아니다.

신도 마찬가지이다. "(무한히 지혜롭고 선하신) 신이 좋지 않은 것을 선택할 수는 없다. 전능하신 자의 자유는 가장 좋은 것에 의해 자신이 규정됨을 방해하지 않는다."203) 따라서 지속적인 행복에 대한 욕망과 그 욕망이 그 행복을 위해 행위 하도록 인간에 설정한 강요가 자유의 축소는 아니라고 로크는 해석한다. **전능하신 신조차도 행복이라는 필연성 아래에 존재한다.** 이러한 견해에 따라서 로크는 자유로운 행위자(free agent)를 "그러한 결정(올바른 안내자에 따라서 이루어진 의지의 결정)이 지시하는 바에 따라서 행위 하거나 행위를 하지 않는 힘이 있는 자"204)라고 규정한다. 그러므로 지성적인 본성의 최고의 완전성은 참답고 단단한 행복에 대한 신중하고 지속적인 추구함에 있느니 만큼 인간 자신에 대한 배려(care)가 자유의 필연적인 기초

---

203) E 2.21.49.
204) E 2.21.50.

가 된다.

이런 식으로 로크는 의지의 결정에 있어서 지식과 숙고와 판단을 이끌어 들인다. 이는 자유로운 행위자가 이성적일 것을 요구하고 있다. 쾌락과 이것의 부재에 의한 불만에 의해서 움직이는 자유로운 행위자는 신중한 이성적 숙고를 통해서만 자신의 자유를 제대로 행사할 수 있다. 의지의 궁극적 안내자는 이성이다. 이 이성적이고 자유로운 행위자가 바로 로크가 그리는 근대적 주체이다. 이 근대적 주체의 자유는 진정한 쾌락을 지속적으로 추구하고 획득하는 데 있으므로 자신들이 여러 사례들을 검토하고 제안한 욕망의 대상이 자신의 목적으로 나가는 길에 있는 것이고 자신들의 최대선인 것의 진정한 일부분인지를 분별하기 전까지는 그 개별적인 사례에서 이러한 쾌락의 성취를 연기할 수 있다. "왜냐하면 그들의 행복을 추구하는 본성의 성향과 경향이 그들이 실수하지 않고 그 행복을 놓치지 않도록 자신들을 돌보는 의무이자 동기이기 때문이다."[205]

이처럼 근대적 주체의 자유의 필연적 토대는 행복으로의 필연성이다. 행복해지라는 정언명령에 따라 근대적 주체는 노동을 통해서 자연과 사회를 개조(분해와 결합)하여 인공적인 최선의 것을 만드는 공작인으로 등장한다. 그러나 공작인이 자신의 지성과 이성을 자유롭게 편견 없이 사용하려면 먼저 감정에 대한 통치가 필요하다. 감정의 통치는 욕망에 너무나 성급하게 순종하는 것을 삼

---

205) E 2.21.52.

가고 감정의 완화와 억제를 요구한다. 이 감정의 통치에 "우리의 행동을 참다운 행복에 올바르게 맞추도록 지시하는 일이 달려 있다."206)

행복이 인간 행위의 궁극적 목적이라면 이 목적으로 가는 첫 번째 단계가 바로 불만의 제거이다. 이는 고대에는 일치했던 목적인과 운동인이 근대 철학적 정신에서는 서로 분리되었다는 것을 보여준다. 따라서 행위의 궁극적 목적으로서의 **행복을 설정하는 행복주의**와 행위의 기본 동력원이 되는 **욕망(충동)을 설정하는 쾌락주의**는 서로 다른 차원에 속하는 것이므로 이 둘을 혼동해서는 아니 된다. 그런데 로크의 윤리학, 특히 그의 도덕 심리학의 특색을 가장 잘 드러내주는 것이 쾌락주의이다. 이는 그가 설정한 근대적 주체로서의 행위자인 공작인(homo faber)에 가장 잘 어울리는 심리구조분석이다. 공작인이 만드는 이유는 자연 상태가 불만족스럽기 때문에 더 나은 가치를 지닌 상태로 변화시키려면 자연에 인위적으로 노동을 가해야 한다는 데 있다. 이는 기독교적인 신의 섭리이다. 로크의 다음의 말은 이 점을 잘 보여준다. "우리는 전지하신 신이 우리의 구조와 틀에 맞게 그리고 의지를 규정하는 것이 무엇인지를 알면서 인간 속에 배고픔과 갈증의 불만과 다른 자연적 욕망을 심어 놓았다는 것을 알고 있다. 그리고 이 욕망들이 제때에 되돌아와서 인간 각자의 보존과 인류의 지속을 위해 그들의 의지를 규정하게 된다."207)

---

206) E 2.21.53.
207) E 2.21.34.

지금까지 논의한 바를 통해서 알게 된 것은 로크의 도덕 심리학이 동기의 쾌락주의와 자유롭고 이성적인 주체관, 그리고 그 밑에 놓여 있는 기독교 신앙의 3중 구조로 되어 있다는 것이다. 그런데 중세와는 달리 근대는 분열과 전쟁의 위기를 격렬하게 경험하였다. 이러한 문화적 위기를 처방하겠다는 야심이 근대의 여러 철학적 프로그램을 낳았다. 로크의 철학도 그 프로그램 중의 하나였다. 그러면 로크는 근대적 주체들의 분열상, 특히 종교적 광신주의와 비관용적 억압에 의한 종교집단들의 분열상을 어떻게 이해하고 있는가? 왜 자유롭고 이성적인 행위자들이 갈등하는가? 이에 대한 진단이나 해결책이 로크의 윤리학의 핵심을 이루겠지만, 실로 로크의 윤리학 내부도 그 자체적으로 갈등과 긴장을 안고 있다.

대표적으로 그의 충동에 관한 동기화 구조와 행위 주체인 행위자에 관한 도덕 심리학이 실천이성적 도덕성에 기반을 둔 도덕 인식론과 쉽게 조화되지 못한다. 이 두 부분은 원칙적으로 서로 화해할 수 없는 갈등 관계에 있다. 이 갈등 관계를 현대 윤리학적 관점으로 표현하면 합리성 대 도덕성의 갈등이 될 수 있다. 즉, 이는 그 유명한 자유주의 윤리학의 딜레마인 합리성과 도덕성 문제를 예견하고 있다. 이 갈등은 다음과 같은 물음으로 제시될 수 있다. '이기적 쾌락 계산을 행하는 행위자가 과연 도덕적 존재자가 될 수 있는가 또는 그가 도덕적 원칙에 복종할 것인가?' 이에 대한 자유주의 윤리학의 전략은 두 가지인데 이 둘 다 결국 실패하고 만다. 자유주의 윤리학은 한편으로 자기 이익을 최대화하려는 전략을 구사하는 합리성으로부터 도덕성을 산출할 수 없고, 다른 한편으로 도덕성으로부터 출발하는 전략을 구사하지만 현실적 구속력을 상실한 형식주의에 머물고 만다.208) 그런데 자유주의 담론의 창설자인 로크는 이 물음에 대한 긍정적 대답을 하기 위해서는 인간은 이기적 존재자의 합리성 외에도 도덕적 (인식과 준수의) 능력을 갖추고 있는 존재자라는 조건을 덧붙여져야 함을 주장한다. 다시 말하자면 그는 위에서 언급한 자유주의자의 두 전략 중 (칸트와 마찬가지로) 후자의 도덕성을 전제하는 전략을 구사한 것이다. 반면에 전자를 대변하는 철학자가 바로 홉스이다. 로크는 홉스의 전략에 있는 문제점을 익히 파악했기 때문에 그는 홉스의 전쟁상태로서의 자연 상태에 대한 견해를 비판하고 이 전쟁상태 이전의 평화로운 상태가 자연 상태에서 존재했었다고 주장한다.209) 로크는 합리성만으로는 도덕성을 산출할 수 없다고 본 것이다. 따라서 도덕성을 존립하게 하기 위해서는 다시 도덕성을 전제하지 않을 수 없게 된 것이다. 이런 순환 논법의 어려움 때문에 그는 『인간 지성론』에서 제시한 증명 윤리학의 체계적 서술을 하지 못하게 되

---

208) 이에 관한 논의로는 김성우, 「롤즈의 자유주의 윤리학에 나타난 합리성과 도덕성 비판」, 『시대와 철학』 10권 1호 (한국철학사상연구회, 1999)을 참조.

209) T 2.6. "자연 상태는 이를 지배하는 자연법을 가지고 있다. 이 자연법이 모두를 구속하고 있다. 그리고 그 법인 이성이 오직 이 이성에게만 자문을 구할 수 있는 모든 인류에게 모두가 평등하고 독립적이기 때문에 어느 누구도 다른 이의 생명과 건강과 재산 또는 소유물을 침해해서는 안 된다는 것을 가르치고 있다."

고 말년에는 이 이성에 근거한 윤리학을 어느 정도 포기하게 된다. 이는 이성의 자율적 윤리학이 그 당시 발생하여 성장 중이던 자본주의 사회에서는 효력이 별로 없음을 그가 인지한 까닭이다.

2. 도덕 인식론

윤리학과 관련하여 로크가 처한 이러한 어려움을 상세히 논하기 전에 먼저 그가 도덕 원칙의 구속력을 확보하기 위해 어떤 노력을 했는지 살펴본다. 로크는 위에서 이미 언급한 단편인 「윤리학 일반에 관하여」에서 "도덕성(윤리학)이 인류의 가장 커다란 일이고 관심사"이므로 주의 깊은 적용과 연구가 필요한 분야라는 점을 들면서 통상적인 견해에서는 신학과 종교 그리고 법학으로부터 구분되는 별도의 학문이고 신학자나 승려 그리고 법률가와는 다른 종류의 사람인 철학자의 고유 영역이라고 취급받아온 사실을 이상하지만 고려할만한 가치가 있는 것이라고 생각한다.

철학자의 직업은 이러한 도덕적 지식을 세상에 설명하고 가르치는 것이고 그 기본적인 사명은 첫째, 자연법의 발견에 대한 논증, 둘째, 이성적210)(rational) 존재자가 순종하려는 관심을 갖게 되는

---

210) 이때 '이성적'이라는 말을 사용하고 '합리적'이라고 말을 사용하지 않은 것은 현대적인 용법에서는 '합리적'이라는 것이 형식주의적 의미에서의 계산적이라는 말로 많이 사용되고 실천이성과는 무관

또 다른 행위 규칙에 대한 비밀스런 파악이다. 한편 승려(종교의 담당자)가 주장한 것은 그의 신이 내리는 직접적인 명령(모든 이교적 숭배의례이 계시를 가장함에도 불구하고 이성은 그 의례를 지지하

한 반면에 지금 여기서 로크가 사용하는 의미는 전자를 꼭 배제하는 것은 아니지만 주로 후자를 함축하고 있음을 염두에 둔 까닭이다. 이 글에서 '이성적'인 것과 '합리적'인 것을 구분하는 것은 롤즈가 『정치적 자유주의』에서 '합당성'과 '합리성'을 구분하는 것과 약간 상응하는 측면이 있다. 롤즈는 분명하게 합리성 개념만을 사용하여 도덕성을 근거 짓고자 하지 않았음을 천명한다. 그는 합리성과 도덕성 외에 합당성의 개념을 도입한다. 합당성이란 1) 협조의 공정한 조건을 제안하고 존중하는 마음자세와 2) 판단의 짐을 인정하고 그 판단의 결과를 수용하려는 마음자세와 관련된다. 어떤 사람들이 합리적이라는 것은 목적의 정당성은 문제로 삼지 않고 현명하게 목적에 대한 수단을 강구하며 그 목적을 달성하려고 하는 것을 의미한다. 어떤 사람들이 타인과 관련해서 합당하다는 것은 그들이 타인과 공통으로 추론할 수 있는 원칙에 의해 자신들의 행위를 기꺼이 통치하려하고 자신들의 행동이 타인들에게 미치는 결과까지 고려한다는 것을 말한다. 그런데 합당하게 되려는 성향이 합리성에서 도출되는 것도 아니고 그것에 반대되는 것도 아니다. 그러나 그 성향은 도덕적으로 행위 하려는 성향과 관련이 있기 때문에 이기주의와는 양립할 수 없다[J. Raw-ls, *Political Liberalism* (Columbia University Press, 199 3), 49쪽. 주1. 앞으로 『정치적 자유주의』로 표기한다]. 이 합당성의 개념은 도덕적 감수성 전체를 포괄하지 않는다. 그것은 공정한 사회 협조의 이념과 연관되는 부분만을 담당한다(같은 책, 51쪽). 이런 이유로 합당성은 합리성과 도덕적 감수성 사이에 위치한다. 합당성은 전체 실전이성의 능력 중에서 공정성과 관련된 부분만을 담당하는 용어이다. 따라서 실천 이성적 능력을 나타내는 '이성적'이라는 말이 롤즈의 '합당성'보다 더 넓은 개념이다.

는 데 있어서 실패한다)이고 법률가가 말하는 것은 정부의 명령이다. 하자만 이들 철학자는 이 규칙들을 거의 그 원천으로 몰고 가지도 않고 천지의 위대한 신의 명령이고 이것에 따라 그 신이 차안의 삶을 마친 인간에게 응보하는 그러한 것이라고 역설하지도 않는다.

철학자들이 그 규칙에 부여하는 최고의 구속력은 미덕과 악덕의 이름들에 의한 명예와 불명예이다. 이러한 미덕과 악덕의 이름들을 철학자들은 자신들의 권위에 의거해서 그 학자들과 백성들에게 구속력이 있는 것이 되도록 시도한다. 다시 말한다면 인간의 법이 없는 경우에도, 그리고 시민적이거나 신적인 인가에 의한 처벌이나 의무(obligation)가 없는 경우에도 여전히 세상에는 정의와 절제나 용기 또는 만취, 절도와 같은 좋고 나쁘게 생각되는 행위의 유형이 존재할 것이라고 로크는 본다. 다시 말해서 미덕과 악덕의 분명한 개념(distinct notion)들이 존재할 것이다.

로크는 이미 앞에서 고찰한 것처럼 도덕 개념이 복잡한 관념 중에서 혼합 양태와 관계에 속한다고 보았다. 따라서 미덕과 악덕의 개념들도 도덕 개념에 속하기 때문에 복잡한 관념에 속하게 된다. 그러나 로크가 보기에는 철학자의 가르침에 의거하여 획득한 미덕과 악덕의 지식 모두는 그 말을 적용하는 법을 알고 바른 이름으로 특정한 행동을 부르기 위해서 전문가들의 용어이든지 아니면 일상 언어이든지 간에 그 말에 대한 정의(定義)를 내리는 것이거나 의미작용일 뿐이다. 그래서 그 지식들은 실제로는 적절하게 말하는 기술에 불과하고 기껏해야 그 철학자가 살고 있는 나라에서 어떤 행동들이 칭찬 받을 수 있는 것인가 아니면 불명예스러운 것인가, 즉 미덕인가 아니면 악덕인가를 아는 것에 불과하다.211) 이러한 문화 상대주의를 피하려면 사회의 법외에도 우월한 법 또는 의무가 존재하지 않으면 안 된다.212) 다시 말해서 보편적인 도덕 원칙이 존재해야 한다.

이교도 철학자들의 문화적이고 윤리적인 상대성을 분석하고 이에 대한 기독교적인 도덕 원칙의 보편성으로 이를 극복하는 전략이 이「윤리학 일반에 관하여」에서 잘 드러난다. 상대적인 도덕 기준(덕)은 각 나라의 풍습에 의거한 것이므로 도덕에 대한 지식을 개선하지 않고 단지 그 풍습에 적합하게 말하는 방식에 지나지 않는다. 이것이 바로 스콜라학파들의 공통적 윤리학에 포함되어 있는 지식이다. 이러한 지식은 어떤 복잡 관념의 올바른 이름과 적절하게 말하는 기술을 아는 것에 지나지 않는다. 그래서 아리스토텔레스의 권위 위에 세워진 스콜라학파들의 윤리학은 자신들의 언어를 사용하는 것 외에는 도덕성에 대해서 아무것도 가르치지 않는다. 이 윤리학 학파들은 언어의 대가(master)에 불과할 뿐, 실제로 도덕이 제대로 된 자신의 일을 하지 못하게 한다.

그러나 도덕성의 목적과 용도는 인간의 삶을 지도하고 무엇이 좋은 행위이고 무엇이 나쁜 것인지를 보여줌으로써 인간이 좋은 일을 하고 나쁜 일을 피하도록 준비시키는 것이다. 이 도덕성과 연관하여 좋은 일을 하고 나쁜 일을 피하는 도덕적 행위는 지성을 갖추고 자유로운 행위자의 선택에 의존한다. 그리고 지성을 갖추고 자유로운

---

211) "Of Ethics in General" (『정치논문집』, p.298~9).
212) 같은 책, 299쪽.

행위자라면 자연적으로 자신에게 쾌락을 일으키는 것을 따르고 고통을 일으키는 것을 피한다. 즉, 행복을 추구하고 불행을 회피한다. 그런데 좋음과 나쁨은 관계적(상대적) 용어들이기 때문에 사물의 본성 속에 있는 어떤 것도 지시하지 않고 다만 그 용어가 자신 속에서 쾌락과 고통을 산출하는 적합성과 경향성 속에서 다른 용어와 맺고 있는 관계만을 지시한다. 그래서 한 인간에게 좋은 것이 다른 인간에게 나쁜 것이 될 수 있다.

그렇다면 도덕적으로 좋은 것과 자연적으로 나쁜 것을 구분하는 것은 그 쾌락과 고통이 자연적인 사물의 효과인가 아니면 지성적이고 자유로운 행위자의 의지의 개입에 의한, 다시 말해서 그 능력의 개입에 의한 결과인가에 달려 있다. 자유롭고 지성적인 행위자의 동기가 제한이 되는 것은 오로지 좋음과 나쁨에 대한 고찰(쾌락 계산=합리성)이다. 그런데 학파나 철학자의 도덕적 언어 사용은 단지 적절하게 말하기에 불과하고 만인의 척도가 되는 보편적이고 공통적인 법(도덕규범)을 제시하지 못한다. 처벌과 보상이라는 그 법을 집행하는 장치가 존재할 때에만 도덕성은 힘(구속력)을 가지게 된다. "행위자들에게 명령하고 금하는 법을 보여주지 않는다면 도덕적 좋음은 단지 공허한 말에 불과하고 학파들이 여기서 미덕과 악덕이라고 부르는 그러한 행위들이 단지 동일한 권위에 의해서 다른 나라에서는 정반대의 이름으로 불리는 경우도 있다."213)

철학자의 법과는 다른 기초를 지니고 있는 도덕성(인간 행위의

---

213) 같은 책, 302쪽.

규칙)이 존재하고 이는 다른 방식으로 알려진다. 그리고 이 도덕규범은 인간 자신이 만든 것이 아니라 인간을 위해 존재하는 것이다. 이 규범은 인간의 일탈을 처벌할 힘을 가지고 있는 또 다른 (우월한) 존재자의 선포된 의지, 곧 법이다. 이 법이 적절하고 참답게 좋음과 나쁨의 규칙이 된다. 왜냐하면 인간의 행위가 이 법과 일치하느냐 아니면 불일치하느냐에 따라서 인간에게 좋음이 오기도 하고 나쁨이 오기도 하기 때문이다. 철학자의 법과 신법이나 시민법과의 차이는 한편으로 잘 사는 것이나 행복을 획득하는 것과 다른 한편으로 적절하게 말하거나 말의 의미를 이해하는 것의 차이와 비슷하다.

철학자의 법과 관련된 개념은 단순 관념들을 모아서 생겨나게 하는 것으로 미덕과 악덕의 이름으로 간주하는 것에 의해서 부른다. 이와는 다른 법의 관념은 우리가 우월한 권력에 의해서 우리에게 세워진 규칙으로부터 인간에게 주어지는 것이다. 그러나 이 법에 대한 지식을 가지기 위해서는 우선 모든 인류에게 보상과 처벌의 능력과 의지를 지닌 입법자를 알리지 않으면 안 된다. 그리고 두 번째로 어떻게 그 입법자가 자신의 의지와 법을 선언했는지를 보여주지 않으면 안 된다. 따라서 이 입법자로서의 신의 존재와 그의 의지인 자연법을 언급해야 한다. 이러한 언급이 있기 전까지는 단지 그 규칙이 전제될 뿐이다. 이러한 상황에서 먼저 단지 그 규칙이 단순 관념들의 관점에서 분석되고 설명될 수 있음을 보여준다. 그 다음으로 이 법이 인간에게 알려지거나 알려졌다고 전제된 경우에 인간이 이 규칙과 맺는 관계를, 다시 말해서 이 규칙에 대한 일치와 불일치를 어떤 다른 관념만큼이나 쉽고 분명하게 알 수 있다는 것을 언급한다. 마지막으로 우리가 도덕적 관념을 어떤 다른 관념 외에도 지니고 있다는 것과, 이 도덕적 관념에 여타의 관념들과 같은 방식으로 도달하게 된다는 것과, 그리고 그 관념들이 단순 관념의 집합에 불과하여 본유관념들이 아니라는 것을 보여준다.

도덕 행위란 (혼합)양태이다. 다시 말해서 단순 관념들의 정확한 모임으로써 구성된 행위이다. 그러나 이 혼합 양태라는 사실로써 이 행위들이 좋은 것인지 나쁜 것인지 또는 미덕인지 악덕인지를 결정할 수는 없다. 그 행위들이 그에 해당하는 법과 관련해서만 그 행위들이 좋은 것이거나 나쁜 것이라고 또는 미덕이거나 악덕이라고 불린다. 예컨대 칭찬 받는 것이라는 그리스 말인 엔트라펠리아(Εντραπελια)는 이를 형성하기 위해서 합쳐진 단순 관념들의 모임인 특정한 유형의 행위인데 엔트라펠리아라고 불리는 이 단순 관념들의 모임을 미덕이나 악덕이라고 불리기 위해서는 어떤 도덕규범의 모임에 비교함으로써만 알려질 수 있다. 복합 관념의 일종인 양태에 속하는 여러 도덕적 개념들이 좋거나 나쁘다는 또는 미덕이거나 악덕이라는 도덕적 평가를 받기 위해서, 그리고 그 자체로 구속력이 있는 삶의 규칙이 되기 위해서는 법에 관계해야 한다. 이럴 경우 그 혼합 양태는 관계의 고찰 대상이 된다.

그러므로 도덕성을 그 자체로 구속력(obligation)을 지닌 그 고유한 토대 위에 세우기 위해서는 법을 먼저 입증해야 한다. 그리고 이 법은 우월성과 명하는 권리를 지니고 있으면서 자신에 의해서 세워진 법의 기조(基調)에 따라 보상하고 처벌하는 힘을 지니고 있는 입법자를 전제한다. 이와 같이 인간의 행위에 규칙과 경계를 정하는 최고 주권을 쥔 입법자는 신이다. 이 신이 바로 그 인간들의 창조자이다. 이 신의 존재는 이미 입증214)되었다. 그 다음에 모든 인간이 자신들의 행위를 복종시켜야 하는 신의 의지로서의 어떤 규칙이나 명령이 존재함을 보여주어야 한다. 그리고 그 신의 의지가 충분히 만인에게 공포되고 알려졌다는 것을 보여주어야 한다.215)

로크가 철학자의 도덕 원칙과 신의 도덕 원칙에 대하여 생각한 바를 더 잘 파악하기 위해서는 로크가 『인간지성론』 2권 28장인 '다른 관계들에 관해서'에서 논의한 세 가지 법에 대한 논의를 분석할 필요가 있다. **법은 로크에게 있어서는 단순한 실정법이 아니라 이를 포함한 더 포괄적인 도덕규범을 가리킨다.** 로크의 도덕 철학 또는 윤리학은 크게 두 부분으로 되어 있음을 앞에서 지적하였다. 한 부분은 도덕 인식론으로서 인간의 행위의 준거가 되는 최고의 도덕규범의 존재와 이에 대한 인식가능성과 그 인식의 성격을 논한다. 다른 부분은 도덕 심리학으로서 이 규범에 준수의 동기가 되는 인간의 충동 구조를 규명한다. 문제는 도덕 심리학은 (슈트라우스가 지적한 바대로) 근대의 쾌락주의적 요소와 공리주의적 요소가 강하다. 반면에 도덕 인식론의 핵심이 되는 최고의 도덕규범은 전통적인 기독교적인 풍취가 강하다. 이는 로크가 참

---

214) 로크는 『자연법론』에서 설계에 의한 신존재 증명을 시도했다.
215) "Of Ethics in General" (『정치논문집』, p.302~4).

다운 도덕성의 근거로 신의 의지와 법을 들고 있다는 점에서 잘 드러난다.216) 다시 말해서 그는 여러 도덕규범 중에서 기독교적인 것을 최고이며 참다운 것으로 평가한다. 하지만 다른 규범들을 무조건적으로 내버리는 것이 아니라 이 기독교적 규범을 정점으로 하여 그 규범들을 위계적으로 질서화 한다. 규범의 위계적 체계화가 『인간지성론』의 2권 28장인 '다른 관계들에 관하여'에서 다루어진다. 이미 확실성의 인식론과 증명 윤리학이 다루어진 부분에서 밝혀진 것처럼 로크는 도덕에 관한 관념들을 혼합양태와 관계의 관념으로 취급한다. 그런데 도덕적인 좋음과 나쁨이 인간 행위의 법에 대한 관계이므로 이는 관계에 속하게 된다.217) 그래서 인간 행위의 도덕성의 근거가 되는 규범의 삼중 구조가 관계의 장에서 나타나게 된다.

이 세 가지 법에 대한 논의는 후에 더 자세히 밝히겠지만 로크의 **도덕 원칙의 삼중 구조**를 잘 드러내주는 대목이다. 먼저 로크는 자신이 정의한 좋음과 나쁨에 도덕적이라는 형용사를 붙이기 위해서는 법(도덕규범)을 준수할 필요가 있음을 밝힌다. 좋음과 나쁨을 단지 쾌락과 고통 또는 이런 감정들을 발생시키거나 획득시켜주는 것이라고 쾌락주의의 관점에서 정의한다. 하지만 도덕은 단순한 쾌락 계산(합리성)으로부터는 나올 수 없다. 이 합리성 외에 다른 장치를 요구한다. 도덕성은 도덕성으로부터 나오거나 아니면 법적 제재로부터 나온다. 로크는 두 번째로 법률적 관점을

---

216) E 1.3.6.
217) E 2.28.17.

취한다. 도덕성은 신의 처벌과 보상이 전제될 때 생겨난다. 이 보상과 처벌은 주어진 법에 대한 준수와 위반의 정도를 평가해서 주어진다. 로크는 이러한 도덕성에 대한 법률적 관점을 다음과 같이 언급한다. "그러하다면 도덕적 좋음과 나쁨은 단지 어떤 법에 대한 우리의 행위의 순종과 불일치이다. 컵제정자의 의지와 힘으로부터 이 법이 우리에게로 좋음과 나쁨을 끌어들인다. 즉, 신의 섭리에 의해서 그 법에 대한 우리의 준수와 위반에 따라다니는 그 좋음과 나쁨, 쾌락과 고통이 보상과 처벌이라고 불리는 것이다."218) 도덕성은 법에 대한 행위의 준수 여부에 의해서 생겨나는 것이므로 도덕성의 종류는 법의 종류에 따라 구분된다. 그런데 로크는 법을 세 가지로 구분한다. 따라서 로크의 도덕성(도덕원칙)도 삼중적인 구조를 지니게 된다.

로크는 "도덕규범인 법"을 세 가지로 구분한다. 세 가지는 상이한 구속력 즉 보상과 처벌을 지닌다.219) 이러한 구속력이 없는 도덕규범을 가정한다는 것은 아무런 효과 없는 무의미한 짓에 불과하다. "법을 가정에는 경우에는 반드시 그 법에 부가되는 어떤 처벌과 보

---

218) E 2.28.5.
219) 이렇게 도덕성이 보상과 처벌이라는 사법적 관점에서 다루어지므로 로크의 윤리학은 칸트가 성취한 내면적 보편 윤리로서의 도덕성이 결여되어 있다. 헤겔이 언급한 대로 추상법의 차원에 머물고 있다. 하지만 오늘날과 같이 윤리와 법이 서로 소원한 "이중적 소외 상태"에 빠져 있지 않고 적극적으로 양자의 결합을 추구하고 있다. 이런 점에서 로크는 시종일관 윤리학을 정치적 관심에서 다루었음이 드러난다.

상을 가정해야 한다." 보상 및 처벌과 관련된 좋음과 나쁨은 행위 자체의 자연적인 산물이거나 결과가 아니다. 바로 이것이 로크가 생각한 "법의 진정한 본성"[220]이다. 이러한 로크의 생각에는 기독교적 심판자로서의 신의 성격이 강하게 전제되어 있다. 법이란 사람들이 자신들의 행위의 옳고 그름을 판단하기 위해서 행위의 준거로 삼는 것으로 다음의 세 가지가 있다. 1. 신법(the divine law), 2. 시민법(the civil law), 3. 의견이나 평판의 법(the law of opinion or reputation). 사람들은 신법에 의해서 자신들의 행위의 죄악과 의무(sins and duties)를, 시민법에 의해서 유죄와 무죄(criminal and innocent)를, 의견이나 평판의 법에 의해서 미덕과 악덕 (virtues and vices)을 판단한다.[221]

첫 번째로 신법은 신이 자연의 빛과 계시에 의해서 인간에게 선포한 법이다. 계시에 의한 신법은 구약과 신약에 기록되어 있고 자연의 빛(인간의 이성, 또는 주의 촛불)에 의한 법은 자연법을 가리킨다. 그러나 나중에 이 자연법에 대한 논의가 『인간지성론』에서는 체계적으로 다루어지지 않는다. 로크는 자신이 그 당시 유행하던 본유관념설을 비판했으므로 이와는 다른 관점에서 신법의 존재와 인식에 대해서 체계적으로 논구하는 부분이 실제로 필요했다. 그런데 그는 자신이 제시한 증명 윤리학적 기획에서 이러한 논의를 끌어낼 수 있다고 믿었음이 분명하다. 그래서인지는 몰라도 『인간지성론』에서 단순히 자연법을 포함한 신법 일반에 대한

---

220) E 2.28.6.
221) E 2.28.7.

메타적 논의와 증명 윤리학적 기획만이 제시된다. 이로 인해 로크의 윤리학의 정체에 대한 논란과 관심이 불러일으켜지게 된다. 실제로 『인간지성론』의 이 절에서 로크는 신법을 전제할 뿐 신법에 대한 인식 가능성에 대한 정당화 담론을 결여하고 있다. 그가 이 신법을 정당화하기 위해 대는 그 근거가 매우 빈약하다. 근거는 두 가지이다. 한 가지 근거는 신이 인간에게 자신을 다스릴 규칙을 주었다는 것을 부정할 만큼 비이성적이고 야만적인 사람은 존재하지 않는다는 것이다. 또 다른 근거는 인간은 신의 피조물이므로 신은 그런 식으로 규칙을 인간에게 부여할 권리를 지닌다는 것이다. 더구나 이 규칙이 인간을 행복으로 인도한다는 것이다. 이는 이미 다른 작은 단편에서 신의 속성으로 증명된 신의 지혜와 선함에서 기원한 것이기 때문이다. 또한 이 규칙은 법답기 위해서 갖추어야할 구속력이 있다. 신은 "무한한 무게와 지속력이 있는 보상과 처벌에 의해서 그 규칙을 집행할 힘을 가지고 있다. 왜냐하면 아무도 그의 손아귀에서 벗어날 수 없기 때문이다."이 집행력은 신의 전능함에 있다. 이 전능한 신이 인간의 행위와 자신이 선포한 법을 비교해서 인간에게 영원한 행복과 불행을 내린다. 바로 이러한 신법이 "도덕적 올바름의 유일하고 진정한 시금석"222)이 된다. 이는 이미 지적한 것처럼 로크 윤리학의 기독교적 성격을 잘 보여주고 있다.223)

---

222) E 2.28.8.
223) 근대 윤리학이 무조건 기독교에 대한 결별에서 출발한 것이 아니라 기독교에 대한 비전통적인(근대적인) 해석을 뿌리로 하고 있음이 로크의 윤리학에서 잘 드러난다. 근대성은 기독교적인

로크가 언급하는 두 번째 법은 시민법이다. 시민법은 국가(the commonwealth)가 그 국민의 행위에 설정한 규칙으로서 인간이 자신의 행동이 범죄인지 아닌지를 판단하기 위해서 준거로 삼는 규칙이다. 그런데 어느 누구도 이 법을 간과할 수 없는 이유는 그 법을 집행하는 보상과 처벌이 그 법을 만든 권력의 손 가까이에 있고 그 권력에 적합하다는 것이다. 바로 그 권력이 "국가의 물리력(the force)"이다. 이 국가의 물리력은 그 법에 따라 사는 국민들의 생명과 자유와 재산을 보호하는 데 관여하고 불복종하는 자에게서 생명, 자유 또는 물건을 박탈한다. 이러한 박탈이 이 시민법을 위반한 범죄에 대한 처벌이 된다.224) 이 법을 제정하는 (로크적 의미에서의 시민 사회인) 국가의 기원과 정치권력의 발생은 『정부론』에서 취급된다. 그러므로 『정부론』은 첫 번째 법인 신법(특히 자연의 빛에 의해 파악된 신법으로서의 자연법)을 해명하지 않고 단지 전제로 삼아 규범적 정치 윤리학을 전개한다. 로크 식으로 말한다면 『정부론』은 정치학의 기본 원칙에 대한 기하학적

것과 그리스적인 것의 기묘한 결합에 의해서 생성된 것이다. 하지만 그리스적인 계몽주의(신화로부터 이성으로의 이행 과정)가 도로 기독교에 적용되면서 근대성은 기독교와 결별하게 된다. 로크 윤리학의 긴장과 갈등 그리고 모순은 바로 이러한 탈마법화의 과정에 의해서 생겨나게 된다. 그래서 로크에게 조화로울 수 있던 것이 우리에게는 비일관적이고 모순되게 보이는 것이다. 로크 철학 자체의 무신론적 성격도 이에서 비롯한 것이다. 이에 대한 우려가 그의 논적들, 특히 버클리에게서 잘 드러난다.

224) E 2.28.9.

정초를 수행한다.225)

세 번째 법은 앞서 「윤리학 일반에 관하여」에서 신의 명령에 의거한 신법 및 정부의 명령에 의거한 시민법과는 다르다고 말해진 철학자의 법이다. 이 법은 미덕과 악덕의 척도가 된다. 이 법을 로크는 의견(여론)과 평판의 법이라고 명명한다. 그 이유에 대해서는 이미 앞에서 이 단편을 취급할 때 언급되었다. 인간이 국가 공동체의 일원이 된 이후에도 여전히 그 시민법과는 무관하게 어떤 행위에 대해서 좋게 생각하거나 나쁘게 생각하는 힘을 간직하고 있기 때문에 그러한 미덕과 악덕이 정치사회와는 무관하게 성립하게 되는 것이다. 이 좋게 생각하거나 나쁘게 생각한다는 것은 시인하거나 부인한다 또는 칭찬하거나 비난한다 또는 좋아하거나 싫어한다는 것을 의미한다. 하지만 비교 인류학적 지식에 비추어 본다면 나라마다 미덕과 악덕에 속하는 행위가 다를 뿐만 아니라 심지어 한 곳에서 미덕이라고 불리는 행위가 다른 나라에서는 악덕이라고 취급되기도 한다. 이는 그 나라의 판단과 준칙이 되는 풍습에 따른 것이다. 이런 점에서 이 철학자의 법은 최고로 적용될 경우에만 신법과 일치할 뿐 인류 전체의 보편적 척도가 되기는 힘들다.226)

철학자의 법이(여러 나라에서) 외견상 불일치함에도 불구하고 로크는 이 법의 공통적 요소를 끄집어낸다. "어디서나 미덕은 칭찬과, 악덕은 비난과 함께 쓰인다. 미덕은 어디서나 칭찬할만하다

---

225) 이렇게 보다면 『인간지성론』에서 논의된 로크의 일부 기획이 정치학에 적용된 것이 『정부론』이라고 볼 수 있다.
226) E 2.28.10.

고 생각되는 것이고, 여론(public esteem)에 의해서만 허락된 것이 바로 미덕이다. 미덕과 칭찬은 종종 동일한 이름으로 불릴 정도로 결합되어 있다." 이렇게 언급한 다음에 그 예로 로크는 로마의 베르질리우스와 키케로의 말을 인용한다. 비록 인간들의 상이한 기질, 교육 정도, 풍습, 준칙, 이해관심에 따라서 비록 앞서 언급한 차이나 변화가 있기는 해도, 대체로 이교 철학자의 법도 어디서나 동일한 것을 간직하고 있다. "왜냐하면 누구나 이익이라고 생각하는 것을 존경과 명성으로 용기를 북돋우면서 그 반대의 것을 비난하고 창피를 주는 것보다 더 자연스러운 것은 존재하지 않으므로, 존경과 불신, 즉 미덕과 악덕이 대개 어디서나 신법이 설정한 옳고 그름의 불변의 규칙에 상응해야 하기 때문이다." 로크는 기독교의 윤리 원칙이 인류의 일반적 행복을 보장하는 보편적인 윤리라는 생각을 고수하기 때문에 이교도 철학자의 도덕 원칙도 이 기독교의 윤리에 상응해야 한다고 주장하는 것이다.

로크에 의하면, 이성과 상식을 갖추고 있는 인간이라면 그른 것을 옳다고 할 정도로 부패하지는 않고 심지어 예절이 타락했더라도 미덕과 악덕의 기준이 되어야 하는 자연법의 참다운 경계를 잘 보존해왔다.[227] 하지만 단지 입법의 권위를 가지지 못한 사적 인간들의 동의에 지나지 않는 철학자의 법도 법이기에 구속력을 지니고 있다. 이러한 구속력의 원인이 앞서 말한 대로 찬사와 불명예이다. 그런데 이러한 찬사와 불명예를 인간 행위의 강력한 동기로 여기지 않는 사람이 있다면 로크에 의한다면 이 사람은 인류의

---

227) E 2.28.11.

본성과 역사를 제대로 파악하지 못한 자이다. 신법과 국가의 법에 대해서 반성하거나 진지하게 생각하지 않고 어찌어찌해서 그 구속력에서 벗어날 수 있다고 믿는 사람도 자신이 교제하고 있는 사람들의 풍습과 의견에 따르는 비난과 혐오의 벌을 피할 수는 없다. 또는 이러한 비난을 항상 견딜 정도로 완고하고 둔감한 사람도 거의 없을 것이다. 그러한 사람이 있다면 그는 이상하고도 별난 기질의 소유자이어서 정상적인 이성과 상식을 갖지 못한 자일 것이다. 다시 말해서 그는 사귐을 기피하는 비정상적인 인물이거나, 아니면 사귐을 좋아한다 해도 모순된 기질의 소유자일 것이다. 왜냐하면 친구와의 사교에서 즐거움을 누리면서도 친구의 비난에 둔감하다면 이는 화해할 수 없는 모순에 맞닥뜨리기 때문이다.228)

이 세 가지 법(즉, 신법, 정치사회의 법, 풍습이나 사적 비난의 법)이 도덕적 좋음과 나쁨의 규범이 된다. 그러므로 도덕성이란 이 규범에 대한 인간 행위의 관계가 된다. 이 관계가 바로 도덕적 관계이다. 이 관계 관념도 다른 관계의 개념과 마찬가지로 단순 관념에 바탕을 두고 있다. 다시 말해서 단순 관념들의 관점에서 모든 도덕적 개념은 설명될 수 있다. 로크는 『인간지성론』의 1권에서 본유관념설을 비판하였으므로 이 이론과는 다르게 관념의 발생에 관한 이론을 정립하지 않으면 안 되었다. 그래서 그는 2권에서 관념의 경험론적 기원 분석을 시도한다. 그는 자연학과 관련된 관념뿐만 아니라 윤리학과 관련된 관념에도 이 경험론적 분석을

---

228) E 2.28.12.

적용한다. 2권에서 드러난 로크의 도덕 인식론은 경험론적인 것처럼 보인다. 하지만 이 인식론은 이미 언급한 대로 도덕 지식의 재료인 관념 분석에서만 경험론적이고, 정작 도덕 지식에 관해 본격적으로 다루어지는 4권에서는 합리론적인 요소가 두드러진다. 이 합리론적인 측면은 증명 윤리학적 기획에서 절정에 도달한다. 즉 인간 행위의 척도가 기하학과 마찬가지로 체계적으로 선험적인 차원에서 마련될 수 있다고 로크는 생각한 것이다. 이렇게 본다면 로크의 도덕 인식론은 **혼합 양태 및 관계에 대한 분석과 이를 기반으로 한 증명 윤리학적 기획을 위한 도덕적 지식에 관한 논의로** 이루어져 있다. 로크의 도덕 인식론의 합리주의는 (데카르트 식의) 합리주의에서 본유관념설을 뺀 것으로 간주할 수 있다. 그래서 그는 관념 발생 이론에 경험주의를 채택하였을 것이다.229) 그러나 기본적으로 로크의 도덕 인식론은 합리주의적이다.

---

229) 로크의 경험주의로부터 본유관념설 비판이 나왔다고 주장하는 기존의 표준적 해석이 지니는 문제점을 분석하고 로크의 입장을 흄의 입장과 동일시할 수는 없다고 주장하면서 오히려 반대로 본유관념설 비판으로부터 경험주의가 따라 나왔으며 본유관념설 비판은 로크의 심성(mentality)의 이론에 의존하고 있음을 주장한 논문으로는 Margaret Atherton, "Locke and the Issue over Innateness", in ed. V. Chappell, *Locke* (Oxford University Press, 1998), pp.48~59를 참조.

3.계시 윤리학으로의 복귀

로크는 여러 문명의 도덕적 관행에 대하여 해박한 지식(비교 인류학)을 소유하고 있었다. 따라서 이로부터 도덕적 규범의 상대성을 인식하게 되었고 이러한 상대성을 극복하기 위해서 그가 많이 영향을 받은 신에피쿠로스적 요소(쾌락주의) 외에 플라톤적인 윤리학의 접근 방식을 채택하지 않을 수밖에 없었다. 그러면서도 그 당시 캠브리지 플라톤 학파의 (상기설에 기반이 되는) 본유관념론을 비판하는 입장을 취하기 때문에 로크 윤리학에 "특이한 꼬임"[230]이 생겨난다. 본유관념을 비판하면서도 수학적인 필연성으로부터 도덕적 규범과 의무의 필연적 구속력을 확보하려는 증명 윤리학의 시도는 종교 전쟁으로 인한 분열(광신주의)로 생겨난 유럽 문명의 위기를 계시가 아닌 이성의 능력으로 극복해보고자 하는 로크의 열망을 잘 보여준다. 그는 (독사적 실천을 통해) 종교적 광신주의를 극복하면서도 윤리 규범의 이성적 정초를 통해 확고한 규범적 근거를 마련하고자 한다. 이러한 시도인 증명 윤리학은 앞장에서 밝힌 것처럼 소위 증명이 그러하듯이 자신의 체계의 제일 원칙(공리)을 입증할 수 없을 뿐만 아니라 로크처럼 본유관념론을 거부한 경우에 그 원칙에 대한 인식도 결코 쉬운 것이 아니다. 더

---

230) 같은 책, 55면, 주1. 이 주에서 이 책의 편집자인 폰 라이덴은 로크 윤리학은 입법 윤리학(a legislative ethics)에 대한 주장과 윤리학에 대한 플라톤적인 접근을 결합한데서 그 꼬임이 기원한다고 생각한다.

군다나 로크는 만족할 만한 윤리학적 체계를 제시하지 못했다. 게다가 그의 충동에 관한 동기화 구조를 밝히는 도덕 심리학이 이러한 도덕 인식론과 쉽게 조화되지 못한다. 이는 그 유명한 자유주의 윤리학의 딜레마인 합리성과 도덕성 문제를 예견하고 있다.

자유주의 윤리학은 자기 이익을 최대화하려는 전략을 구사하는 합리성으로부터 도덕성을 산출할 수 없고 도덕성으로부터 출발하면 현실적 구속력을 상실한 형식주의에 머물고 만다. 이러한 문제점을 느낀 로크는 후기의 『기독교의 합당성』에서 증명 윤리학 대신 다시 계시 윤리학(기독교 윤리학)으로 되돌아간다. "(계시에 의해) 도움 받지 않은 이성이 분명하고도 설득력 있게 도덕성을 그 모든 부분에 걸쳐서 그 참다운 토대에 세우는 것은 매우 힘든 작업이다. 그리고 명백히 신이 보내고 그로부터 가시적인 권위를 부여받은 자가 왕과 입법자로서 인류 중 대다수의 속인들에게 이성의 길고도 때론 복잡한 연역을 완전히 행하도록 내버려두기보다는 그들의 의무를 선포하고 그들의 복종을 요구하는 것이 적어도 그들에겐 더 확실하고 쉬운 길이다. 인류 대다수에게는 그러한 추론의 연쇄를 숙고할 만한 여가가 없고 교육과 훈련 부족으로 그것을 판단할 만한 기술도 결여되어 있다. 우리는 우리 구세주가 오기 전에 어떻게 이런 것에 대한 철학자들의 시도가 성공하지 못했는지를 알고 있다. 어떻게 해서 그들의 몇몇 체계가 참답고 완전한 도덕성의 완벽성에 미치지 못하는가는 매우 분명하다. 그리고 그 이후로 기독교 철학자들이 체계들을 아주 많이 다듬었지만 그들이 덧붙인 진리들의 최초의 지식은 계시 덕분이라는 사실을 우리는 관찰할 수 있다. …… 경험이 보여주듯이 도덕성의 지식은 이 세상에서 단지 자연의 빛에 의해서는 대단히 느린 진전이 이루어지거나 거의 안 이루어진다."231) 도덕성의 기초 확보를 위해 로크는 다시 이렇게 계시로 후퇴하고 만다.

이 장을 정리해본다면 로크의 도덕 인식론은 이성, 즉 지성과 의지를 갖춘 자유로운 행위자가 준거로 삼아야 하는 도덕적 기준의 기하학적 정초라고 한다면 그의 도덕 심리학은 이 행위자의 동기 구조를 보여주는 경험론적인 쾌락주의적 입장이라고 할 수 있다. 이 쾌락주의는 홉스 식의 유물론적 쾌락주의가 아니라 기독교적인 쾌락주의이다.232) 그리고 로크가 생각하는 최고의 윤리학적 원칙은 기독교적인 신법이다. 이 기독교 신앙이라는 매개가 로크의 도덕 인식론과 도덕 심리학을 이어주고 있다. 하지만 탈마법화된 세계인 현대의 관점에서는 이 두 가지 이론이 합치할 수 없는 상호모순적인 것으로 드러난다. 쾌락주의적 합리성과 이성적 도덕 원칙의 도덕성을 매개할 수 있는 요소가 로크의 자유주의적 윤리학에서는 나타나지 않는다. 그래서 그가 기획한 증명 윤리학도 파산하고 만다. 그는 자신이 기획한대로 증명 윤리학의 체계를 제시하지 못했다. 그는 메타 윤리학적인 형식주의 윤리학을 제시했을 뿐 이를 실질적 규범 윤리학으로 구체화하지 못한다. 비록 그가 그 기획의 일부를 정치학에 적용하여 『정부론』을 썼지만 이 책의

---

231) 『기독교의 합당성』, p.139∼140.
232) R. I. Aaron, *John Locke* (Oxford University Press, 1955), p.257.

전제가 되는 자연법적 윤리학에 대한 체계적 저작을 발간하지 못했다. 그는 (실천) 이성에 의거한 윤리학을 구상했지만 이 윤리학이 실제로 작동할 수 없음을 알고 다시 계시 윤리학으로 돌아가고 만다. 이성 윤리학이 실패하고 만다.

제6장 도덕규범의 두 원천인 이성과 계시

1. 계시의 기준으로서의 이성

로크는 신앙이 가장 높은 근거(reason=이성)에 기초를 둔 동의에 지나지 않는다고 말한다.[233] 로크의 철학에서 신앙과 이성의 관계를 탐구하기 앞서 우선 이성이라는 말이 복잡하기 때문에 이성의 여러 용법을 살펴본다. 로크가 이성을 체계적으로 다룬 부분은 『인간지성론』의 4권 17장인 '이성에 관하여'이다. 우선 1절에서 로크는 이성이라는 말이 영어에서 여러 가지의 의미를 가지고 있음을 지적한다. 첫 번째로 이성은 참답고 선명한 원리를 가리킨다. 두 번째로 이성은 이러한 원리들로부터의 선명하고 공정한 연역을 의미한다. 세 번째로 이성은 목적인을 뜻한다. 그런데 로크는 이 세 가지 통상적인 용법들 외에도 이성의 다른 의미를 언급

---

233) E 4.16.14.

한다. 네 번째로 이성은 인간의 한 기능을 나타낸다. 이 기능을 통해서 인간은 짐승으로부터 구별되고 짐승을 능가하게 된다.

내적 지각(반성)과 외적 감각 외에도 다른 기능이 필요한가라고 로크는 물음을 제기한다. 이 물음은 다음의 물음과 같을 것이다. "이성은 어떤 용도가 있는가?"[234] 이때의 이성은 기능으로서의 이성이다. 로크에게 있어서 기능인 이성의 큰 용도는 두 가지이다. 하나는 사변적인 용도이고 다른 하나는 실천적인 용도이다. "지성적 기능은 순전히 사변만을 위해서가 아니라 인간의 삶을 인도하기 위해서 인간에 주어진 것"[235]이다.

사변적인 용도는 인간의 지식을 확장하기 위한 것이고, 실천적인 용도는 인간의 동의를 규제하기 위한 것이다. 다시 말해서 이성은 지식과 의견의 양 분야에서 다 소용되는 것이다. 이성은 확실성이 보장되는 수학과 증명 윤리학(규범 이론)뿐만 아니라 개연성만이 가능한 자연학이나 정치술(영리)에서도 필요하다. 그리고 이성은 다른 지적인 능력인 총명(sagacity)과 추론(illation)을 도와준다. 총명에 의해서 이성은 매개 관념을 찾고 추론에 의해서 매개 관념을 질서 있게 정돈하여 그 연쇄의 각 고리에 어떤 연관이 성립하는지를 발견한다. 이 연관이 증명에서처럼 확실할 수도 있고 의견과 관련해서처럼 개연적일 수도 있다. "어떤 수단을 찾고, 그리고 한 경우에는 확실성을, 다른 경우에는 개연성을 발견하기 위해서 이 수단을 올바르게 적용하는 기능이 우리가 바로 이성이

---

234) E 4.17.2.
235) E 4.14.1.

라고 부르는 것이다."[236] 이성이 없다면 감각과 직관이 갈 수 있는 범위가 매우 좁아진다. 다시 말해서 인간의 지식의 대부분은 연역과 매개 관념에 의존한다. 그런데 문제는 개연성만 가능한 경우에 이러한 개연성의 근거를 발견하고 찾고 비교해야 한다. 이 근거가 바로 이성이다.

『인간지성론』은 이 이성의 본성을 탐구해서 그 힘이 미치는 사물의 영역과 그 힘이 미치지 못하는 사물의 영역을 정하고자 하는 시도로 해석될 수 있다. 로크는 이러한 영역구분을 다음과 같이 말한다. 그 영역은 이성에 따르는 사물과 이성을 넘어서는 사물로 나누어진다. "첫 번째로 이성을 따른다는 것은 감각과 반성으로부터 생겨난 저 관념들을 검토하고 추적함으로써 우리가 그 진리를 발견하게 되는 명제들과 (계시가 아닌) 자연 연역에 의해서 참되거나 개연적이라고 우리가 알게 되는 명제들이다. 두 번째로 이성을 넘어서 존재하는 것은 그러한 원칙들로부터 이성에 의해서 그 진리나 개연성을 도출할 수 없는 명제들이다."[237] 세 번째로 이성에 반대되는 것은 선명하고 분명한(clear and distinct) 관념과 일치하지 않거나 화해할 수 없는 것, 즉 모순되는 것이므로 참답지 못하기 때문에 그 존재 가능성도 부인된다. 그러므로 이 이성에 반대되는 것은 하나의 영역을 이룰 수는 없다. 다만 여기서 그가 논리적 모순을 범하는 모순율을 위반하는 명제를 예로 드는 것이 아니라, 하나 이상의 신이 존재한다는 다신론적 명제를 예로

---

236) E 4.17.2.
237) E 4.17.23.

든다는 점이 특이하다. 이는 그가 유일신관이 이성에 합치한다는 그의 예와 연관해서 그러하다.

베버는 일신론보다는 다신론이 더 자연스런 현상이라는 제임스 밀의 주장을 긍정한다. 이렇게 본다면 일신론이 다신론보다 더 이성적이라는 로크의 주장은 그 근거가 빈약한 것이다. 로크는 신의 존재를 증명지의 차원에 배속시킨다. 도리어 신의 존재도 이성을 넘어선 문제라고 봐야 하지 않는가? 그러나 17세기 영국에선 우리와는 반대로 기독교의 신은 이성의 근거이자 척도였다. 문제가 되는 것은 이 기독교적 신앙과 이성의 관계였다. 그 이유는 광신주의로 인한 이성의 포기는 분열과 싸움만을 낳았기 때문이다. 이를 치료하기 위해서는 우선 이 두 영역을 가르는 척도를 마련하지 않으면 안 된다. 이는 기독교에 대한 새로운 해석을 필연적으로 동반한다. 그가 준비한 길은 **이성적 신앙**이다.238)

이성적 신앙으로 가는 길을 걷기 위해서는 신앙의 영역과 이성의 영역을 가르는 것이 중요하다. 그 당시의 문화적 위기를 극복하기 위해 로크는 종교적 광신주의의 문제점을 지적한다. 그래서 로크는 『인간지성론』 4판(1700년)에서 새로이 4권의 19장으로 '광신주의에 관하여'를 추가한다. 이 장은 전체 『인간지성론』을 해석하고 로크의 관용의 정치와 신념의 윤리 및 본유관념의 비판을 이해하는 데 중요한 역할을 담당할 수 있다. 로크는 우선 동의의 척도를 세운다. 그 척도란 "증거들(proofs)이 주는 확신 이상으로는 어떤

---

238) 이러한 이성적 신앙에 대해서는 다음 절에서 상세하게 논의된다.

명제도 받아들이지 않겠다는 것"239)이다. 이 척도를 넘어서는 자는 진리를 사랑해서 진리를·추구하는 자가 아니다. 그는 사심이 있는 자에 불과하다. 그는 진리에 대한 사랑이 아닌 어떤 다른 감정에 의해서 촉발된 것이다. 이 촉발된 감정으로부터 판단력의 편견과 타락이 발생한다. 이 편견에 수반되는 현상의 예로 "타인에게 명령하는 권위와 타인의 의견을 규정하는 월권을 행사하는 것"240)을 들고 있다. 이러한 권위와 월권은 이성의 기능에 폭력을 가하고 정신에 대해 독재를 행하며 진리에게 속하는 특권을 찬탈하는 것과 같다. 이러한 행태를 로크는 광신주의라고 명명한다. 광신주의는 "이성과 계시 양자 모두를 앗아가고 그 자리를 인간의 뇌에서 생겨난 근거가 없는 환상으로 대체하고 그 환상들을 의견과 행동 둘 다의 기초라고 간주한다."241)

그는 이러한 광신주의를 비판하기 위해서 이성과 계시를 변증법적으로 규정한다. 이성은 자연 계시이고 계시는 확장된 자연 이성이다. "이성은 자연 계시이다. 이 자연 계시에 의해서 모든 지식의 빛과 원천인 영원한 아버지가 그 자신이 인류의 자연 기능의 범위속에 설정해 놓으신 진리의 일부를 인류에게 전달한다. 계시는 신이 직접적으로 전달한 새로운 발견들의 집합에 의해서 확장된 자연 이성이다. 이 발견들의 집합의 진리를 보증하는 것은 그것들이 신으로부터 왔다고 이성 자신이 주는 입증과 증거에 의해서이다

---

239) E 4.19.1.
240) E 4.19.2.
241) E 4.19.3.

."242) 이성과 계시의 변증법적인 통일 속에서 이성이 계시의 진리를 확증하므로 이성이 중심 역할을 한다. 이처럼 이성(주의 촛불)과 계시를 이성 중심으로 연관시킴으로써 로크는 이성적 신앙을 주장할 근거를 마련한다. 계시는 이성과 연관되어 있으므로 계시의 길을 준비하기 위해 이성을 멀리하면 이성과 계시라는 두 불을 끄는 셈이 된다.

그런데도 사람들에게 광신주의가 발생하는 까닭은 계시는 쉬운 길이고 이성은 어려운 길이라는 점이다. 계시는 신으로부터 그가 선택한 인간에게 직접 전달되는 것인 반면에, 이성을 통한 엄격한 추론은 지루할 뿐만 아니라 항상 성공을 보장받지도 못한 노동이기도 하다. 그래서 계시를 가장하여 자신이 신의 특별한 인도를 받아 의견을 세우며 행동한다고 스스로 설득하는 사람들도 생긴다. 이런 사람들의 자기기만이 우울과 헌신의 결합을 통해 심화되면 자신이 신과 더 친밀하고 신의 은총을 더 받는다는 의견으로 발전한다. 이로써 자신이 신과 직접적으로 만나고 성신으로부터 빈번하게 의사를 전달받는다는 환상에 빠지고 만다. 근거 없는 의견이 환상에 의해 강력히 세워지고 이상한 행동이 강렬한 성향에 의해서 행해져도, 이는 신의 정신으로부터의 조명(illumination)이거나 하늘의 인도이므로 그 의견은 신적인 권위를 지니게 되어 그 충동적 행동에 복종하여야 한다. 이러한 작태를 로크는 광신주의라고 규정한다. 이 광신주의는 이성에도 그리고 신적 계시에도 근거를

---

242) E 4.19.4.

둔 것이 아니고, 다만 "뜨거워져서 지나치게 자만하는 뇌의 기만"243)으로부터 생겨난다.

이 기만이 일단 정착하면 이성과 신적 계시보다도 더 강력한 힘을 발휘한다. 이러한 기만이 이성의 모든 제약과 반성의 조사에서 자유로워져서 인간의 기질과 성향과 맞아떨어지면 신적 권위로 높아진다. 이는 쉬운 길이다. 기괴한 것에 대한 사랑이 많은 사람의 게으름과 무지 및 허영과 섞이게 되면 그들은 탐구 없는 조명(照明)에서 그리고 증거와 검토 없는 확실성에서 벗어나기 힘들다. 이들에게서는 "이성이 상실된다."244) 이들은 이성 위에 있는 까닭에 신의 빛이 자신들의 지성에 들어온 밝은 햇빛과 같다고 느끼므로 다른 증거는 필요 없게 된다. 신의 손길을 자신의 내부에서 느끼고 성령이 충만하므로 이 느낌이 잘못될 리는 없다고 그들은 확신한다. 이러한 확신은 하늘의 빛으로부터 온 것이니 이성의 빛에 의한 것보다 더 강력하고 선명하고 순수하고 자명하다. 즉 자신 안에 증명을 지니고 있다. 태양(계시)이 떠오르면 초(이성)는 필요가 없는 것이다.

로크는 이러한 광신주의자들의 논법을 다음과 같이 정리한다. "그들이 확신하기 때문에 그들은 확신한다. 그들의 설득은 옳다. 이는 오직 그들이 강력하게 설득하기 때문이다"245). 로크는 광신주의자들의 논법이 순환논증의 오류를 범하고 있음을 보여준다.

---

243) E 4.19.7.
244) E 4.19.8.
245) E 4.19.9.

이 순환논증은 주장과 확신에 대한 정당화가 아니다. 그런데 신의 손길이나 빛과 어둠 또는 태양(계시)과 초(이성)와 같은 비유들이 이 순환논증을 둘러싸고 있으면, 이 비유가 광신주의자들에게는 확실성을 부여하고 남들에게는 증명을 행하게 된다. 따라서 이 보고 느끼는 은유를 광신주의자의 논법에서 벗겨내면 남는 골격은 순환논증에 불과하다. 그래서 로크는 광신주의자들이 보고 느끼는 것에 대해서 문제를 제기한다. "이러한 봄(seeing)이 그 명제의 진리에 대한 주장인가 아니면 이 명제가 신으로부터 왔다는 주장의 진리에 대한 지각인가? 이러한 느낌이 어떤 것을 하려는 성향이나 환상에 대한 지각인가 아니면 그 성향을 움직이는 성령에 대한 지각인가?"246) 이는 다음과 같은 물음으로 바꿔볼 수 있다. 진정한 계시와 가짜 계시를 어떻게 구분할 것인가? 다시 말해서 계시를 받았다고 주장하는 사람들에게 그 진정한 자격을 부여하는 기준은 무엇인가?

로크는 지각을 두 가지로 구분한다. 명제의 진리에 대한 지각과 이 명제가 신으로부터의 직접적인 계시라는 것에 대한 지각은 다르다. 로크는 데카르트와 마찬가지로 직관을 지식의 확실한 원천으로 삼고 있다. 그에게서 안다는 것은 직관한다는 것이다. 다시 말해서 본다는 것이다. 그는 명제의 진리는 볼 수 있지만 그것의 계시여부는 볼 수 없다. 엄밀하게 말해서 계시는 보는 지식의 차원이 아니라 믿는 신앙의 차원에 속한다. 따라서 어떤 명제가 신

---

246) E 4.19.10.

으로부터 인간에게 오는 것에 대한 지각은 존재하지 않는다. 반면에 명제의 진리는 지각될 수 있다. 로크는 이러한 예로 유클리드의 기하학을 들고 있다. 유클리드의 명제는 그것이 계시냐 아니냐의 문제와는 무관하게 그 진리가 지각된다. 반면에 이 명제가 계시되었다고 주장하는 경우도 생각해 볼 수 있다. 이때는 성신이 있어서 그 주장하는 사람 안에 있는 그 관념들을 자극해서 이것들을 그 명제와 같은 질서로 정돈시켰다는 전제가 필요하다. 이 전제는 인간이 알 수 있는 것이 아니다. 로크는 이 점을 분명히 하기 위해서 **계시로부터 취해진 명제는 진리일 수는 없고 진리인 것으로 간주될 뿐**이라고 말한다. 그러므로 계시에 대한 주장과 그 확신이 아무리 강력할지라도 이는 신념이나 확신에 불과하다. 이미 어떤 명제가 참이라고 알려진 경우에는 계시가 필요 없고 계시인 경우는 이미 아는 것이 아닌데도 참이라고 설득을 받는 경우이므로 이는 보는 것이 아니라 믿는 것일 뿐이다.

로크는 이런 식으로 지식과 신념을 구분하기 위해서 진리가 마음속에 들어오는 두 가지 방식에 대해서 언급한다. 하나는 사물 자체의 증거에 의해서 참이라고 아는 것이요, 다른 하나는 또 다른 증거에 의해서 참이라고 간주하는 것이다. 전자는 보는 것이요, 후자는 믿는 것이다. 그 증거가 신으로부터 왔다는 것을 어떻게 알 수 있는가? 이러한 앎이 가능하지 않다면 그 증거에 대한 확신이 아무리 클지라도 그 확신은 근거가 없게 되고 아무리 대단한 빛을 끌어대더라도 이는 광신주의에 불과하다. 광신주의는 자신의 명제가 신으로부터 왔다고 주장할 증거를 결여하고 있다. 그는 위에서 언급한 것처럼 순환논증만을 제시할 뿐이다. 자신이 굳게 믿기 때문에 그 명제는 계시이고 그것이 계시이기 때문에 그는 그것을 믿는다. 이러한 광신주의의 주장을 그대로 수용한다면 신은 "빛의 아버지가 아니라 인류를 서로 반대의 길로 인도하는 대립하고 모순되는 빛들의 아비지"247)가 된다. 왜냐하면 신의 계시를 받았다고 주장하는 광신주의자들이 서로 갈라져서 첨예하게 대립하고 싸움을 하고 있기 때문이다. 확신의 굳건함이 믿음의 원인이 되고 옳다는 신념이 진리의 논증이 되는 것을 막기 위해서는 '어려운 길인 이성의 검사'가 필요하다.

기만과 오류를 벗어나기 위해서는 광신주의자가 주장하는 내적 빛을 검사에 붙여야 한다고 로크는 주장한다. 이는 그 광신주의자가 이성을 포기하지 않고 적극적으로 사용해야 함을 의미한다. "그의 마음이 초자연적 빛에 의해서 조명된 경우에도 그는 자연적인 것을 소멸시켜서는 안 된다. 그가 어떤 명제의 진리에 대해서 우리로 하여금 동의하게 하려면 그는 그 진리를 자연 이성의 평상적인 방법에 의해서 확증해야 한다. 아니면 그가 우리로 하여금 동의하도록 만들고 싶은 것을 그의 권위에 의해서 진리라고 알게 해줘야 한다. 그리고 이성이 착각할 수 없는 어떤 표식에 의해서 그 진리가 자신으로부터 나온 것이라고 우리를 확신시켜야 한다. 이성이 모든 것과 관련해서 우리의 마지막 재판관이요 안내자가 되

---

247) E 4.19.11.

어야 한다."248) 이성이라는 인간의 주관적 기능이 만물의 척도가 된다. 이성이 외적인 어떤 것에 의해서 광신주의자들의 확신과 영감 및 미혹의 진리를 검토하지 않으면 참과 거짓의 구분이 사라지고, 인간을 행복으로 이끄는 길과 불행으로 이끄는 길의 혼동이 일어나게 된다.

로크가 이성을 계시 대신에 의견과 행위의 새로운 척도로 삼았다고 해서 그가 계시를 완전히 폐기한 것은 아니다. 이성화된 계시는 여전히 계시이다. 이는 다만 이성의 원칙과 신의 말씀(성경)에 일치하는가의 테스트를 거친 계시이다. 여전히 이성 외에도 성경(원래적 계시)은 여전히 규범의 척도로 자리 잡고 있다. 메시지의 권위 외에도 가시적인 표식이 필요하다. 모세에게 나타난 '타지 않으면서도 불타오르는 가시덤불'과 같은 기적이 필요하다. 이러한 기적이 없이도 신이 성령을 통해서 계시를 줄 수 있음을 로크가 부정하는 것은 아니다. 이런 경우에도 무오류의 척도인 이성과 성경에 이러한 계시의 주장을 비춰보아야 한다. 로크에게 있어서 이 두 가지는 기독교인을 포함한 모든 사람의 공통된 표준이다.

이성이 만물의 척도이지만 이성을 넘어서는 영역이 존재한다. 이를 이성이 부정할 수는 없다. 이성의 손길이 닿을 수 있는 영역과 닿을 수 없는 영역에 대한 구분이 있어야 한다. 이러한 구분의 척도가 마련되지 않으면 커다란 무질서나 최소한 대규모의 논쟁이 일어나게 된다. 따라서 이성과 신앙의 경계설정은 그 당시 유럽을

---

248) E 4.19.14.

위협하던 문화적 위기에 대한 최우선적 대응책인 셈이다. 이 구분에 관한 논의를 로크는 『인간지성론』의 4권 18장인 '이성과 신앙 그리고 그것들의 별개 영역들에 관하여'에서 행하고 있다. 신앙과 관련된 모든 문제 중에서 가장 먼저 정해져야 할 것이 바로 이성과 신앙의 경계설정이다. 그 이유는 이 경계설정이 제대로 이루어지지 않은 상태에서는 이성을 넘어선 문제들과 관련하여 참인 주장과 거짓 주장을 가릴 수 없기 때문이다.

로크는 이성을 "마음이 감각이나 반성과 같은 자연적인 능력을 사용해서 얻은 관념들로부터의 연역을 통해서 도달하게 된 명제나 진리의 확실성과 개연성에 대한 발견"이라고 규정하는 한편, 신앙을 "이성의 연역에 의해서가 아니라 신으로부터 초일상적인 의사소통의 방식에 의해서 온 것으로서 제안자의 신빙성에 기반을 둔 어떤 명제에 대한 동의"249)라고 규정한다. 그런데 그는 신앙의 원천인 계시를 두 가지로 구분한다. 전승된(traditional) 계시와 원래적(original) 계시가 그 두 가지이다. 원래적 계시는 신에 의해서 직접적으로 어떤 사람의 마음에 만들어진 최초의 인상을 뜻하고, 전승된 계시는 그러한 인상들이 말이나 일상적인 의사소통의 방식에 의해서 다른 사람에게 전달된 것을 의미한다.250)

로크는 지식의 원천과 재료인 단순 관념들과 관련해서는 계시가 아닌 이성, 더 정확히 말하자면 자연적 기능에 의존해야 한다고 주장한다. 왜냐하면 계시에 의해서는 새로운 단순 관념들이 전달되지

---

249) E 4.18.2.
250) E 4.18.3.

않기 때문이다. 신이 인간에게 준 것은 본유관념이 아니라 자연적인 능력이다.[251] 이 자연적인 능력에 의해서 획득된 직관지나 증명지에 어긋나는 것을 계시의 문제라고 우기는 것은 헛된 짓에 불과하다. "왜냐하면 신앙이 우리의 지식에 모순되는 것은 무엇이든지간에 우리를 확신시킬 수는 없기 때문이다."[252] 신앙에 의해서 이성에 모순되는 것이 진리가 된다면 인간의 관대한 창조자이신 신이 자신이 인간에게 부여한 지식의 원칙과 기초를 전복하고 인간의 모든 기능을 무용지물로 만드는 것이다. 그리고 신 자신의 가장 탁월한 작품인 인간의 지성을 파괴할 뿐만 아니라 인간을 야수보다도 못한 빛과 인도(conduct)를 가지는 상태에 처하게 하는 격이 된다. 신이 자신에게 부여한 이러한 자연적 능력인 이성을 인간이라면 당연히 사용하여야 한다.

이런 이유로 로크는 『인간지성론』의 3판(169 5)이 나온 후인 1679년에 새로운 장을 덧붙이고자 하는 계획을 갖게 된다. 그는 친구인 몰리뉴에게 보내는 편지에서 다음과 같이 언급한다. "이 장의 제목은 '지성의 행동에 관하여'가 될 것이다."[253] 로크는 이어서 이 장을 『인간지성론』의 마지막 장에 책정했다. 하지만 이 장은 끝내 완성되지 못하여 『인간지성론』에 편입되지 못한 채 그가 죽은 후에 유고의 형태로 전집으로 들어가게 된다. 『지성의 행동에 관하여』에서 로크는 인간의 궁극적 의지처가 바로 그의 지성임을 천명

---

251) E 4.10.1.
252) E 4.19.5.
253) "Letter to Molyneux, 10 Apr. 1697" (『로크 전집』 9권, p.4 07).

한다. 그리고 그는 베이컨의 『신기관』으로부터 한 구절을 인용하면서 지성의 제대로 된 사용의 중요성을 강조한다. "마음과 지성을 더 좋게 그리고 완전하게 이용하고 사용하는 방법이 도입되어야 한다는 것은 절대적으로 필연적이다."254) 이성을 사용하는 것은 인간의 인식적이고 실천적인 의무이다. 직접적이고 원래적인 계시와 관련해서도 인간은 이성을 사용하고 이성에 귀 기울여야 한다.255)

신앙의 문제는 이성을 초월하지만 이성에 모순되어서는 안 된다. 이성이 자신에게 불합리하게 보이는 것에 동의하기란 불가능하기 때문이다. 이성의 분명하고 선명한 명령(완전한 관념과 지식으로부터 나오는 확실한 증거)에 반대하는 권위는 신앙의 문제라는 이름으로 사칭을 해도 존재할 자격이 없다. 문제가 되는 것은 이성이 불완전한 관념을 가지고 있을 뿐 어떠한 지식도 가질 수 없는 영역이라는 점이다. 이 영영은 인간의 자연적 기능이 발견할 수 없으므로 이성을 넘어서 있는 것으로 '신앙의 고유한 문제'가 된다. 이 문제는 이성과는 아무 관련이 없다. 이성은 이런 영역에 관해서는 확실성을 갖지 못하고 단지 개연성에 만족해야 하므로 오류불가능성을 확신하는 주장에 대해서는 동의를 포기하기 마련이다.256)

따라서 두 개의 영역이 구분된다. "첫째로 그 진리를 우리의 정신이 자신의 자연적인 기능과 개념을 사용하여 판단할 수 없는 명제가 계시된다면 그것은 순전히 신앙의 문제이고 이성을 초월한다. 둘째

---

254) 『로크 전집』 3권, p.207.
255) E 4.18.6.
256) E 4.18.7.

로 그 정신이 자신의 자연적인 기능에 의해서 자연적으로 획득된 관념으로부터 규정하고 판단할 수 있는 모든 명제는 이성의 문제이다."[257] 이런 식으로 이성의 문제와 신앙의 문제가 구분된다. 이성은 신앙의 문제와 관련해서는 어떤 명제에 대하여 개연적인 근거만을 주장하게 되므로 확실한 계시가 이 가연성에 반대하도록 인간에게 명할 수가 있다. 이성이 못 미치는 경우에는 신앙이 결정을 내린다. 이때 신앙의 지배는 이성에 폭력이나 방해를 가해서는 안 된다. 모든 지식의 영원한 원천으로부터 오는 새로운 진리의 발견에 의해서 손상을 입거나 훼방 받지 않고 도리어 도움을 받고 개선되는 한까지 이러한 신앙의 지배는 지속될 수 있다. "신이 계시한 것은 무엇이든지 간에 확실히 참이다. 이것에 대해서는 어떤 의심도 있을 수 없다. 이것이 신앙의 고유한 대상이다. 그러나 그것이 신적 계시인지 아닌지는 이성이 판결해야 한다. 이성은 결코 정신이 덜 명증한 것을 받아들이기 위해 더 명확한 것을 거부하지 못하게 하고, 또 지식과 확실성에 반대해서 개연성을 누리도록 허락하지도 않는다."[258] 이러한 기준에 비춰본다면 전승된 계시가 신적인 원래적 계시인지는 이성의 원칙만큼 선명하지도 않고 확실하지도 않다. 그러나 신적 계시인 것에는 이성이 복종해야 한다. 이러한 복종이 지식의 이정표를 모두 빼앗는 것도 아니고 이성의 기초를 허무는 것도 아니다.

이런 식의 영역 구분은 종교의 문제와 관련하여 이성에게 여지를 만들어 주기 위한 것이다. 이는 앞서 지적한 계시의 쉬운 길이 인간

---

257) E 4.18.9.
258) E 4.18.10.

의 열정 및 어리석음과 결합해서 광신주의를 낳는 것을 막기 위함이다. "(터툴리아누스의) '나는 그것이 불가능하기 때문에 믿는다'(credo, quia impossibile est)라는 신조는 좋은 사람에게서는 열정의 분출로 통하지만 사람들이 자신들의 의견이나 종교를 선택하는 매우 나쁜 규칙임이 입증될 것이다."[259] 이로써 그는 전통적인 기독교 모델에서 벗어나게 되고 이 때문에 그 당시의 많은 성직자와 철학자로부터 종교적 회의론자 또는 소치누스교도(신앙의 이성화로 인해 이단으로 취급받음)로 비난받는다. 또한 자신이 의도하지 않은 바이지만 계몽주의의 탈마법화 경향을 촉진하게 된다. 로크는 슈트라우스의 주장대로 진정으로는 기독교적 전통을 포기했으면서도 단지 기독교의 가면을 쓴 것인가?[260]

2. 본유관념 비판의 종교적 문맥

로크는 『인간지성론』에서 아우구스티누스에 의한 전통적인 기독교 모델을 비판하는 길을 마련하고, 후에 자신의 기독교 해석을 보여주기 위해서 『기독교의 합당성』(1695)이란 책을 저술한다. 일부 해석자(슈트라우스가 대표적인 인물)들이 주장하는 것처럼 『인

---

259) E 4.18.11.
260) Leo Strauss, "On Locke's Doctrine of Natural Right", in LC Ⅲ, p.161.

간지성론』의 방법과 입장을 『기독교의 합당성』이 포기하거나 후퇴한 것이 아니다.261) 그는 어느 정도 일관적으로 발전시킨 기독교관262)을 지니고 있다. 그의 기독교관을 긍정적으로 서술하기에 앞서서 그의 기독교관에 대한 비판들을 먼저 살펴보자.

로크는 소치누스교도라고 비평가들로부터 비난받는다. 이러한 비판의 대표자가 바로 라이프니츠이다. 라이프니츠는 로크의 『인간지성론』의 도덕적이고 종교적인 차원과 그 입장이 지닌 종교적 함축적 의미를 파악하고서 로크의 입장을 비판하기 위해 『신인간지성론』을 쓴다. 라이프니츠는 소치누스교도들이 "자연의 질서에 일치하지 않는 것 모두를, 비록 그것들의 절대적 불가능성을 입증할 수 없는데도 불구하고 너무나 성급하게 거부한다"263)는 일반적인

---

261) 입장의 연속성에 대해서는 Ian Harris, *The Mind of John Locke: A Study of Political Theory in Its Intellectual Setting* (The Cambridge University Press, 1994), p.290과 p.316을 참조하고, 방법의 연속성에 대해서는 Peter A. Schouls, *The Imposition of Method: A study of Descartes and Locke* (Oxford Clarendon Press, 1980)의 8장을 참조.

262) 로크의 철학 전체의 면모를 파악하기 위해서는 그의 종교관에 대한 연구가 필수적임이 현대의 많은 연구가의 노력에 의해서 밝혀졌다. 로크의 저작들을 규범적인 신학적 어휘들을 바탕으로 이해하려고 한 연구 방향의 출발점은 존 던에 의해서 이루어진다. Jonn Dunn, *The Political Thought of John Locke: An Historical Account of the Two Treatises of Government* (Cambridge University Press, 1969).

263) Leibniz, *Nouveaux Essais sur l'entendment humain*, in *Leibniz Werke* (Wissenschaftliche Buchgesellschaft, Darmstadt, 1989), Band Ⅲ-1: Ⅲ-2. 앞으로는 NE로 표기하고 권수와 쪽면을 밝힌다.

평가에 대해서 언급한다. 실제로 라이프니츠는 어느 글에서 로크가 소치누수교도에 가깝다고 불평한다. "많은 다른 것들이 로크에게서 비판될 수 있다. 왜냐하면 그도 또한 영혼의 비물질적인 본성을 훼손하기 때문이다. 그는(그 친구인 르클럭과 마찬가지로) 소치누스 교도에 기울고 있다. 이 교파의 신학과 마음의 철학은 항상 저열하였다."264) 그는 공식적인 글인 『신인간지성론』에서는 로크를 노골적으로 비판하지 않았다. 그가 보기에 로크는 영혼의 비물질성에 도덕적 확실성으로 통할 수 있는 가장 높은 정도의 개연성을 부여하였다.265)

하지만 라이프니츠는 내심으로 로크의 『인간지성론』이 기독교의 핵심적 요소인 영혼의 비물질성과 영원불멸을 훼손하였다고 생각하고 자신이 영혼의 이러한 본성에 단단한 철학적 기초를 제공하고자 하였다. 영혼의 비물질성이 굳건하게 확보되지 않으면 기독교 자체에 위기가 온다. 왜냐하면 신의 정의 불멸의 영혼들에 대한 심판을 통해서 성립하기 때문이다. 여기서 소치누스주의란 그 당시의 특정한 신학적 학설들을 포괄하는 어느 정도 개방적인 이름일 뿐만 아니라 종교에 대한 이성주의적인 접근 일반을 가리키는 말로 사용된다. 소치누스주의는 일신교파와 이신론(理神論)의 선구자이다.266)

이에 따르면 위의 인용문은 NE Ⅲ-2, p.602로 표기된다.

264) 1709년 11월 19일 날짜(G Ⅶ, ss. 488~9). 여기서 G는 *Schriften von G. W. Leibniz*, 7 vols. (Berlin, 1875~90)을 약기한 것이다.

265) NE Ⅲ-1, p.LⅧ.

266) Nicholas Jolley, *Leibniz and Locke: A study of the New Essays on Human Understanding* (Oxford Clarendon Press, 1984), p. 13.

다시 말해서, 그 이름은 이성화된 신앙의 대표이름으로 사용될 수 있다는 것이다. 소치누스주의는 기독교의 교리를 최소화 하고자 한다. 이는 신앙조목의 최소주의라고 부를 수 있다. 그래서 소치누스 교도는 삼위일체설과 예수의 신성을 부인한다. 따라서 17세기에서 기독교의 다른 교리를 부정하는 자는 소치누스교도라는 꼬리표가 붙게 된다. 로크는 『기독교의 합당성』에서 신앙 조목을 단 하나로 최소화한다. 그가 인정한 신조는 "예수는 메시아였다"라는 것이다. 그는 원죄설을 받아들이지 않고 예수의 속죄에 대해서 침묵한다. 또한 로크의 실체관이 그의 한 논적에 의해 삼위일체를 부정하는 결과를 낳는다고 비판받는다.267) 이러한 이유로 그는 소치누스교도라고 불리게 된 것이다. 하지만 로크는 자신이 소치누스교도임을 부인한다.268)

로크의 종교관269)의 정체(identity)에 대해서는 많은 논란이 있었다. 그런데 로크의 성경해석은 신비주의를 비판하고 신앙의 이성화

---

267) 『로크 전집』 4권, p.7~8. 이에 관한 논의로는 R. S. Woolhous, *Locke* (The Harvester Press, 1983), 13절을 참조.

268) 『기독교의 합당성』의 「두 번째 입증서」.

269) 로크의 종교관의 변환은 그의 다른 분야에서의 변화와 마찬가지로 그가 사귄 친구들과의 교제에 의해 영향을 받아 이루어진다. 예컨대 청교도 집안 출신인 그가 "옥스퍼드 국교회의 친구들을 사귀었을 때, 이 후에 런던 국교회의 광교도와 샤프츠베리와 사귀었을 때, 그 다음에 네덜란드의 아르미니우스교도와 사귀었을 때, 마지막으로 대륙과 영국의 일신교도와 사귀었을 때", 그때마다 그의 종교관은 크게 변한다. [John Marshall, *John Locke: Resistance, Religion and Responsibility* (Cambridge University Press, 1994), p.78의 각주 7].

경향을 보여준다. 이처럼 신앙을 이성에 합치시키는 것이 로크 시대의 과제였다. 왜냐하면 그 시대가 종교적 광신주의로 인해서 생겨난 갈등과 투쟁의 문화적 위기를 경험했기 때문이다. 소치누스교파(socinianism)와 유일교파(unitarianism)와 아르미니우스교파(arminianism)와 영국 국교회의 일파인 관용주의교파(latitudinarianism)와 이신론(deism) 등이 이러한 **′신앙의 이성화 경향′**(a reasoned faith)을 잘 보여준다. 그래서 로크의 해석자들은 저마다 자신의 견해에 따라 이들 교파 중의 하나와 로크의 종교관을 동일시한다.270) 여기서 다루어질 문제는 로크의 종교관에 대한 정체 확인이 아니라 그의 기독교에 대한 새로운 해석이 갖는 철학사적 의미이다. 로크의 이성적 신앙은 18세기 유럽의 계몽주의로 가는 중간 단계이다. 이러한 과정은 **계몽주의가 비록 세속성을 그 특징으로 해도 처음 시작은 기독교에 대한 새로운 해석에서 출발한 것임을 보여준다.**

로크의 이성적 신앙관은 그의 독창적인 작업이 아니라 그 시대의 하나의 추세였다. 다시 말해서 로크의 이전이나 그와 동시대인들의 작업으로부터 로크는 많은 영향을 받는다.271) 로크가 독창적인 것

---

270) 로크의 종교관은 여러 학자에 의해서 1. 캘빈교파, 2. 이의자의 이데올로기, 3. 국교회의 광교파 또는 아르미니우스교파, 4. 소치누스교파 또는 일신교파로 해석되었다. 1은 던(John Dunn)에 의해서 2는 애쉬크래프트에 의해서 3. 스펠만과 월러스(Wallace) 4. 마셜(Marshall)이 대표적이다.

271) 로크의 철학사적 문맥을 제시하고 있는 책으로는 James Gibson, *Locke's Theory of Knowledge and Its Historical Relation*

은 종교와 도덕 문제와 관련해서 본유관념을 부정하였다는 점이다. 로크의 이성적 신앙의 출발점과 기초가 되는 것이 본유관념 비판이다. 본유관념 비판은『인간지성론』1권에서 3장으로 구분되어 다루어진다. 이 논의가 그 책의 맨 처음에 다루어지는 것이 매우 이 책의 성격(특히 도덕적이고 종교적인 차원)을 이해하는 데 매우 중요하다. 그 책의 2, 3, 4권의 논의는 바로 이 1권의 논의를 기초로 해서 이루어진다. 본유관념 비판을 하기 위해서 단순 관념의 기원에 관한 경험주의 분석이 필요했고, 또한 본유관념이 존재하지 않기 때문에 신 존재가 증명지의 차원에서 다루어지며 영원하고 보편적인 도덕 척도로서의 자연법에 대한 자연적 인식이 요구되었던 것이다. 또한 이미 언급했듯이『인간지성론』은 로크와 그 친구들이 도덕성과 계시 종교의 문제를 논의할 때 생긴 난점을 해소하기 위한 인식 비판으로서 의도된 저작이었다. 본유관념 비판에서도 처음에는 이론적 원리보다는 실천적 원리들이 먼저 고려되었다는 것은 그 비판이 실천적인 문제들과 깊은 연관이 있음을 잘 보여준다. 나중에『인간지성론』의 초판에 추가된 인격의 동일성이나 광신주의에 대한 논의도 본유관념 비판이 야기한 종교적이고 도덕적인 문제를 해결하고 로크 자신의 입장을 강화하기 위한 것이었다. 따라서 본유관념 비판은 이론적인 문제이기에 앞서 종교적이고 도덕적인 차

(Cambridge University Press, 1986)의 10장과 종교적 문맥을 잘 제시하고 있는 저작으로는 John Marshall, *John Locke: Resistance, Religion and Responsibility* (Cambridge University Press, 1994)를 참조.

원을 분명히 지니고 있다.

실제로 기존의 해석자들 사이에서는 이 본유관념 비판이 누구를 겨냥한 것인가와 관련해서 논란이 많았다.[272] 데카르트와 데카르트를 추종하는 영국 사상가들 그리고 캠브리지 플라톤주의자 또한 준칙에 의거한 스콜라 철학자들이 표적의 후보로 제시되었다. 심지어 카시러[273]처럼 로크의 본유관념 비판은 어느 누구를 겨냥한 것이 아니라 순수한 논쟁적 구성물이라고 보는 경우도 있었다. 그런데 로크의 모든 저작은 기본적으로 그 시대의 논쟁과 관련이 있다. 『정부론』[274]과 『관용 편지』[275] 및 『기독교의 합당성』[276]은 모두

---

272) 이 논란에 대해서는 John W. Yolton, *John Locke and the Way of Ideas* (Cambridge University Press, 1956), pp.22 ~9를 참조.

273) Ernst Cassirer, *Das Erkenntnisproblem in der Philosophie und Wissenschaft der neueren Zeit*, Band 2 (Darmstadt, 1974), ss.230~1.

274) 정부론의 역사적 문맥을 이해하기 위해서는 『정부론』의 비판본을 편집한 래슬릿(Peter Lasslett)의 『정부론』의 서문과 그의 논문인 "The English Revolution and Locke's *Two Treatises of Government*"와 래슬릿을 비판하면서 『정부론』의 정치적 맥락에 대한 연구에서 새로운 전기를 마련한 애쉬크래프트(Richard Ashcraft)의 "Revolutionary and Locke's *Two Treatises of Government*: Radicalism and Lockean Political Theory"를 참조. 이 두 논문은 모두 애쉬크래프트가 편집한 *John Locke's Critical Assessments*의 Ⅰ권에 실려 있다.

275) 『관용 편지』에 대한 역사적 문맥을 파악하기 위해서는 *A Letter Concerning Toleration, in John Locke: A Letter Concerning Toleration in Focus*, ed. S. Mendus, and J. Horton (Routledge, 1991)의 제2부에 실린 여러 논문들, 그 중에서도 특히 J. W. Gought, "The Development of Locke's Belief in Toleration"을

그 당시 정치적이고 종교적인 논쟁 속에서 태어났다. 그리고 로크 자신의 위험한 논점으로 인해 자신의 신변에 위협이 생기는 것을 방지하기 위해 이 책 모두가 익명으로 출판되었다. 그리고 뒤의 두 작품은 큰 논쟁을 일으켰다. 특히 그는 『기독교의 합당성』 때문에 죽을 때까지 논쟁에 빠져들게 되었다. 심지어 자신의 실명으로 출간된 대작인 『인간지성론』마저도 출간 뒤에 논쟁을 불러일으킨다.277) 따라서 본유관념 비판도 마찬가지로 로크 시대의 쟁점에 대한 로크의 대응으로 보아야 한다. 왜냐하면 본유적으로 간주되는 (특히 실천적) 원리들은 "그 사회의 기존 가치"를 항상 형성하는 것이기 때문이다.278)

이런 점을 잘 파악하려면 본유관념 비판이 초기 시절에 잘 드러난 작품인 『자연법론』279)의 세 번째 에세이인 '자연법은 인간의 정신에 새겨져 있는가? 아니다'를 살펴본다. 이 글에서 이미 본유주의에 대한 비판이 윤리학의 기초인 자연법과 관련해서 이루어진다.

참조.

276) 『기독교의 합당성』과 관련한 역사적이고 종교적인 문맥에 대해서는 John Marshall, *John Locke: Resistance, Religion and Responsibility* (Cambridge University Press, 1994)의 9장을 참조.

277) D. Wootton, Introduction in *Political Writings of John Locke*, ed. D. Wootton (Mentor, 1993), pp.22~6.

278) John W. Yolton, *John Locke and the Way of Ideas* (Cambridge University Press, 1956), pp.29.

279) "로크의 본유주의로부터의 전환은 명백히 『자연법론』을 작성하는 동안이거나 이 논문을 학생들에게 강의하던 시절에 일어났다"[John Marshall, *John Locke: Resistance, Religion and Responsibility* (Cambridge University Press, 1994), p.30].

그는 이 글에서 자연법이 인간의 마음에 새겨져 있다는 것인지, 아니면 백지(tabula rasa)로 태어난 인간이 이후에 관찰과 이성적인 사고를 통해서 얻게 되는 것인지를 물음으로 제기한다. 자연법이 인간의 마음에 새겨져 있다는 것은 선천적인 도덕 명제가 인간의 기능인 의지와 지성과 마찬가지로 자연적인 것이거나 영원불변하고 자명해서 연구나 사려 깊은 고찰이 없이도 알려지는 것을 의미한다.

이 본유주의의 문제점을 로크는 다음과 같이 지적한다. 첫째로 데카르트주의자[280]의 본유관념에 대한 증명은 단지 주장에 불과하다.

둘째로 자연법이 인간의 정신에 자연적으로 새겨져 있다면, 모든 사람이 서로 이 법에 대해 주저하지 않고 동의하며 이 법을 기꺼이 준수해야 하는데 현실은 그렇지 않다. 이러한 현실을 아담의 타락설[281]로 설명하려는 본유주의자들은 다음의 두 가지 어려움에 직면한다. 1. 타락 이후 마음에 새겨진 자연법의 일부가 지워졌다고 한다면, 인간들 사이에 차이가 생겨나고 이 차이로 인해서 자연법에 대한 명확한 정의가 불가능하게 된다. 2. 타락 이후에 본유적 자연법의 모든 규정이 지워졌다고 한다면, 이 법을 알기 위해서 우리가 본유주의 말고 다른 방법을 모색하지 않으면 이 법은 아무것도 아니게 된다.

---

280) 실제로는 로크가 데카르트를 가리키는 어구를 빼 버렸다(P1, p.96).
281) 로크는 『기독교의 합당성』에서 원죄설을 이성에 반(反)하는 것으로 기각한다.

세 번째로 로크가 본유주의 비판을 위해 언급하는 것은 비교 인류학적 지식에 의한 도덕의 상대성이다. 이는 본유주의를 비판하는 로크의 중요한 지적인 방법282)이다. 제도, 지식, 법을 알지 못하고 오직 자연에 따라 사는 원시인들이, 다시 말해서 자연의 법이 자의적인 도덕적 관습에 의해 거의 망쳐지지 않은 상태에 있는 사람들이 올바름과 좋음의 원칙이 전혀 없기라도 한 것처럼 모든 법에 대한 무지 속에서 살고 있다. 이런 점을 생각하면 자연법이 인간의 마음속에 새겨져 있는 것처럼 보이지 않는다. 문명인이 누리는 도덕에 대한 명확하고 의심 없는 견해들은 어린 시절의 교육에 의하여 생겨난 것이고, 그들의 삶을 단단한 도덕적 기초 위에 놓기 위해 이

---

282) 비교 인류학적 지식은 17세기 유럽에서 유행처럼 번진 여행에 대한 취미와 여행기의 출판 붐에서 기인한다. 17세기의 여행문화에 대한 설명으로는 Paul Hazard, *The European Mind: 1680~1715* (Merdian Books, 1967), 1장 참조. 또한 로크는 이러한 여행기를 많이 읽었고 많은 여행기를 소장하고 있었다. 이러한 면모는 로크가 신사 교육을 위한 추천 도서에서 잘 드러난다. 이에 대해서는 "Some Thoughts Concerning Reading and Study for a Gentleman", in *The Works of John Locke*, vol. 3, pp.297~9를 참조. 그리고 로크의 도서관에 관한 분석을 통해서 이러한 면을 잘 드러낸 글은 Richard Ashcraft, "John Locke's Library: Portrait of an Intellectual" (LC Ⅰ, p.23)이다. 로크 사유의 이러한 특징을 비교 인류학이라고 명명한 해석자는 『정부론』의 편집자인 래슬릿이다[Peter Lastett, "Introduction" (T p.98, note)]. 비록 본유관념 비판과 관련해서는 아니지만 이러한 역사적인 인류학적 지식을 실제로 로크의 저작(『정부론』)과 관련해서 논의한 글로는 William G. Batz, "The Historical Anthropology of John Locke" (LC Ⅲ, p.243)을 참조.

견해를 도덕적 제일 원리(준칙)로 받아들이게 된 것이다. 그렇다고 해서 이러한 원칙들이 마음속에 새겨진 자연법으로 간주되어서는 안 된다.

네 번째로 자연법이 우리의 마음속에 새겨져 있다고 하는데도 바보나 광인은 이 법을 알지 못한다. 영혼은 인간의 육체 기관의 구조나 조직에 의존하지 않으므로 만약 자연법이 인간의 영혼에 직접적으로 새겨져 있다면 이들도 그들의 육체적 상태에 상관없이 이 법을 알 수 있어야 한다. 그런데도 이들이 모른다고 한다면 자연법은 영혼에 쓰여 있는 것이 아니다.

다섯 번째로 만약 자연법이 인간의 정신 속에 새겨져 있다면 실천적인 원리뿐만 아니라 사변적인(이론적인) 원리들도 마음속에 새겨져 있어야 한다. 그런데 학문의 제일 원리로 알려진 모순율('같은 것이 동시에 존재하기도 하고 존재하지 않아야 한다는 것은 불가능하다')도 실제로는 개별 사물을 관찰하고 귀납에 의해서 얻어진 경험적 일반화일 뿐이다. 이러한 이유들을 들어서 로크는 사변적인 원리든 실천적인 원리든 간에 어떤 원리도 자연에 의해 인간의 마음속에 새겨진 것은 아니라고 주장한다.[283]

이처럼 로크의 본유관념 비판은 아주 초기 시절부터 실천적인 원리와 관련해서 이루어졌다. 이러한 그의 초기 생각들에 기반을 둔다면 비록 실천적인 것과 이론적인 것의 순서가 『인간지성론』에서 바뀌긴 했지만 그가 겨냥한 것은 동일률과 모순율 같은 논리적

---

283) 『자연법론』, p.136~45.

인 원리(『인간지성론』 1권 2장)가 아니라 자연법(3장)과 신의 관념(4장)과 같은 도덕적이고 종교적인 것이었음이 분명해진다.[284] 실제로 17세기 영국에서 여러 행태로 본유 지식론이 받아들여졌고 그러한 지식이 종교와 도덕성 양자의 필연적인 기초로서 간주되었다.

『인간지성론』에 대한 적대적 반응은 대체로 이 책이 본유관념을 공격한 데서 기인한다. 이 공격은 기존의 도덕성과 종교에 대한 위험한 도전으로 간주되었다. 비록 그 책에서 로크가 수학에 모델을 둔 신 증명과 증명 윤리학의 가능성에 대해서 논의했음에도 불구하고 『인간지성론』에서 합리적으로 이끌어질 수 있는 결론은 본유관념이라는 기초가 없이는 도덕성과 종교가 설 수 없다는 것이다. 그래서 그의 비판자들[285]이 주장하는 것처럼 『인간지성론』의 일반적 경향은 유신론과 객관적으로 규정가능한 도덕성과 관련하여 회의적이라는 것이다. 그러므로 본유주의가 무너진 이후에 본유주의는 다시 타고난 도덕적 양심과 자연적인 종교적 성향에 대한 믿음으로 살아난다.[286] 이런 점들을 고려해본다면 로크의 본유관념 비판은 종교적이고 도덕적인 맥락에서 읽어야 함을 알 수 있다. 그

---

284) 램프레히트 같은 해석자도 이러한 해석을 지지한다. "나는 신학적 사변의 배경으로부터 로크가 인식론적 고찰들에 접근했다는 입장을 옹호하려고 한다" [Sterling P. Lamprecht, "Locke's Attack upon Innate Ideas" (LC Ⅳ, p.37)].

285) 대표자로는 라이프니츠와 버클리를 들 수 있다.

286) J. L. Mackie, *Problems From Locke* (Oxford Clarendon Press, 1976), pp.208~9.

리고 이는 『인간지성론』 자체를 이 글의 앞에서 주장한 것처럼 순수 철학적인 인식론 저서만으로 보는 태도의 문제점을 보여준다.

『인간지성론』은 기획과 탄생부터 철저하게 도덕적이고 종교적인 차원에서 이루어졌다. 그 반향도 역시 종교적인 차원이었다. 물론 보일과 뉴턴을 비롯한 영국 왕실과학협회에 의한 과학적인 정신 및 방법과의 연관성도 고려되어야 한다. 하지만 그 당시에는 이런 과학적인 방법의 사용도 그 윤리적이고 종교적인 함축을 지니고 있었다. 그리고 17세기에 도덕과 종교의 문제는 곧 정치적이 문제였다. 그러므로 도덕과 종교 그리고 정치라는 맥락에서 『인간지성론』을 읽어야 한다. 그렇게 되면 로크가 익명으로 발표한 정치적이고 종교적인 저술들과 『인간지성론』의 관계가 분명해진다.

로크의 사유가 일생동안 발전했기 때문에 그에게서 사유의 일관성을 부여할 수 없다는 주장을 한 해석자들이 많이 있었다. 그 중에서도 특히 로크의 윤리적 사유는 더욱 모순적이고 비일관적이라고 비판받아 왔다.287) 로크는 분명히 쾌락주의와 도덕적 구속력의 갈등과 모순을 수학에 모델을 둔 증명윤리학적 기획으로는 화해시킬 수 없었다. 이는 로크만의 문제가 아니다. 로크가 살던 시대 자체가 전통적인 기독교 중심의 봉건 사회에서 초기 자본주의 사회288)(부르주아 사회)로 이행하던 과도기적 시대였다. 다시 말해서

---

287) "로크와 어떤 정합적이고 확장되고 분절화 된 도덕적 비전을 연관짓는 해석을 구성하는 것은 잘못된 일일 것이다"[John Marshall, *John Locke: Resistance, Religion and Responsibility* (Cambridge University Press, 1994), p.157].

과거의 패러다임이 몰락하고 새로운 패러다임이 등장하는 위기의 시대였다. 따라서 로크의 사유 동기가 늘 이중적으로 등장하는 것은 이상한 일이 아니다.

로크는 계몽주의의 선구자이고 부르주아 철학의 화신이면서도 철저한 기독교 신자였고 로마로부터 내려오는 공공선과 의무의 덕을 강조한 도덕사상가이기도 했다. 그래서 "로크는 급진적이지만 그럼에도 불구하고 보수적이다. 그는 합리주의자이지만 그럼에도 불구하고 마침내 그는 신앙을 이성이 아닌 것 위에 세운다. 이러한 분명한 그의 역설적인 태도는 인간(이성)의 한계에 대한 사려 깊은 깨달음의 산물이다. 이성만으로는 충분하지 않다."[289] 로크의 철학은 이러한 이중성에서 고려해야 한다. 그리고 그 이중성은 철저하게 기독교적이고 신사(영국의 중소지주)다운 모습을 보이려 하면서도 그 시대가 직면한 위기에 대처하기 위해 이성에 기초한 새로운 사회의 도덕적이고 정치적인 비전을 제시하려고 한 데서 극명하게 드러난다.

그러나 이 이중성이 반드시 비일관성을 함축하는 것은 아니다. 도리어 이중성은 그가 강단 위에서 공허한 문제들을 논의하지 않

---

288) 로크가 살던 영국의 사회 성격 분석으로는 Neal Wood, *John Locke and Agrarian Capitalism* (University of California Press, 1984)과 이에 대해 요약적인 설명이 담겨있는 같은 저자의 *The Politics of Locke's Philosophy* (University of California Press, 1983)의 서론의 2절인 '17세기 영국의 경제와 사회'를 참조.

289) Richard I. Aaron, *John Locke*(Oxford Clarendon Press, 1955), p.300.

고 바로 현장 속에서 자신의 시대가 직면한 문제들을 풀려고 한 그의 철학의 역사적 현실성을 드러내준다. 이러한 역사적 현실성으로 인해서 로크의 철학은 근대를 형성하는 데 기여하게 된다. 따라서 이중성의 모순은 그의 사유만이 아닌 그 시대에도 해당하고 여전히 근대의 연속성 속에 있는 우리의 현대에도 잔존해 있다. 우리가 근대가 남겨놓은 모순성에서 헤매고 있기 때문에 로크의 이중성과 모순이 더욱 두드러져 보인다. 우리는 로크의 이 이중성 속에서 우리의 모순을 해결할 실마리를 발견할 수 있을 것이다. 왜냐하면 그가 지닌 모순 속에서 형성된 문제들을 그의 사유방식(근대적 자유주의)으로는 풀 수 없다는 것은 분명하기 때문이다. 이 점을 이해하기 위해서라도 먼저 근대성의 핵심인 계몽주의가 로크에게서 어떻게 탄생하는지 살펴보지 않으면 안 된다.

3. 계몽의 기원

먼저 로크가 그 형성에 기여한 근대성과 그 핵심이 되는 계몽의 성격을 파악하기 위해서는 계몽의 규정에 대한 이해가 필요하다. 계몽주의의 대표적 철학자인 칸트는 계몽을 다음과 같이 정의한다. "계몽이란 인간이 자신에게 책임이 있는 미성숙성으로부터 벗어나는 것이다. 미성숙성이란 다른 사람의 지도 없이는 자신의 지성을 사용할 수 없는 무능력함이다. 이 미성숙의 원인이 지성의 결함에 있는 것이 아니라 다른 사람의 지도 없이는 지성을 사용하겠다는 결단과 용기의 결핍에 있을 경우에 이 미성숙함은 인간 자신의 탓이다. 그러므로 '용감히 알려고 하라(sapere aude)!, 너의 고유한 지성을 사용할 용기를 가져라!' 하는 것이 계몽의 표어이다."290) 전통과 권위의 우상에 맹목적으로 매달리지 않고 신이 인간에게 주신 최고의 선물인 이성을 사용하는 사람이 성숙된 인간이다. 그렇지 않고 자신의 이성을 사용하지 않고 기존의 준칙을 의심 없이 받아들이는 것은 아직 미성숙한 인간의 태도에 불과하다. 기존의 전통과 권위에 도전하여 자신의 이성을 사용하는 용기를 지닌 자를 계몽주의는 이상적으로 그린다. **계몽의 시대는 바로 이성의 시대이다.** 이성을 사용하고 이성의 인도를 받아 행위 하는 길이 인간을 진리와 행복으로 이끄는 길이다.

이성의 시대는 기독교에 대한 부정이 아니라 기독교에 대한 새로운 해석에서 기원한다. 이성의 발견과 그 힘의 가능성과 한계에 대한 논의는 철저히 기독교적인 것이다. 인간의 이성이 한계가 있다는 것은 기독교적인 인간관에서 출발한다. 신이 주신 이성을 용감하게 사용하는 것이 바로 지성적인 덕이고 인식과 행위의 의무이다.

이러한 점이 로크의 『인간지성론』의 마지막 장으로 예정되었

---

290) E. Kant, "Beantwortung der Frage: Was ist Aufklärung?" in *Kant Werke* Band. 9, herausgegeben von W. Weischedel (Darmstadt, 1983), p.53.

던 『지성의 행동에 관하여』에서 잘 드러난다. 원래 이 책의 제목은 '지성의 인도에 관하여'(*On the Conduct of the Understanding*)이다. 영어의 콘덕트(conduct)라는 말은 행동과 인도의 이중적인 의미를 지니고 있다. 또한 전치사 오브(of)도 주격과 목적격의 이중적 의미를 지니고 있다. 그 책제목을 우리말로 번역하면 첫 번째로 이성이 인도를 받는다는 것과 두 번째로 이성을 인도 즉 사용한다는 것이 될 수 있다. 이 책의 독일어 번역본은 두 번째 의미를 취하여 '지성의 올바른 사용에 관하여'라고 제목을 달고 있다. 지성을 사용하고 지성의 인도를 받는다는 것은 곧 지성에 따른 행동을 의미한다. 인간이 올바로 진리를 탐구하고 의견을 세우고 삶을 인도하기 위해서는 지성을 올바르고 용감하게 사용하여 지성의 인도를 받아서 적극적으로 행동하는 것을 의미한다. 이런 의미를 담기 위해서 이 책제목이 『지성의 행동에 관하여』라고 되었다. 이러한 제목은 칸트가 정의한 계몽주의의 모습을 잘 드러내고 있다.

로크는 이 책의 처음을 다음과 같이 시작한다. "인간이 자신을 인도함에 있어서 기댈 수 있는 마지막 의지처는 그의 지성이다."[291] 그는 마음의 가장 우수한 능력으로 의지와 지성을 꼽는다. 그런데 의지가 아무리 절대적이라고 할지라도 지성의 명령에 복종해야 한다는 것이 로크의 생각이다. 그러므로 지성이 지식과 판단의 기준이 된다. 그러므로 지성을 올바로 사용하는 것에 신경을 써야 한다. 이는 곧 지성을 사용하는 방법이 문제가 된다는 것을 의미한다. 이제

---

291) 『로크 전집』 3권, p.205.

방법이 매우 중대한 관심사가 된다. 그래서 근대 철학은 이 지성을 사용하는 방법에 대한 이상을 보편(수)학이라고 표현했다. 이 보편학은 단순히 기존의 지식을 잘 정돈하는 증명의 논리학만이 아니라 새로운 지식을 찾는 발견의 논리학도 포함하고 있다. 기존의 스콜라 철학은 증명의 논리학에만 머물렀다. 그래서 로크는『인간지성론』의 '준칙'과 '이성'에 관한 장에서 스콜라 철학의 방법적 문제점들을 지적한다. 이 스콜라 철학의 증명의 논리학은 지성을 인도하는 충분한 방법이 될 수 없다. 이러한 방법적 비전을 베이컨이 시작했음을 로크는 분명히 의식하고 있었다. 이런 까닭에 로크가 새로운 방법에 대한 성찰이 담겨 있는 베이컨의『신기관』에 관해 언급하게 된다.292)

인간은 누구나 지성을 사용하는 자유를 지닌 이성적 존재자이다. 이 지성의 자유가 없다면 지성은 진정으로 지성이 아니다.293) 그런데 로크에 의하면 대부분의 사람들이 이 지성을 사용하고 개선함에 있어서 문제가 있다. 무지와 오류는 여기에서 기인하므로 이를 막기 위해서는 이 문제에 대한 치료가 필요하다. 지성의 올바른 사용을 막는 **병적인 증상들인 본유주의와 광신주의**의 단견(협소한 견해)이 비판받지 않으면 안 된다. 기존의 전통과 관습 및 준칙들 모두 시험대에 올라야 한다. 이 시험을 위한 시금석을 모든 사람은 지니고 있으니 그것이 바로 "자연 이성"294)이다. 로크는 자연 이성을 자연의

---

292) 같은 책, 206~7.
293) 같은 책, 231쪽.
294) 같은 책, 211쪽.

빛이라고 표현하고 캠브리지 플라톤주의의 은유를 빌어서 주의 촛불이라고 부른다. 그리고 이성의 주관적 기능의 측면을 강조하기 위해서 지성이라고도 표현한다. 이성은 지성의 최고 기능으로서 주로 추론을 담당한다. 이 이성을 잘 사용하는 실천과 습관이 중요하다. "우리는 기능과 능력을 가지고 태어난다. 이것들은 우리가 쉽게 상상할 수 있는 것보다도 훨씬 더 멀리 우리를 데려갈 수 있다. 그러나 오직 이러한 능력을 연마하고 행사함으로써 우리에게 어떤 것에 대한 능력과 기술이 생겨나고 우리를 완성으로 이끈다."295) 그래서 로크는 교육에 관심을 많이 가지고 되고 실제로 계몽주의 시대의 교육의 지침이 된 교육론을 저술하기도 했다. 또한 지식의 재료를 제공하는 독서도 중요하다.296) 로크는 그 자신이 왕성한 독서가였으며 신사를 위한 독서목록에 관한 유명한 글을 짓기까지 한다.

로크는 앎에 대한 모델로 직관을 생각했다. 그래서 로크는 『인간지성론』에서 지식의 3등급 중에서 최고의 지식으로 직관지를 언급한다. 이런 견해는 『지성의 행동에 관하여』에서 잘 표현되어 있다. "안다는 것은 보는 것이다."297) 이러한 지식관에서 다른 사람으로부터 지식을 전수받는 것보다는 스스로 검토하는 태도의 중요성이 귀결될 수 있다. 비유(譬喩)는 아직 철저히 익숙하지 않은 것을 예증하기 위한 수단이지만 이를 통해서는 사물 자체로 나아갈 수 없고 상상력에 만족하는 상태에 머물고 만다.298) 따라서

295) 같은 책, 213쪽.
296) 같은 책, 241쪽.
297) 같은 책, 251쪽.

비유는 극복되어야 한다. 지성을 올바르게 사용한다는 것은 그 자신의 지성에 판단을 맡기는 것이다.[299] 인간은 궁극적으로 자신의 마음에 대한 완전한 지배권을 가져야 하고 자신의 사유의 완전한 주인이 되어야 한다.[300] 이렇게 지성을 갖춘 합리적 존재자인 인간이 신의 자리에 오르게 되었는가? 다시 말해서 기독교 신앙을 완전히 벗어났는가?

로크의 철학적 사유의 궁극적 귀결은 회의주의와 무신론을 함축하게 된다. 로크의 사유는 계몽주의 탈마법적 과정의 출발점이 된다. 로크는 역사적으로 볼 때 그는 "영국과 프랑스에서는 계몽주의적 영감의 중심이었고 독일에서는 라이프니츠에 필적할 만했다."[301] 그리고 미국의 혁명과 지성계에 큰 영향을 미친다. "로크는 정치적이고 사회적인 사상뿐만 아니라 신학에도 거의 비슷한 커다란 충격을 주었다. 더구나 그의 교육론의 영향이 간과되어서는 안 된다. 그의 종교적 관용에 대한 정당화와 그의 합리주의적인 신학 및 인간 본성의 조형성에 대한 그의 개념은 계몽주의 시대의 미국의 어린이들에게 모두 소중한 것이었다."[302] 이처럼 로크는 이성의 시대라는 계몽주의를 연 철학자이다. 이성이 신앙의 재판관이

---

298) 같은 책, 264~5쪽.
299) 같은 책, 281쪽.
300) 같은 책, 289쪽.
301) Janina Rosica, "John Locke and the Polish Enlightenment", in ed. G. A. J. Rogers, *Locke's Philosophy: Content and Context* (Oxford Clarendon Press, 1994), p.237.
302) Merle Curti, "the Great Mr. Locke: America's Philosopher, 1783~1861" (LC Ⅰ, p.304).

요 안내자이자 만물의 척도가 된다.

하지만 이성의 시대는 기독교에 대한 부정이 아니라 기독교에 대한 새로운 해석에서 기원한다. 이성의 발견과 그 힘의 가능성과 한계에 대한 논의는 철저히 기독교적인 것이다. 인간의 이성이 한계가 있다는 것은 기독교적인 인간관에서 출발한다. 기독교는 신앙의 통치(theocracy=rule of faith)의 힘을 상실하고 이제 세속화된(탈마법화 된) 세계에서 윤리적인 토대로서만 기능하게 된다. 칸트도 그래서 기독교적인 신앙을 윤리적 전제로서 요청한다. 그리고 말한다. 이성을 용감하게 사용하라고. 이것이 바로 계몽주의의 신조이다. 그런데 신이 주신 이성을 용감하게 사용하는 것이 바로 지성적 덕이고 인식과 행위의 의무이다. 신의 지성과 비교했을 때 인간 지성은 불완전하고 제약되어 있다. 인간 지성의 조건 때문에 로크나 칸트는 이성의 한계를 정함으로써 신앙에 자리를 마련해준다. 이러한 이중성이 로크가 시작하고 칸트가 정초한 자유주의적 사고303)의 핵심을 이룬다.

---

303) 로크의 『정부론』은 근대 자유주의 정치철학의 고전적 작품이다. 로크의 자연권 이념과 피치자 동의의 이념은 자유주의 정치 이론의 기본적인 벽돌이다. 칸트의 규범적 정치이론에 관한 저작은 국가와 사회 정의에 대한 추상적 사회 계약에 초점을 맞춘다. 칸트가 자유주의적 전통의 정치철학에 대하여 행한 주요한 기여는 그의 고유한 윤리이론에 대한 저작에 포함되어 있다. 칸트의 윤리학은 개인의 권리에 대한 하나 견해를 분절화하고 옹호한다. 로크가 논증에서 전개는 했지만 해명은 소홀히 한 자연권 이념에 대하여 이 개인에 대한 견해가 체계적인 의미를 형성한다. [Richard J. Arneson(ed), *Liberalism*, vol. Ⅰ (An Elgar Reference Collection,

자유주의는 진보성304)과 보수성305)의 두 얼굴을 지니고 있는 애매한 이데올로기이다. 역사적으로 전개된 자유주의적 단계들인 '최소국가', '복지국가', '세계화' 개념에서 볼 수 있듯이 자유주의는 근본적으로 유동적이고 애매한 이데올로기이다. 이를 잘 분석한 책이 월러스틴의 『자유주의의 이후』이다. 그에 의하면 자유주의는 사회의 질서를 보존하려는 보수주의와 사회의 질서를 바꾸려는 사회주의 사이에 끼여 있으면서 사회의 어느 정도의 변화 혹은 변화의 속도의 조절을 주장하는 애매한 이데올로기이다.306) 이 애매성이야말로 자유주의의 가장 본질적 특징이다. 자유주의는 역사의

1992), pp. ~ⅹⅹ.]

304) 자유주의는 18세기에는 근대 계몽주의와 프랑스 혁명과 미국의 혁명에 사상적 기초를 제공한 급진적 이데올로기였다.

305) 로크는 누구나 이성을 지니고 있지만 이를 제대로 활용할 수 있는 편안함과 여가가 있는 사람들의 수가 제한적임을 인정한다. "지식과 학문 일반은 편하고 여가 있는 사람들만의 일이다"[『로크 전집』 3권, p.225]. 따라서 이런 후천적인 요인들로 인해서 이성의 차별성(분화)이 생겨난다. 이것에 주목하여 로크 자유주의의 문제점을 진단한 해석자가 맥퍼슨이다. 그에 의하면 계급에 따른 차별적 합리성이 소유 개인주의의 이론적 전제가 된다. 노동자 계급은 자연법을 준수하는 완전히 합리적인 삶을 영위할 수 없다. 그리고 화폐의 발명 이후로 합리적인 행동은 무한한 부의 축적에 있다. 그래서 토지에 대해 완전히 사적 점유가 이루어진 다음에는 토지가 없는 사람들은 완전히 합리적이라고 간주할 수 없게 된다. [C. B. Macpherson, *The Political Theory of Possessive Individualism: Hobbes to Locke*(Oxford University Press, 1962), pp.232~8].

306) I. Wallerstein, *After liberalism* (The New Press, N. Y., 1995). pp.72~124.

마지막 단계 즉 역사의 끝이 아니라 역사의 한 국면에 지배적 헤게모니를 장악한 과도기적 현상이다. 이러한 특징을 잘 보여주는 것이 자유주의 담론의 창설자인 로크의 철학이다. 그는 전통적인 공동선을 추구하는 자연법사상과 자신의 보존과 쾌락을 추구하는 근대적인 쾌락주의를 교묘히 섞는다. 또한 개인의 자유를 주장하면서도 자유의 부정태인 국가의 필요성을 주장한다. 여기서 국가는 부정성과 긍정성의 요소를 다 안고 있다. 그는 국가를 종교로부터 해방시켰지만 다시 국가를 자본주의의 틀에 묶어 놓았다. 그는 관용을 주장하면서도 카톨릭교도와 무신론자는 관용의 대상에서 제외시킨다. 그는 자발적인 이성의 능력을 강조하면서도 윤리적 원칙과 관련해서 계시의 중요성을 주장하기도 한다. 그래서 그는 여러 얼굴로 나타난다. 이는 로크 철학에 대한 해석사가 잘 보여준다.

　로크 철학의 애매성 더 나가서 그의 자유주의의 애매성은 자유주의가 그 이념의 역사적 공간을 제대로 파악하지 못한 데 있다. 경험－형식적 합리성은 처음부터 배제의 논리를 구사한 한계를 지니고 있었다. 역사와 이성이 여기에서는 배제된다. 형이상학을 신화로 해체한 경험－형식적 합리성(계몽주의)은 자신이 다시 신화가 된다.307) 이러한 역설적인 합리성에 기반을 둔 자유주의는 처

---

307) 경험적－형식적 개념은 추상적 동일성에 기반을 두고 있다. 이 추상적 동일성이 가장 잘 드러난 것이 수다. 수는 모든 것의 질적인 차이를 배제하는 추상화를 통해 기본 단위를 설정하고 이 추상적인 기본 단위(하나)를 기계적으로 결합하여 생겨난 것이다. 유럽의 근대 철학에서는 이 수가 개념의 모델이 된다. 다시 말해서 수를 모방할수록 그 개념은 개념다운 것이 된다. 반면에 수를 모방할

음부터 개인주의 외에 전체주의적 요소를 지니고 있다. 계몽주의
의 합리성이 신화와 탈마법화의 변증법으로 나타났듯이 자유주의
는 자유와 지배(자유의 지배)의 변증법으로 나타났다. 이것이 바로
자유주의 개념의 애매함의 진리이다. 계몽의 변증법을 윤리학적
차원에서 바라본다면 자유주의 윤리학이 직면한 도덕성과 합리성

수 없는 개념, 즉 추상적 동일성에 기반을 둘 수 없는 개념은 객관
성을 결여하여 과학적 영역에 포함되지 않는다. 이러한 사정을 호
르크하이머와 아도르노는 『계몽의 변증법』에서 극적으로 제시한
다. "수로 환원될 수 없는 것, 그리고 결국 하나로 될 수 없는 것은
계몽주의에서는 가상으로 인식된다. 현대 실증주의는 그것을 시의
영역으로 추방한다. 동일성은 파르메니데스로부터 러셀에 이르기
까지 모든 것을 해결하는 암호이다. 신들과 특성들의 파괴가 계속
주장되고 있는 것이다"[M. Horkheimer und T. W. Adorno,
Dialektik der Aufklärung (Suhrkamp, 1984), s.24]. 인용문 중에서
마지막 문장에 주목해 본다. 추상적 동일성에 기반을 둔 개념화는
마치 고대 그리스 시대에 일어난 '신화로부터 이성으로'라는 탈마
법화의 과정을 다시 반복하는 사건이다. 신화는 인간과 세계의 기
원과 운명을 신들의 이야기를 통해서 설명한다. 고대 그리스 철학
은 이러한 신 대신에 물, 무한정자, 공기, 불, 뿌리, 원자 등으로 표
현된 아르케(원인뿐만 아니라 지배라는 뜻도 지닌 그리스말)를 등
장시킨다. 이는 신화의 상상으로 이루어진 세계상(世界像)을 대신
하여 나타난 철학적 이성적 세계관(世界觀)이 인간 정신을 탈마법
화 한 것임을 의미한다. 이러한 탈마법화는 다시 과학의 이름으로
행해진다. 형이상학의 전통적 개념들인 실체와 속성, 존재와 본질,
형상과 질료, 가능성과 현실성, 이데아와 그림자 등의 개념들은 이
전에 신의 맡았던 역할을 차지하게 되었고, 이번에는 다시 과학의
추상적이고 경험에 기반을 둔 추상적 동일성의 개념이 이전에 형
이상학적 개념들이 맡았던 역할을 대신 해낸다. **과학이 형이상학
을 제거하고 인간 정신을 탈마법화 한다.**

의 갈등은 이미 이를 창시한 로크 윤리적 사고가 해결할 수 없는 문제308)임이 이제 명확해졌다.309) 이를 해결하기 위해서는 자유주의적이 아닌 윤리적 단초들이 필요하다. 그래서 우리는 롤즈나 하버마스의 절차적 윤리학에서만 해결의 실마리를 구할 것이 아니라 헤겔의 인륜성과 하이데거의 존재의 사유, 그람시의 헤게모니론과 요나스의 책임의 윤리, 그리고 비유럽적인 단초들인 불교와 도가 철학의 윤리적 사상에 대한 더 진지한 탐구를 시대적인 요청으로 간주해야 한다.

---

308) 이러한 점 때문에 로크는 끝내 자신이 원하던 증명 윤리학적 저술을 쓸 수 없었다.

309) "자유주의 이데올로기 기획의 파산은 그렇다면 서구에서 우리의 이해에 핵심인 지적 전통의 종말을 포함하는 것으로 간주될 것이다. 정치 철학의 전통적 개념(그것의 최종 심급이 자유주의에서 발견된다)이 철학적 탐구에 의해서 전복되었다면 무엇이 이를 대체할 것인가?" 이렇게 파산하는 이유는 "현대의 자유주의적 권리 이론이 자연법에 대한 정합적인 개념을 낳을 수도 없고, 더구나 이해타산(합리성)과 정의(도덕성)의 갈등을 해소할 수도 없고, 독재의 완화를 위한 동기를 공급할 수 없다"는 데 있다. [John Gray, *Liberalisms: Essays in Political Philosophy* (Routledge, 1989), p.241: p.261.

참고문헌

Ⅰ. 로크의 저작

The Works of John Locke, new ed., corrected. 10 vols. (London, 1823); repr. (Aalen: Scientia, 1963).

A Letter Concerning Toleration, in *John Locke: A Letter Concerning Toleration in Focus*, ed. S. Mendus, and J. Horton(Routledge, 1991).

An Essay Concerning Human Understanding, ed. P. Nidditch(Oxford University Press, 1975).

An Essay Concerning Human Understanding, ed. R. Woolhouse(Penguin Books, 1997).

Conduct of the Understanding, in *The Works of John Locke*, vol. 3.

Essays on the Law of Nature, ed. W. von Leyden (Oxford University Press, 1936).

Locke: Political Essays, ed. M. Goldie(Cambridge University Press, 1997).

Political Writings of John Locke, ed. D. Wootton (Mentor, 1993).

The Reasonableness of Christianity, As Delivered in the

Scriptures, in *The Works of John Locke,* vol. 7.

Two Treatises of Government with a Supplement, Patriarcha by Robert Filmer, ed. T. I. Cook (Hafner, 1956).

Two Treatises of Government, ed. P. Laslett, 2nd edn. (Cambridge University Press, 1967).

"Elements of Natural Philosophy", in *The Works of John Locke,* vol. 3.

Some Thoughts Concerning Education, ed. J. W. and J. S. Yolton (Oxford,1975, corrected reprint 1979).

"Some Thoughts Concerning Reading and Study for a Gentleman", in *The Works of John Locke,* vol. 3.

Ⅱ. 로크에 관한 저술과 논문

Annand, M. R. "A Critical Examination of Locke's Theory of Relation", in *John Locke Critical Assessments,* ed. by R. Ashcraft (Routledge, London and New York, 1991).

Ashcraft, R. ed., *John Locke Critical Assessments* (Routledge, London and New York, 1991).

Axtel, James L. "Locke, Newton, and the Elements of Natural Philosophy", in *John Locke Critical Assessments,* ed. by

R. Ashcraft (Routledge, London and New York, 1991).

Chappell, V. ed., *The Cambridge Companion to Locke* (Cambridge Universities Press, 1994).

Colman, John. *Locke's Moral Philosophy* (Edinburgh University press, 1983).

Euchner, W. *Naturrecht und Politick bei John Locke* (Suhrkamp, 1979).

Gough, John. *John Locke's Political philosophy: Eight Studies* (Oxford: Clarendon Press, 1973).

Harris, Ian. *The Mind of John Locke: A Study of Political Theory in Its Intellectual Setting* (The Cambridge University Press, 1994.

Huyler, Jerme. *Locke in America: The Moral Philosophy of The Founding Era* (The University Press of Kansans, 1995).

Kroll, Richard W. F. "The Question of Locke's Relation to Gassendi", in *John Locke Critical Assessments*, ed. by R. Ashcraft (Routledge, London and New York, 1991).

Lowe, E. J. *Locke on Human Understanding* (Routledge, 1995).

Macpherson, C. B. *The Political Theory of Possessive Individualism: Hobbes to Locke* (Oxford University Press, 1962).

Monson, Jr. C. H. "Locke and Interpreters", in *John Locke Critical*

Assessments, ed. by R. Ashcraft (Routledge, London and New York, 1991).

Odegard, Douglas. "Locke as an Empiricist", in John Locke Critical Assessments, ed. by R. Ashcraft (Routledge, London and New York, 1991).

Perry, David L. "Locke on Mixed Modes, Relation, and Knowledge", in John Locke Critical Assessments, ed. by R. Ashcraft (Routledge, London and New York, 1991).

Schankula, H. A. S. "Locke, Descartes, and the Science of Nature", in John Locke Critical Assessments, ed. by R. Ashcraft (Routledge, London and New York, 1991).

Schneewind, J. B. "Locke's moral philosophy", in V. Chappell, ed., The Cambridge Companion to Locke (Cambridge Universities Press, 1994).

Sterling P. The Moral and philosophy of John Locke (Columbia University Press, 1918); 2nd ed. (1962).

Strauss, L. Naturrecht und Geschichte (Suhrkamp, 1977).

Tully, J. An Approach to Political Philosophy: Locke in Contexts (Cambridge University Press, 1993).

von Leyden, W. "introduction", in Essays on the Law of Nature, ed. W. von Leyden (Oxford University Press, 1936).

von Lyden. W. "John Locke and Natural Law", in John Locke

Critical Assessments, ed. by R. Ashcraft (Routledge, London and New York, 1991).

Wolterstorff, Nicholas. *John Locke and the Ethics of Belief* (Cambridge Universities Press, 1996).

Woolhouse, R. "Introduction", in *An Essay Concerning Human Understanding*, ed. R. Woolhouse (Penguin Books, 1997).

Woolhouse, R. S. *The Empiricists* (Oxford University Press, 1988).

Woozley, A. D. "Remarks on Locke's Account of Knowledge", in ed. I. C. Tipton, *Locke on Human Understanding* (Oxford University press, 1977).

Yolton, John W. *Locke and the Compass of Human Understanding* (The Cambridge University Press, 1970).

Yolton, John W. "Locke on the Law of Nature", in *John Locke Critical Assessments*, ed. by R. Ashcraft (Routledge, London and New York, 1991).

Ⅲ. 기타 문헌

Bacon, F. *In Praise of Knowledge, Miscellaneous Tracts upon Human Philosophy*, in *The Works of Francis Bacon*, ed. B. Montague (London, 1825), vol. 1.

Bacon, F. *Novum Organon*, in *The Works of Francis Bacon* vol. 14, ed. B. Montague (London, 1825).

Bacon, F. "Idols which Beset Men's Minds", in *Readings on Logic*, ed. I. M Copi and J. A. Gould (Macmillan, 1992).

Berkeley, George *A Treetise Concerning the Principles of Human Knowledge*, ed. J. Dancy (Oxford University Press, 1998).

Cassirer, Ernst. *Das Erkenntnisproblem in der Philosophie und Wissenschaft der neueren Zeit*, Band 2 (Darmstadt, 1974).

Descartes, *Philosophical Works* vol. I, ed. and trans. E. Haldane and G. R. T. Ross (Cambridge: Cambridge Univ. Press, 1911, Reissued 1967).

Empiricus, Sextus. *Outlines of Pyrrhonism*, tran. R. G. Bury (Prometheus Books, 1990).

Gassendi, Pierre. *Unorthodox Essays against the Aristotelian*, in *Descartes' Meditations: Background Source Materials* (Cambridge University Press, 1998).

Horkheimer, M. und Adorno, T. W. *Dialektik der Aufklärung* (Suhrkamp, 1984).

Losee, John. *A Historical Introduction to the Philosophy of Science* 3rd edn. (Oxford University Press, 1993), 최종

덕 · 정병훈 역, 『과학 철학의 역사』 (동연, 1999).

Mason, S. F. *A History of the Sciences* (Macmillan, 1962).

Platon, *Politeia*, 박종현 역, 『국가 · 정체』 (서광사, 1997).

Pool, Ross. *Modernity a*Sterling P. *The Moral and philosophy of John Locke*(Columbia University Press, 1918); 2nd ed. (1962).*nd Morality* (Routledge, 1991).

Pufendorf, *On the Duty of Man and Citizen*, ed. J. Tully (Cambridge University Press, 1991).

Spinoza, *Die Ethik(Lateinisch und Deutsch)*, übers. von Jakob Stern (Stuttgart, 1977), 강영계역, 『에티카』 (서광사, 1990).

Strauss, L. *Naturrecht und Geschichte* (Suhrkamp, 1977).

김성우, 「라이프니츠 철학적 체계의 이중성」, 『시대와 철학』 15권 2호 (한국철학사상연구회, 2004).

김성우, 「롤즈의 자유주의 윤리학에 나타난 합리성과 도덕성 비판」, 『시대와 철학』 10권 1호 (한국철학사상연구회, 1999).

· 저자 ·

김성우(金成禹)

· 약력 ·
광주과학고등학교 졸업
건국대학교 문과대학 철학과 졸업
건국대학교 대학원 철학박사
한국철학사상연구회 회원
한국헤겔학회 회원
동의과학연구소 연구원
건국대학교 인문학연구소 연구원

· 연구논문 ·
「보편학과 합리성의 문제: 데카르트와 라이프니츠를 중심으로」
「로크의 과학적 인식론과 도덕적 인식론에 관한 연구」
「라이프니츠 철학 체계의 이중성」
「로크, 자유주의, 신자유주의」
「로크의 계몽적 이성주의의 종교적 콘텍스트에 대한 고찰」
「로크의 윤리학의 딜레마: 도덕 심리학과 도덕 인식론의 갈등」
「문화산업의 논리와 신화」
「푸코의 얼굴 없는 글쓰기의 에토스」
「복잡성의 과학과 문명 패러다임」
「경험-형식적 개념과 그 사회적 뿌리로서의 자유주의에 대한 비판」
「롤즈의 자유주의 윤리학에 나타난 합리성과 도덕성 비판」
「인권의 민주주의와 책임의 윤리」
외 다수

· 주요저서 ·
『민주주의는 종료된 프로젝트인가 - 현 단계 한국 민주주의의 이념, 현황, 전망』
『기학의 모험3』(공저)
외 다수

로크의 지성과 윤리

• 초판 인쇄	2006년 2월 10일
• 초판 발행	2006년 2월 10일
• 지 은 이	김성우
• 펴 낸 이	채종준
• 펴 낸 곳	한국학술정보㈜
	경기도 파주시 교하읍 문발리 526-2
	파주출판문화정보산업단지
	전화 031) 908-3181(대표) · 팩스 031) 908-3189
	홈페이지 http://www.kstudy.com
	e-mail(e-Book사업부) ebook@kstudy.com
• 등 록	제일산-115호(2000. 6. 19)
• 가 격	16,000원

ISBN   89-534-4654-6 93160 (Paper Book)
        89-534-4655-4 98160 (e-Book)